有你就是最好的时光

林徽因传

姜雯漪 著

中国華僑出版社

图书在版编目 (CIP) 数据

有你就是最好的时光：林徽因传 / 姜雯漪著 . — 北京：中国华侨出版社 ,2017.8

ISBN 978-7-5113-6966-6

Ⅰ . ①有… Ⅱ . ①姜… Ⅲ . ①林徽因（1904-1955）—传记 Ⅳ . ① K826.16

中国版本图书馆 CIP 数据核字 (2017) 第 171844 号

有你就是最好的时光：林徽因传

著　　者：姜雯漪
出 版 人：刘凤珍
责任编辑：章　璋
封面设计：施凌云
文字编辑：黎　娜
美术编辑：盛小云
图片提供：www.quanjing.com & www.icpress.cn
经　　销：新华书店
开　　本：720mm × 1020mm　1/16　印张：19.5　字数：292 千字
印　　刷：北京市松源印刷有限公司
版　　次：2017 年 8 月第 1 版　2020 年 12 月第 4 次印刷
书　　号：ISBN 978-7-5113-6966-6
定　　价：55.00 元

中国华侨出版社　北京市朝阳区西坝河东里 77 号楼底商 5 号　邮编：100028
法律顾问：陈鹰律师事务所
发 行 部：（010）88893001　传　　真：（010）62707370
网　　址：www.oveaschin.com　E-mail：oveaschin@sina.com

前言

世间女子，绮丽多姿。唯独有她，哀艳如诗。

她是一个女人，一个母亲，一个作家，一个建筑学者，一个传奇。

她是林徽因，最令人怀念的民国女子。

她美艳如花，风华绝代，但是她生命中的一半时间都在和肺病作斗争，中年以后瘦得只剩下一把骨头。

她出身名门，留学欧美，但是她有一个寂寞的童年，她是一个怨妾的女儿，21 岁时父亲去世。

她可以在北京城豪华的“太太客厅”里优雅地谈笑风生，她也可以坐三等火车，住鸡毛小店，出没于荒郊野外进行考察。

她是三角恋的女主角。诗人徐志摩为她抛弃发妻，哲人金岳霖为她终身守候，建筑学家梁思成呵护了她一辈子。

她是家庭妇女，也是作家；她是两个孩子的慈母，也是建筑师；她是优雅的沙龙女主人，也是风餐露宿进行田野考察的学者；她是貌美如花、情感细腻的女性，也是四处奔走、理智刚毅的男性；她拖着病弱的身躯，却带给身边的人们无限的活力。

她真诚、热情、细腻、直率，同时也有几分自恋、自傲，她一生缺乏女性朋友，是有名的“刀子嘴，豆腐心”。

这就是我要给大家说的林徽因，一个多面的、并不完美的林徽因，一个超越了绯闻女主角的林徽因。

很难说林徽因是幸运的，抑或是不幸的。上帝关闭一扇窗，也许会为你打开一扇门；同样，如果上帝打开一扇门，也许就会关闭一扇窗。

大多数时候，生命或多或少，都会给我们暗黑的底子，有的人偏要把它涂成明亮的彩色，有的人却在黑暗中沉沦下去。林徽因是前者。

爱情，是大部分女性存在的理由。所以杜十娘怒沉百宝箱，庐隐嫁了有妇之夫，高傲的张爱玲在胡兰成面前，低到了尘埃里。

可是，生命常常承受不起爱情的重量，一些女子为了钟爱的男子，殉了情，殉了一生。

没有了爱情，生命的意义何在呢？

林徽因爱建筑，这是她 16 岁就认定的梦想。她选了一个学建筑的丈夫，一同在这个领域探索。作为一个女人，她对建筑是纯粹的爱，她帮助丈夫撰写了《中国建筑史》而没有署名。

对于女子来说，爱情就是手中的沙粒，你握得越紧，就流失得越彻底。你必须要寻找到另外的理由来充实生命，比如一份职业、一种爱好、一种生活状态。

当爱情不是生命的唯一，爱情之花，反而在清晨的第一缕阳光中次第开放。

人们都认为理智是爱情的天敌，其实它们是亲密的朋友。爱情是花，理智是阳光，没有阳光的沐浴，花儿会很快萎谢。林徽因理智地选择了梁思成，爱情的鲜花变成了婚姻的硕果，一生一世。陆小曼不理智地嫁给了徐志摩，爱情的鲜花残酷地萎靡在无聊的鸦片床上。

女性常常夸大自己的脆弱，认为自己是一株藤蔓，必须缠绕在一棵树上。

其实如果内心强大，女性本身就是一棵树。林徽因用脚去丈量，用心去写作，用病体去工作，在忙碌中她的内心变得更加强大，不管身边是什么样的男性，都不必去依附。她赢得了他们的爱和尊重一辈子。

从北总布胡同的“太太客厅”，到西南联大她与丈夫梁思成一起脱坯和泥筑建的屋宅，再到她患病时煎熬五年困苦闭封却依旧未曾懈怠建筑研究片刻的李庄生涯。林徽因，一步一步，走得铿锵、热烈，又哀艳、笃定，寸寸皆是庄严并令人钦佩。

她的人生不算长，可是经历了繁华与优渥，也历尽了贫困与疾病；收获了亲情、友情与爱情，也获得了圆满的婚姻。也正是因为这样，为林徽因立传，实在是一件美好的事。《有你就是最好的时光：林徽因传》将要叙述的，是她的才华，她的性格，她的信仰，她的苦难，她的事业，美丽之外的坎坎坷坷、灿烂与辉煌……让你邂逅一位真实的林徽因。

目录

橡树旁的木棉

诗的笑，画的笑

颠沛流离

何处是归程

她是林徽因，最令人怀念的民国女子。

梦回江南烟雨中

3岁时的林徽因。

林徽因幼年时的照片留下的不多，大抵是由于年代久远不知失落在何处吧。有一张徽因大约3岁时的照片被保存下来：一个小小的女孩子站在庭院里，背靠一张老式藤椅，清澈的眼睛注视着前方。这老宅已有百年光阴，这藤椅亦默默守候了很多人的欢笑和泪珠。唯有这女孩尚不知人事，亦不知那遥远处会有怎样的期待和遭遇。

只是人从降生之日，便意味着远离纯然，追逐于茫茫世海，寻找所谓归宿。其实人又何来真正的故土，都只是暂将身寄罢了。咫尺天涯，还不就在转身之间，甚至念之一瞬。

林徽因是林家的第一个孩子，祖父母和父亲，自然视其为掌上明珠。她也是怨妾的女儿，与父亲聚少离多。人生就是这么悲喜交加。

然而人生又何来绝对的完美？悲观者说人生下来即为承担罪孽，繁华世间又何尝不是一杯毒酒，以为自己早已厌倦，却总想一醉贪欢。

而那被时光遗忘的欢颜，此时还在烟雨蒙蒙中等待着谁呢？

徽音，徽因

几场梅雨，几卷荷风，杭州城已是烟水迷离。

淡妆浓抹总相宜的西湖，恍若梦境的烟雨小巷，青翠掩映下的幽深庭院……它们静静地，不知道在等待着什么。

也许是在等待一个人的到来，让这座古城更加风情万种。

微雨西湖，莲花徐徐地舒展绽放。

一座本就韵味天然的城，被秋月春风的情怀滋养，又被诗酒年华的故事填满。这是梦里才有的故园，让人沉迷其中，但愿长醉不复醒。

1904 年 6 月 10 日，杭州。陆官巷如往日一样古朴安详，空气中飘散着栀子花的清淡香气。林宅的主人——太守林孝恂的长子，28 岁的林长民此时并不在家中。他正与一群志同道合的朋友为自己的政治理想奔忙着，和热血沸腾的宪政名士来往，用笔杆子为他们的主张摇旗呐喊。他整日忙碌，极少过问家中事，甚至包括自己待产的太太。

忽然间，一声婴儿清亮的啼哭打破了这座巍巍官宅燥热的宁静。这一声啼哭在太守和妻子游氏听来犹如天籁——林孝恂的长孙女，长民的长女出生了。

这个小婴儿为沉寂许久的林宅带来了无限的希望和欢喜。尽管当时男尊女卑，尽管这是个女孩子，但也是上苍赐给林家的一份不早不晚的厚礼。弄瓦之喜嘛。

一个女孩子，又是长女，名字一定得精雕细琢了，取什么名字好呢？林老太爷是光绪己丑年（1889 年）年进士，自然是饱读诗书，信手拈来。《诗经·大雅·思齐》云："思齐大任，文王之母。思媚周姜，京室之妇。大姒嗣徽音，则百斯男。"长孙女遂名为林徽音。

无数诗词歌赋中有那么多美丽娇媚的名字，为什么给孩子取名为徽音呢？

《诗经·大雅·思齐》的全诗是：

思齐大任，文王之母，思媚周姜，京室之妇。大姒嗣徽音，则百斯男。

惠于宗公，神罔时怨，神罔时恫。刑于寡妻，至于兄弟，以御于家邦。

雍雍在宫，肃肃在庙。不显亦临，无射亦保。肆戎疾不殄，烈假不瑕。

不闻亦式，不谏亦入。肆成人有德，小子有造。古之人无斁，誉髦斯士。

这首诗的大意为歌颂周文王善于修身齐家治国。首章六句是对三位女性的赞美，即"周室三母"：文王的祖母周姜（太姜），文王的母亲大任（太任）和文王妻子大姒（太姒）。作者认为，周文王如此贤明，与这三位女性息息相关。文王的祖母、母亲和妻子都是贤良端庄的女性，文王耳濡目染，处在一个很好的人际环境中。诗

《诗经·大雅·思齐》云："思齐大任，文王之母。思媚周姜，京室之妇。大姒嗣徽音，则百斯男。"遂名为林徽音。

作后半部分赞扬了文王作为圣人的行动和好结果：孝敬祖先，故祖先无怨无痛，庇佑文王；文王以身作则于妻子，使大姒母仪天下；做兄弟们的榜样，使兄弟温文有礼，整个家族和邦国都和平、温馨。

虽然时光倒流千年，儒家的先哲们对女性却并不存在偏见，他们承认女性在相夫教子中的重要地位并颂扬之。林孝恂明显继承了这一优良文化传统。并且，长子林长民把这一传统发扬光大，甚至更进一步。他把长女徽音当作儿子一样培养，送她读书，带着她出国游学。让人没想到的是，这个女孩子在未来不仅做到了相夫教子，更在男性占据绝对优势的领域争取到了一席之地，留名中国建筑史。即使是在两性平等的今天，这样的成就也足以令人赞叹，更何况她还是一名天赋禀异的诗人。

徽音改为徽因是 20 世纪 30 年代的事情了。当时她常有诗作发表，另一位经常写诗的男性作者名林徽音，报刊经常把他们的名字混淆。《诗刊》还专门就这件事发过更正声明。于是林徽因自己给自己改了名字。

“我倒不怕别人把我的作品当成了他的作品，我只怕别人把他的作品当成了我的。”此后，林徽音正式更名为林徽因。

林徽因对改名字的解释，流露出她独有的傲气。她相信自己是独一无二的，不愿泯然于众人。从字形上看，徽因比徽音更男性化，似乎不太适合面容秀丽的她。但这恰好契合了她的性格。林徽因“人艳如花”的外表下，是不输给七尺男儿的坚韧。她短暂却耀眼的一生，诠释了一位女性是如何把坚强和美丽、风情和理智完美地结合在一起。她仿佛是一个遥不可及的梦，一个筑在高高的崖壁上、在云间若隐若现的城堡中的梦。

庭怨深深深几许

那座古朴灵性的深深庭院，带着温厚的江南底蕴。只是不知道青瓦灰墙下，有过几多冷暖交替的从前；老旧的木楼上，又有何人凝注过飞入百姓家的堂前燕。

园内的栀子花还在不识愁滋味地开着，梁间的燕巢仍在，桌上的景泰蓝花瓶已落满尘埃。它们还不知道，这宅院里的人都去了哪里。

幸福宁静之下总是隐藏着苦涩的暗涌，就像花容月貌终将抵不过春恨秋悲的凋零。

这深深庭院，倒是适合上演这么一些说不清道不明的前尘往事。

林徽因出身高贵，是真正的书香门第的后代。祖父林孝恂历任浙江海宁、石门、仁和各州县，他资助的旅日青年学子多参加了孙中山领导的革命运动。父亲林长民1906年赴日留学，回国之后就读于杭州东文学校，后再次东渡日本，于早稻田大学学习政治法律。林长民气质儒雅，善诗文，工书法，翻译过《西方东侵史》，也是《译林》月刊的创始人之一。徽因的叔叔、姑姑们也是才华横溢。总之，林家人

才辈出，风气向学，志在荡涤陋习，除旧迎新。

只有一个人与这个环境格格不入，那就是徽因的母亲何雪媛。

何雪媛是林长民的续弦。她来自浙江小城嘉兴，家里开着小作坊，属于典型的小家碧玉。林长民原配是门当户对的叶氏，两人系指腹为婚，感情淡薄。叶氏早早病逝，来不及留下一儿半女。何雪媛在这样的情况下嫁入林家，名为续弦，实与原配无异。对于一个小作坊主的女儿来说，已经是祖坟冒青烟的喜事了。

但何雪媛并不幸福。她大字不识，又不会女红，脾气也不好。因此，她和丈夫没有任何共同语言。她也不理解林家上下那种读书人的作为：一家子聚在一起吟诗作对，讲历史典故，针砭时弊，激扬文字。她不懂，更没有兴趣，觉得他们很可笑。如果是算计升官发财的途径，也情有可原，可这些丝毫没有实用价值的行为有何用呢？

林家人也曾试图向何雪媛解释这一切，但很快发现他们根本是两个世界的人，于是他们不再跟她费口舌，丈夫回家的次数越来越少。她试图参与一些家务事，但那套小作坊带来的行事做派根本入不了婆婆的法眼。甚至连用人也把她的指挥当耳边风，他们只听游氏——这个优雅干练，有文化的女人的话。

何雪媛就这样在书香门第中煎熬着，性格渐渐变得暴躁，喜怒无常。特别是女

在古朴灵性的庭院里，无法令人放松的母女关系成了林徽因一生的精神包袱。她与母亲彼此相爱，却又相互不喜欢。

儿林徽因被公公婆婆带走教读书识字这件事更让她感到孤立无援。何雪媛常常无故冲小小的徽因发脾气，过后又后悔甚至哭泣起来。徽因战战兢兢地和母亲相处着，不知如何是好。

父母的言行势必会影响孩子日后的人生。何雪媛给了林徽因性格上负面的影响，至少急躁是其中之一。几十年后，林徽因为人妻为人母，仍然和母亲住在一起，两个急躁的女性处在同一屋檐下，冲突无可避免。她在给好友费慰梅的信中说："我自己的母亲碰巧是个极其无能又爱管闲事的女人，而且她还是天下最没有耐性的人。刚才这又是为了女佣人……我经常和妈妈争吵，但这完全是傻帽和自找苦吃。"

林徽因爱着母亲，但无法令人放松的母女关系也成了她一生的精神包袱。徽因好友金岳霖写给费正清的信中如此看待林母：

她属于完全不同的一代人，却又生活在一个比较现代的家庭中，她在这个家庭中主意很多，也有些能量，可是完全没有正经事可做，她做的只是偶尔落到她手中的事。她自己因为非常寂寞，迫切需要与人交谈，唯一能够与之交流的就是徽因，但徽因由于全然不了解她的一般观念和感受，几乎不能和她交流。其结果是她和自己的女儿之间除了争吵以外别无接触。她们彼此相爱，却又相互不喜欢。

何雪媛和林徽因的关系，就像她和林长民一样，无话可说，说话必争吵。何雪媛就在这种"无话可说""无事可做"的状态下生活，直到她 80 多岁去世。她的晚年经历了两件大事情，一是送走了自己 51 岁的女儿，二是几年后送走了女婿。为她送终的，则是她女婿的续弦。

蔡官巷

人的性情多为天生，有些人骨子里即是安静，有些人生来便怀着躁动不安的因子。但后天之启蒙亦尤为重要，倘若一个沉静之人被放逐于喧嚣市井，难免不为浮华所动。而将一个浮躁之人搁置于庙宇山林，亦可稍许净化。我们都在潜移默化的时光中改变着自己，熟悉又陌生，陌生又熟悉。

1909 年，5 岁的林徽因随家人搬迁至蔡官巷的一处宅院，在这里住了三年。时光短暂，但却给一代才女风华绝代的人生奠定了不可动摇的根基。徽因的大姑林泽民成为她的启蒙老师。林泽民是典型的大家闺秀，打小接受私塾教育，琴棋书画样样精通，诗词歌赋也不落人后。就是这位知书达理、温文尔雅的姑母教会了徽因读书识字。

最重要的是，林徽因由于林泽民的启蒙，爱上了书香。

拨开时光的雾霭，我们仿佛可以看到幼小的徽因手捧一册册书本，在月上柳梢头的夜晚，在暮色低垂的黄昏，在朝暮喷薄的清晨安静而沉醉地阅读着，用小小的心体会着。也许那时她还不能完全明白其中美好的意象，也读不懂诗意的情怀和人情冷暖的故事，但她从此爱上了读书。

那些早早就映入脑海的或瑰丽或清淡的文字，在她成年后，幻化成一树一树的花开，幻化成忧郁的秋天，幻化成少女的巧笑倩兮和不息的变幻，使她成为中国现代文学的星空中最特别的那一颗星子。

但林徽因的童年并非单纯愉快，她的家庭注定了她不能用符合这个年纪的行事与大人们交流。

母亲何雪媛由于得不到父亲的宠爱和家族的首肯，生出抱怨之心。那时候她跟母亲住在后院，每次高高兴兴地从前院回来，何雪媛就会无休止地数落女儿。从那时候起，徽因的内心深处就交织着对父母又爱又怨的矛盾感情。她爱儒雅清俊才华横溢的父亲，却又怪他对母亲的冷淡无情；她也爱着给她温暖和爱的母亲，又怨着她总在怨怼中把父亲推得更远。

年纪小小的徽因背上了成年人强加的沉重。她既要在祖父母、父亲面前当乖巧伶俐的“天才少女”，又得在母亲面前做个让她满意的乖顺的女儿。多年以后林徽因写了一篇叫作《绣绣》的小说，说的是一个乖巧的女孩子绣绣生活在一个不幸的家庭，母亲性格懦弱、心胸狭隘又无能，父亲冷落妻子，又娶了二太太。绣绣整日夹在父母的争执中彷徨不安，最终因病死去了。绣绣还未成熟的心灵里深藏着对父母爱恨交织的情绪，爱莫能助的无奈。

这一切又何尝不是林徽因童年生活的写照呢。

徽因 7 岁上，祖母游氏去世。一直对婆婆怀有复杂感情的何雪媛在葬礼上失声痛哭。这个女人是她的“敌人”，也是她的偶像。恨、嫉妒、崇拜、感激（何雪媛结婚后多年未生育，游氏告诫儿子洁身自好不要急着纳妾）交织着她被抱怨占据的内心。现在，已成为林家女主人的何雪媛原谅了这个又爱又恨的“仇敌”。她变得平静很多，就算是抱怨也能做到心平气和，不像以前那样喜怒无常。

也许，徽因的父亲未必是个薄情之人，只是他与妻子之间无任何爱的交集。人

与表姊妹合影，左起：林徽因、曾语儿、王次亮、林麟趾、王孟瑜。

那些早早就映入脑海的或瑰丽或清淡的文字，在林徽因成年后，幻化成一树一树的花开，幻化成忧郁的秋天，幻化成少女的巧笑倩兮和不息的变幻……

总是在不断的错失中走过一生，相伴的人未必是曾经憧憬过的那个人，但仍然要努力地走下去。彼此厌烦并非罪不可赦，只可惜天意弄人，流水落花，造出这么多痴男怨女，不得尽如人意。

大半生在与肺病作着抗争，尝尽人间冷暖的林徽因也清楚地了解这些吧。她生命中有据可查的感情，哪怕是和梁思成神仙眷侣，哪一段是真正意义上的圆满呢，哪能没有丝毫遗憾呢？就算风华绝代，也不过是个饮食烟火的平凡女人，也曾有过惆怅和踟蹰，只不过她终究做到了收放自如，并懂得如何取舍罢了。

妾的女儿

年轻时的林长民。

妾，又称姨太、陪房，主要指一夫多妻制结构中，地位低于正妻的女性配偶。

这绝对不是一个好词。

可能很少有人知道，一代才女林徽因便是妾的女儿。

她是林家的长女，得宠，但林家人却吝于将这份宠爱分给她的母亲。

林徽因的生母，这个脾气喜怒无常，常常伤害尚且年幼的女儿的怨妾，也许并不知道，她的性格是如何影响了女儿一生对爱情的抉择。

好日子就像薄薄的第一场冬雪，还没等把美景看个究竟就消失得了无踪迹。徽因 9 岁，林长民娶了二太太程桂林。作为大太太的何雪媛，是最后一个知道老爷要纳妾的。林长民禀告了老太爷一回，得了默许。林太守已是垂暮的夕阳，实在没有心力再来操心 37 岁大儿子的第三桩婚事了。那时候他们已经举家搬迁到上海。

何雪媛听到这个消息很平静，她知道该来的总会来的，丈夫终究是熬不住自己了。那个时代三妻四妾的男人多的是，甚至一些女性为了取悦丈夫，遇到纳妾的事儿比丈夫本人还积极，但何雪媛做不到。她虽不是什么大户人家的千金，但也是家中老小，父母娇宠爱护。要她和别的女人分享一个丈夫是没办法的。

何雪媛对于二太太很是好奇。她到底是个怎样的女性呢？一定很美丽吧，或者是个清丽的女学生？一个风情万种的交际花？她也会像林家人一样吟诗作对吗？会说洋话，识洋文吗？她会怎么看待这个大太太呢？

程桂林在何雪媛忐忑不安的期待中终于来了。何雪媛看她一眼就大失所望。她不年轻，不美丽，个头不高，勉强能赞一句娇小玲珑。而且听八卦的老妈子说，二太太也是个目不识丁的俗气女人。何雪媛终于松下一口气，看来这不是个值得防备的竞争对手。况且，程桂林对她还算友善，她也挑不出什么理，遂同样亲热相待。

但何雪媛很快就对二太太亲热不起来了。她原本以为依着林长民的性子，对程桂林八成也是不冷不热，没想到这个大字不识的女人把丈夫牢牢地绑走了。林长民每次归来，就直奔程桂林的房间。离家的时候，最多冷淡地和大太太打个招呼。这简直太不公平了！

其实，林长民宠爱程桂林也是有原因的。程桂林虽然没有文化，但胜在识得眉眼高低，说话轻言细语，不像何雪媛那样漂亮话一句没有。她从来不会发脾气，最多嗲着嗓子冲老爷叫："宗孟——你到底要怎么样嘛！"听得何雪媛掉一地鸡皮疙瘩。可是没关系，宗孟可是受用得很。

林长民被嗲声嗲气的程桂林哄得高兴，带着她去到处玩乐、出差，还新起了一个名号"桂林一支室主"。

何雪媛被气得头昏脑涨，但是二太太对大太太的怒气好像感觉不到一样，照样温言软语跟她搭讪。何雪媛没办法，只好另找途径发泄。猫呀狗呀，连仆人们都遭了殃。林长民偶尔来一趟也不得幸免，最后干脆眼不见为净了。

后来，程桂林像示威似的，接二连三地生下三儿一女。比起前院的其乐融融，何雪媛的后院彻底成了“冷宫”。何雪媛知道，自己一辈子只能是林长民的妾了。都说妻不如妾，这话对从妻的位子上退下来的何雪媛是何其讽刺呀！她永远不能堂堂正正地做她的林太太了。

以前，他不乐意，是她自己倔，不讨人喜欢；现在，他更不会愿意了，她要是扶了正，程桂林往哪摆呢？他可不愿意这么做。

因为二太太的到来和得宠，何雪媛对“太太”的名分彻底死心了。这个名分是何雪媛和女儿林徽因一辈子的心结，一辈子的痛楚。多年后林徽因拒绝徐志摩的追求，有人说最大的原因就是徐志摩当时已与张幼仪结婚，林徽因若是与他一起，必定是“小”；甚至徐志摩最终顶着压力离了婚，她也不肯回头，而是选择了梁启超的大公子。

林徽因的儿子梁从诫这么理解他的母亲的：

> 她爱父亲，却恨他对自己母亲的无情；她爱自己的母亲，却又恨她不争气；她以长姊真挚的感情，爱着几个异母的弟妹，然而，那个半封建家庭中扭曲了的人际关系却在精神上深深地伤害过她。（《倏忽人间四月天》）

多年后林徽因又一次被推到一个旋涡的中心，始作俑者是三个爱她的男人。也正是这几段感情让她遭到非议。天意？人意？红颜已逝，谁说得清楚呢？

林家有女初长成

林徽因与父亲林长民。

我们各自带着使命降临人间，无论多么平凡渺小，多么微不足道，总会有一处角落将他搁置，亦会有一个人需要他的存在。有些人在属于自己的狭小世界守着简单的安稳，不惊不扰直到尘归尘、土归土；有些人情愿一生奔忙，亦要体会这世界的悲欢离合而不曾后悔。

心静则国土静，心动则万象动，若能懂得随遇而安，任何的迁徙都不会成为困扰，更不至于改变生活的初衷。每个人都于漫漫人生路努力找寻着适合自己的方向，不至于太过曲折，不至于在拐弯处过于彷徨。

不管童年的天真遗失了多少，时间的沙漏仍然静静地渗着，蔡官巷和西湖渐行渐远。林徽因懵懵懂懂地撞进了她的少女时代。16岁的青春，将在伦敦的轻雾中绽放。

即便当得起风华绝代，林徽因也一定不会满足于小情小梦，守着一世清净了却此生。许多年前她就与江南告别，从此接受了迁徙的命运。这种迁徙并不仅仅是颠沛流离，而是顺应时代，是自我放逐。本是追梦的年龄，又怎可过于安静，枉自蹉跎时光。

父女和知己

他是林徽因生命中最重要的男人。

她是他血脉的延续，期望的寄托。他对她的爱是那样复杂，甚至又那样沉重。

她是那个畸形的家庭中唯一能与他交流的人，不经意的，他把不应该让她背负的沉重交予了她。

她一生的繁华和努力隐藏的酸楚，都与这个男人息息相关。

虽然林长民在家的时间极少，但他仍不失为一个好父亲。他心性开朗，特别喜欢跟孩子们在一块儿。在他这里，孩子们不分前院后院，前院的丫头小子，后院的两个丫头，都是他最爱的心肝宝贝。莫说是自家孩子，就是姑妈家的表姐表弟们，也少不了这位舅舅的宠爱。大姑姑对待徽因两姐妹，也同对待自己的孩子无异。

林徽因长到10岁时，祖父也去世了。父亲常年在外，大太太什么都放手不管，二太太弱不禁风，和老爷书信往来，伺候两位太太，照顾年纪尚幼的弟妹，甚至打点搬家的行装，家中大事小事，竟然都是这个十一二岁的大小姐自己承担。俗话说，穷人的孩子早当家，出身名门的徽因，也早早地当起家来了。

林长民爱那一大群孩子，但最爱的还是长女林徽因。

林徽因早早被启蒙读书，天资聪敏，6岁就能识文断字，开始为祖父代笔给林长民写家书。林家保存了一批林长民的回信，最早的那一封是徽因7岁时写的：

徽儿：

知悉得汝两信，我心甚喜。儿读书进益，又驯良，知道理，我尤爱汝。闻娘娘往嘉兴，现已归否？趾趾闻甚可爱，尚有闹癖（脾）气否？望告我。祖父日来安好否？

汝要好好讨老人欢喜。兹寄甜真酥糕一筒赏汝。我本期不及作长书，汝可禀告祖父母，我都安好。

父长民三月廿日。

林长民特别喜欢这个长女，不但因为她天资聪慧，还在于她早早就领会了这个大家庭的人情世故。父亲眼里的林徽因“驯良”“知道理”，这当然让他高兴，喜欢。从成年人的的角度讲，家里有这样一个孩子实在是很好的。可是，对于只有七八岁的小女孩来说，这样的重视和赞美，是否有些残酷呢？原本应该和玩伴们肆无忌惮地争抢糖果玩具的年龄，由于成人有意无意的施压，必须要学会察言观色，努力用成年人的眼光看世界，甚至处理大人们之间的纷争。林徽因就在这样一个有点畸形的家庭环境中匆匆地成长着。就好像北方的植物一样，生怕错过短暂奢侈的温暖，一个劲地生长，让枝叶最大限度地靠近冰冷的阳光。

长辈眼中，她是林家的长孙女，天资过人，温良有礼；和孩子们在一起，她嬉笑打闹，无伤大雅地争抢零食和玩具。到底哪一个才是真实的林徽因呢？大人们选择忽略这个问题，他们只要一个讨人喜欢，明事理的林徽因就可以了。林长民有时甚至忘了她只是一个小女孩，于书信往来之中对她吐露心声，把她当成了同辈的伙伴、知己。

本日寄一书当已到。我终日在家理医药，亦藉此偷闲也。天下事，玄黄未定，我又何去何从？念汝读书正是及时。蹉跎误了，亦爹爹之过。二娘病好，我当到津

一作计□。春深风候正暖，庭花丁香开过，牡丹本亦有两三葩向人作态，惜儿未来耳。葛雷武女儿前在六国饭店与汝见后时时念汝，昨归国我饯其父母，对我依依，为汝留信，并以相告家事。儿当学理，勿尽作孩子气，千万□□。

徽儿 桂室老人五月五日

对长女寄托殷殷厚望的家人们就这样不经意地拿走了林徽因的童年和天真。这个没有真正意义上的童年时光的女孩子果然谨遵父训，一生都把澎湃的感情压制于庄重的理智之下。这是林徽因和同时代女性的最大的区别。

林长民对林徽因的爱是复杂的。林徽因把家务事打理得井井有条，心无芥蒂地爱护着异母的弟妹，对二娘尊重有加，固然让离家在外的林长民欣慰。但从另一方面理解这份父女之情，林徽因的文化修养也占了重要的部分。

林长民是一个文人，但不幸的是他的妻妾都是文盲。他和她们身处两个世界，他的满腹才情和济世救国的抱负对她们来说如同天书。林长民的内心是寂寥的，无人应和，他必须努力用最浅白的语言和妻妾交流，以免她们听不懂。只有这个从小跟随祖父母和大姑学习的长女能懂得他，可以用文人的语言与他对话交流。不知不觉中，林徽因成了林长民在这个半旧半新的家庭中的唯一的同类、知己。

林长民曾感叹："做一个有天分的女儿的父亲，不是容易享的福，你得放低你天伦的辈分，先求做到友谊的了解。"

林长民对林徽因的影响如此的大，他是她生命中最重要的男人。他"清奇的相貌""清奇的谈吐"（徐志摩语）在林徽因的身上传承下来。父女双方都对彼此怀有复杂的情感，这样的情感对林徽因来说甚至成了一块石头。父亲的冷漠让母亲成了妾，她怨他——看《我们太太的客厅》，就知道林徽因一直在意着母亲妾的身份；刚刚懂事的时候，她留恋父亲给予的片刻温暖，再大一点，又开始同情父亲的寂寥。

一个过于理智的人，反而会在爱恨之间挣扎不断。毫无疑问的爱，却无法爱到忘记缺点，不能爱得忘我；那被恨占据了的爱，更没有让人心安的纯粹。成人后的林徽因在爱情和婚姻中也是这样理智着，清醒着。被有些人评论为"只爱自己""自私"。

栀子花开

这个秀美灵慧的女孩子离开杭州古城，开始了她一段崭新的人生历程。她带走了江南水乡的灵秀，带走了小巷里栀子花的清雅，还有西湖水面的一缕薄烟。小小年纪的她，还不懂相忘于江湖，不懂迁徙意味着时光的诀别。这时候她还未到风华绝代的年龄，但已经能够好好打理自己的青春韶华。有那么一天，她的风采将倾倒这座皇城。

林徽因 8 岁上，父亲林长民居北京，全家则从杭州迁居上海，住在虹口区金益里，林徽因和表姐妹们一同进入虹口爱国小学读二年级。后来，徽因 12 岁上，全家又从临时落脚的天津迁往京城与林长民团聚。林徽因进入著名的北京培华女子中学上学，表姐妹们也与她一同入读了教会学校。

林徽因的大部分传记都取“就读培华女子中学”这一观点，并说这是当时的顶级名校。该校由英国教会创办，是一所教风严谨的贵族学校，培养出的学生皆具上流社会的气度风采。但有人考证，现今已寻不到培华女校的记载，林徽因就读的可能是“培根女校”，培华是培根的笔误，遂以讹传讹下来。

不过，这所学校是外国人创办的教会中学这点可以确证无疑。

1916 年的某一天，开学不久，徽因和一同入读的表姐妹们穿着校服拍了一张合影。照片上姐妹四人出落得亭亭玉立，气质不凡，尤徽因更甚。她已经不是四年前那个和姐妹们嬉笑打闹的小女孩子了，这几年无论是世事还是家中都发生了大的变化。曾经在徽因姐姐膝下撒娇的小妹麟趾已安睡在另一个世界。家也不再是和母亲两个人的家，而是需要和更多的人分享。林徽因秀丽的双眼蒙上了一层抹不去的忧郁。

从氤氲的江南水乡来到这座尊贵的皇城，初晓人事的林徽因感到一种与历史相连的沧桑和沉重。自己仿佛是一粒微小的尘埃，没有人会注意到她的存在。虽然敏感多愁，但也十分坚强，将自己和家都打理得干净漂亮。其实，在林徽因心中，自从祖父母相继离世，家已经变了，不再是往日安宁的归宿，而是一个需要时时小心的战场。在徽因 10 岁时去世的祖父，感受不到何雪媛和程桂林之间的波涛暗涌，但林徽因夹在中间却体验个明明白白。唯一能让她得到放松休憩的就是读书。这是属于她的世外桃源，在另一个世界里，她可以暂时忘记那些没有硝烟的你争我夺，放下林家长女的身份，只做单纯的林徽因。

1918 年，林长民卸任段祺瑞内阁司法总长，不久之后就与汤化龙、蓝公武去日本游历。林徽因独自在家感到寂寞无趣，还想着给父亲一个惊喜，便翻出家中收藏的诸多字画，一件一件地整理分类，编成收藏目录。待到林长民归来，徽因兴致勃勃地拿给他看，满怀期望能得到嘉许。但林长民仔细阅读后指出了很多纰漏，让徽因情绪低落了好一阵子。她在父亲写给自己的家书上批注道："徽因自信能担任编字画目录，及爹爹归取阅，以为不适用，颇暗惭。"

林徽因就像一株新鲜的栀子花，给这座高贵沧桑的北方城市增添了诗意与柔情。栀子花清雅的香气徐徐飘散着，美丽着而不自知。有些人的美丽与生俱来，有些则要经历时光的沉淀方能绽放，林徽因是前者。高贵清白的出身，眉目如画的容颜，满腹诗书的才情，这样的林徽因注定有一个不平凡的人生开端。很快她就要漂洋过海，接受更绝美的绽放。

1916 年林徽因（右一）与表姊妹在培华女子中学学习时合影。

欧洲之旅

在那个诞生无数传奇的年代，漂洋过海是一种时尚。大家闺秀的林徽因自是顺应了这潮流，任何的执拗都无法改变初衷。当乘上远航的船，面对烟波浩渺的苍茫大海，她头一次深刻地明白，自己不过是一朵微弱的浪花。

倘若没有那次漂洋过海，大约林徽因的生命轨迹会走向另一个方向。但无论怎样，以她的聪慧都能把握得很好。任何时候，任何境况，她都不至于让自己过于狼狈。

那时的她还未想过风云不尽，她还是个少女，只想在自己的空间里筑梦。

那是世界上最多情的蓝。

夹杂着全部光谱颜色的浪花，热烈地拥抱着布莱顿海湾。仿佛是分割了彩虹，独取那道靛青作为海的底色，既锋利又温暖，碰一下就能撞出脆响的颜色，没有人能说清那到底是一种怎么样的蓝。

当乘上远航的船，面对烟波浩渺的苍茫大海，16 岁的林徽因头一次深刻地明白，自己不过是一朵微弱的浪花。

16 岁的林徽因注视着这片海。

和祖父祖母一样，林长民对长女徽因寄予了厚望。他也理解这个时时令人窒息的家庭对徽因来说意味着什么。虽然女儿从未抱怨，但林长民敏锐地察觉到了她的忧郁。林长民觉得有必要让这个孩子解放一下了。

1920 年，林长民将赴欧洲考察西方宪制并在英国讲学，他决定携徽因同往。这次远行主要的目的是增长见识，接受更先进的教育和文化熏陶，其次是避开让人身心俱疲的琐碎家庭纷争。林徽因跟着父亲旅居国外一年半，这正是中国最传统的教育方式之一——游学。

我此次远游携汝同行。第一要汝多观察诸国事物增长见识。第二要汝近我身边能领悟我的胸次怀抱……第三要汝暂时离去家庭烦琐生活，俾得扩大眼光，养成将来改良社会的见解与能力。（1920 年林长民致林徽因家书）

那时候漂洋过海也是一种时尚。1920 年 4 月，林徽因跟着父亲登上法国 Pauliecat 邮轮，从上海出发前往欧洲。这一次远行让林徽因踏上了人生的新旅程，也意味着告别青涩的少女时代。她将看到一番新事物、新景致、新思想，对一个即将成长成熟的女孩子来说，这新奇将带给她鲜活、神奇的美丽。

虽然生于江南水乡，但海天一色、碧波万顷的风光仍然带给林徽因雀跃的欣喜。海鸥舒展双翼在船头盘旋着鸣叫，带着海水腥味的风吹起少女的长发和纱巾，朝阳落日把碧空烧出血来，又泼洒在海面，那是大自然铺展开的最壮美的油画。

林徽因在旅途中看到了一个与往日不同的年轻的、充满生气的父亲。父亲在家中时，虽然温文尔雅，对孩子们关爱有加，但总给徽因一种无法排遣的寂寥之感。而此时的林长民，却是如此满怀激情，热情善辩。“五四”纪念日，船上赴法国勤工俭学的100多名中国留学生举行“五四运动纪念会”，林长民登台发表了慷慨激昂的演说：

“吾人赴外国，复宜切实考察。若预料中国将来必害与欧洲同样之病，与其毒深然后暴发，不如种痘，促其早日发现，以便医治。鄙人亦愿前往欧洲，以从诸君之后，改造中国。”（见《时事新报》6月14日刊载的通讯《赴法船中之五四纪念会》）

清晨的第一缕阳光冲破了乌云，宛如流水从绝壁上飞跃而下，溅起点点金色，将林长民笼罩于一圈光晕之中。林徽因注视着意气风发的父亲，倾听着她从未听过的掷地有声的语言，懵懵懂懂之间，她好像明白了父亲的期望，一股无可名状的勇气和热情，也仿佛要冲破年轻的心房了。

1920年5月7日，经过一个多月的航行，Pauliecat邮轮平安抵达法国。那时欧洲的各学校正是暑假，于是林长民决定先带着女儿漫游欧洲大陆。林徽因跟随着父亲游历巴黎、日内瓦、罗马、法兰克福、柏林等地。她见识了巴黎浪漫优雅的风情，领略过显赫一时的古罗马帝国的庄严华美，她被异国那些从未想象过的美丽征服了。

父女二人的第一站是日内瓦湖。

这是一个无法划分国籍的湖。它地处阿尔卑斯山区，在瑞士占地140平方英里，另有84平方英里在法国境内。湖面海拔375米，平均水深150米，最深处可达310米。湖水流向从东往西，形状略似新月，法国便与月缺部分衔接。湖水呈湛蓝，清澈又神秘的气质倾倒了众多艺术名流。亨利詹姆斯称之为“出奇的蓝色的湖”；在拜伦笔下它是一面晶莹的镜子，“有着沉思所需要的养料和空气”；对于巴尔扎克来说，它是“爱情的同义词”。

林徽因看着在湖面戏水的天鹅，在湖畔徜徉的白鸽，著名的人工喷泉在阳光的照射下浮现出若隐若现的彩虹，从未体验过酒香的女孩醉了，沉思了。某个瞬间，她好像身处小时候在故事里才能看到的仙境。

所谓诗酒趁年华，青春很快就会过去，何必将自己持久地困于笼中？世间百态必要亲自品尝，世间美景也必要亲身置于其中，方能领略生命之珍贵。而漫漫长路，唯有亲自丈量，才能知晓它的长度与距离。每个人从拥有这份生命开始，若可扬帆天涯，万万无需回避。一旦融入茫茫沧海，亦无需渴求回头。

1920 年 9 月，林长民带着林徽因抵达伦敦。他们先暂时入住 Rortland，后来在伦敦西区阿尔比恩门 27 号安顿下来。林徽因入读 St. Mary’s College。

虽然林徽因在国内已经接受了英文教育，但一下子置身于全英文的陌生环境，还是有些不适应。尤其是当父亲去欧洲大陆开会时，十六七岁的少女不得不独自度过，想法子打发从早到晚的孤单。也就是在这段日子里，林徽因阅读了大量书籍，名家的小说、诗歌、戏剧她都一一涉猎。在伦敦时，林徽因也经常以女主人的角色加入父亲的各种应酬，由此与众多文化名流都有过接触。这为她后来的文学创作奠定了深厚基础。她有过游学经历，又得著名学者点拨，因此她在文坛上的起步高于同时代许多女作家。

与建筑结缘

跟父亲游学时的林徽因，1920年拍于英国。

终生纷繁，有人过得迷糊，有人生得清醒。有人一生寻找，怅然若失着，有人早早认定今生挚爱，永不放手。

世界如此之大，能与挚爱相逢已是不易，有缘相处更是极其珍贵，所以我们都应当懂得珍惜。纵然如此，一路行来，还是太容易与缘分擦肩而过，所拥有的也渐次失去。并非由于不懂珍重，只是缘分的长短大抵已被注定，挽不住的终究是刹那芳华。

布莱顿海湾的沙滩是柔软的金色地毯，一把细沙过手，掌上便灿然闪烁着无数金色的星星。卖海鲜的小贩都是些十来岁的孩子，篮子里放着煮成金红色的蟹和淡紫色的小龙虾。他们苏格兰民歌一样的叫卖声穿梭在遮阳伞之间。不远处，拖着修长影子的华美建筑是英皇阁。这座阁楼式的皇宫建于大帝国摄政时期，神秘的东方韵味使其成为这座小城最豪华、最漂亮的海外休闲别墅。

林徽因跟着柏列特医生一家来到布莱顿度暑假。

布莱顿是英国南部的一座小城，面朝英吉利海峡，北距伦敦约80公里。早在11世纪，这里就是一个航运发达、鱼市兴盛的地方。如今布莱顿已经成了一处绝好的度假胜地，据说这里的海水有治疗百病的神奇功效。差不多每家观光旅馆都竖着一块“天然水，海水浴”的招牌来招揽生意。

头发花白的柏列特医生站在浅水处，一边往身上撩着水，一边招呼着女儿们下水。他是林长民的老友，50多岁，个性幽默亲切。他有五个女儿：吉蒂、黛丝、苏珊、苏娜、斯泰西。吉蒂20岁；苏珊和苏娜是一对双生子，面貌几乎一模一样；黛丝和林徽因同龄，最小的妹妹斯泰西还是个小学生。五个亭亭玉立的花样女孩加上东方美人林徽因，立刻吸引了众多游人的注目。

吉蒂和柏列特医生很快游到远处的深水区去了。黛丝留在浅水区教林徽因游泳，一边照应着三个妹妹。黛丝给徽因做着示范动作，徽因伏在橡皮圈上按照黛丝的指点划着水。黛丝一边纠正动作一边鼓励她：“别怕，菲利斯，这海水浮力很大，不会沉下去的。”

菲利斯是林徽因在英国的教名，柏列特的女儿们都这么称呼她。

小妹妹斯泰西用沙子堆起一座城堡，快完成的时候，一下子又塌了下来，她又努力了一次，仍然失败。“来！工程师，帮帮忙。”她冲躺在遮阳伞下休息的黛丝喊道。

黛丝很快就给妹妹建起一座漂亮精致的沙子城堡。林徽因问：“为什么叫你工程师？”

黛丝说：“我对建筑感兴趣，将来是要做工程师的。看到你身后那座王宫了吗？那是中国风格的建筑，明天我要去画素描，你可以跟我一起去吗？顺便也给我讲讲中国的建筑。”

“你说的是盖房子吗？”林徽因问。

“不，建筑和盖房子不完全是一回事。”黛丝说，“建筑是一门艺术，就像诗歌和绘画一样，它有自己独特的语言，这是大师们才能掌握的。”

林徽因的心弦被拨动了，这是她有生以来第一次听到这样的事。

第二天，黛丝就领着林徽因去英皇阁画素描。这座建筑的设计完全是东方阁楼式的，大门口挂着两个极富中国风情的八角灯笼，里面的飞檐、梁柱、窗棂都是中国式的，让林徽因想起杭州的老宅，异常亲切。黛丝如获至宝，兴致勃勃地到处参观着，不停地写写画画，一天很快就过去了。

一星期后，林徽因收到林长民的来信：

得汝来信，未即复。汝行后，我无甚事，亦不甚闲，匆匆过了一个星期，今日起整理归装。“波罗加”船展期至10月14日始行。如是则发行李亦可少缓。汝如觉得海滨快意，可待至九月七八日，与柏列特家人同归。此间租屋，14日期满，行李能于12、13日发出为便，想汝归来后结束余件当无不及也。9月14日以后，汝可住柏列特家，此意先与说及，我何适，尚未定，但欲一身轻快随便游行了，用费亦可较省。老斐理普尚未来，我亦不欲多劳动他。此间余务有其女帮助足矣。但为远归留别，姑俟临去时，图一晤，已嘱他不必急来，其女九月梢入越剧训练处，汝更少伴，故尤以住柏家为宜，我即他住。将届开船时，还是到伦敦与汝一路赴法，一切较便。但手边行李较之寻常行李不免稍多，姑到临时再图部署。盼汝涉泳日谙，心身俱适。

8月24日父手书。

获准继续住在柏列特家，正是林徽因求之不得的，因为她已经被“建筑师”黛

丝迷住了。黛丝领着林徽因走遍布莱顿的大街小巷，一座桥、一条路、一栋房子、一根柱子、一扇窗，在黛丝的讲解下，忽然都像变戏法似的，变了另外一副令人着迷的样子。林徽因从未知道，这些习以为常的建筑竟然还蕴藏着这么多的魅力。

林徽因领悟能力过人，她独特的审美也让黛丝称赞不已，她惊异于这个东方少女的聪慧："菲利斯，你对建筑很有感觉，你在审美方面有不可思议的灵感，你一定很适合当一个建筑师！"

"是吗？可是，我就要回中国去了，未来会怎么样——还不知道呢！"归期将至，未来会以什么面目迎接这个初长成的女孩子呢？林徽因感到一丝迷茫。

海风一下一下地推着浪花，把它们推到少女的脚边，片刻后又退下去，仿佛也洞悉了这一颗不安的年轻的心。

几天后，林徽因又接到了林长民于 8 月 31 日写的信，催她提前回去，因为他已经安排好女儿 9 月 6 日参观泰晤士报馆，所以希望她 5 日赶回去。不管有多么不舍，离别已经近在咫尺了。

1921 年 10 月 14 日，泰晤士河出海口被清晨的阳光涂成了猩红色，海面如同一块玛瑙静静地在前方闪耀着华贵的光泽。雾气渐散，汽笛悠然拉响，"波罗加"号就要起航了。地中海的信天翁展开细长的双翼从船舷旁掠过，海风吹拂着一面面彩旗，如同船舷上的女客挥舞着纱巾。

林徽因和父亲站在甲板上。她着一袭湖绿色连衣裙，亭亭而立，清新又娇艳，在一群金发碧眼的男女中格外引人注目。她磁白的面容上有一朵淡淡的红晕，一双清澈的眼睛带着忧郁和不舍，注视着送行的人群中另一双饱含深情的眼睛。

那双眼睛的主人叫徐志摩。

爱是天时地利的迷信

徐志摩说："我这一辈子只那一春，说也可怜，算是不曾虚度。就只那一春，我的生活是自然的，是真愉快的。"

林徽因大抵是不能苟同的，如若她亦像陆小曼一样，是个爱情至上者，就没有后来梁思成和金岳霖的故事。

那时年少，因为她一句话，他把建筑作为一生的事业，他娶了她，却没得多少安稳，在贫病交加中过了许多年。他是梁思成，中国著名的建筑学家，因车祸落下终身病患，第一部中国人的建筑史，是他用玻璃瓶垫着下巴支撑着身体完成的。

1931年，在新月派诗人徐志摩的引荐下，他见了她，从此一眼万年，他追随她几十年，不告白，终身不娶，她去世时，他写的挽联被传诵至今。他是金岳霖，哲学家，将逻辑学引进中国的第一人。

到底是何种风情，令三个最优秀的男人为她倾倒？

更何况她是个理智甚至冰冷的女人，爱情于她，大概只能算是点缀。

那是最坏的年代，也是最好的年代，大时代下的风情和浪漫从此再不会有。那时的爱情故事也就凝成了传奇。林徽因，徐志摩，梁思成，金岳霖……那些人的魂魄或许早已散落于红尘。是谁惊艳了时光？又是谁温柔了岁月？

你我相逢在黑夜的海上

每每提起感情，或者谁又与谁相遇，谁又与谁相恋，总会与缘分纠缠不清。有缘之人，无论相隔千山万水，终会聚在一起，携手红尘。无缘之人，纵使近在咫尺，也恍如陌路，无分相牵。

1920年，林徽因在伦敦。

也只有康桥才能配得上那倾城之恋。

康河的雨雾，从来无须约定，就这样不期而至。异国的一场偶遇，让他们仿佛找到了相同的自我。沉静的心不再沉静，从容的姿态亦不再从容。

只是人本多情，多情才无情，所有结果亦只能独自承担。他遇上她，无论是缘是债，是苦是甜，都得学会尝试，学会开始，学会终结。

这个只有几十户人家的小镇沙士顿，正处在一年中最生动的季节。妖艳的罂粟三朵两朵摇曳在青草黄花之间，苹果已经红了半边脸庞。高高低低的农舍被栗树的浓荫遮盖着。由于年代久远，农舍的墙壁呈现出斑驳的灰色。

这里的一切都有着中世纪英格兰最具古典意味的情调。

靠近村边的一间农舍的篱笆门打开了，一个穿着长衫，戴着眼镜的高瘦的中国青年推着自行车走出来。他

眉清目秀的妻子同样年轻，站在门口目送着他推着自行车消失在通向剑桥的小路的尽头。她脸上的表情似乎有一些忧郁，不太符合她这个年纪，

但是青年看起来心情颇好，路过镇子上的理发店他停了下来，他不是去剪头发，这间理发店兼做邮亭，门口挂着一个简陋的造型古怪的邮箱。肩负信使职责的是个五短身材，留着大胡子的男人，名字叫约瑟，喜欢喝酒，随身的酒壶里永远装着土酿威士忌。他身背一个羊皮邮袋，每天在镇子上巡视三次，投送收取沙士顿的来往信件。这个爱唱英格兰民歌，爱喝酒的大胡子是沙士顿欢乐和悲伤的使者。

中国青年差不多一两天寄一次信，同样隔个一两天就又来取信了。和他通信的人住在并不远的剑桥，是个17岁的中国少女。

青年把一封信交到约瑟手中。约瑟的脸上漾出难得一见的笑容，用力拍着他的肩膀，称赞着他年轻的妻子。

中国青年装在信封里的信就像他此时的心迹一样，忧郁、热烈：

——如果有一天我获得了你的爱，那么我飘零的生命就有了归宿，只有爱才可以让我匆匆行进的脚步停下，让我在你的身边停留一小会儿吧，你知道忧伤正像锯子锯着我的灵魂……

如果没有那一次登门拜访，就不会有今日这份甜蜜又痛苦的思念和挣扎了吧？

1920年9月24日，这个24岁的中国青年跟着在伦敦大学政治经济学院留学的江苏籍学生陈通伯来到阿尔比恩门27号，接待他们的是个相貌清俊、气度不凡的中年男人。陈通伯向这个男人引荐中国青年：“这位叫徐志摩，浙江海宁人，在经济学院师从赖世基读博士学位，敬重先生，慕名拜访。”

阿尔比恩门 27 号的主人林长民是被派到欧洲“国际联盟中国协会”任理事，并对各国政治动向进行考察的。实质上已经远离了国内的实权派，可谓官场失意。但文人本质的林长民也乐得摆脱政坛困扰，回归本色，吟诗作对，泼墨书画，更兼呼朋伴友，结交青年学子，倒也过得潇洒愉快。

恰好林长民曾在海宁度过童年，和徐志摩也算老乡了。异乡相逢，又都是性情中人，两人一见如故，经常促膝长谈，很快就成了无话不谈的忘年交。

徐志摩就是在这里邂逅了林长民的千金，是年 16 岁的林徽因。徽因第一次见到高高瘦瘦，戴着一副玳瑁眼镜的徐志摩，差点脱口而出喊他叔叔。虽然只比徽因长 8 岁，但他已经是个 3 岁孩子的父亲，看起来老成不少。

每天下午 4 点，是林家的下午茶时间。这是典型的英国式的生活方式，也是林家祖上的习俗。英国人对茶的喜爱有 300 多年的历史了，茶的英文即其故乡福建方言的发音。林家的下午茶完全是英式的，但所用茶壶是传统的中国帽筒式，用来保温的棉套做成穿长裙的少女的样式。

林长民聚会的时候，林徽因就给客人泡茶，准备甜点，陪客人聊天，有时也会代替父亲接送客人。客人们谈兴正浓的时候，徽因清丽的身影会时不时地出现，恰到好处地续上茶水，端来刚出炉的美味点心。极少数的时候她会好奇地插言。在这个纯男性的世界，她不是主角，但在徐志摩的眼里，不知不觉就只能看见这个文静又不失大方的美丽少女了。

到底是她纯真率性的谈吐吸引了徐志摩，还是她的剪水双瞳中暗藏的忧郁和寂寞叩开了年轻诗人的心门呢？徐志摩相信没有人比自己更懂得忧郁的滋味。

徐志摩是海宁富商徐申如唯一的儿子，但他并非一个游手好闲的公子哥。他在求学之路上不曾懈怠。他在麻省的克拉克大学读过历史，在哥伦比亚大学读过经济。为了追随偶像罗素，远渡重洋来到伦敦，不想罗素已经离开。学习金融是父亲的期望，但他不确定那是否就是自己真实的心意。已经是个 3 岁孩子的父亲，却没有经历过真正的恋爱。张幼仪嫁给他的时候和林徽因同岁，张家也是江苏宝山的名门，他们的婚姻是张幼仪二哥，中央银行总裁张嘉璈撮合的，但他不爱她。尽管张幼仪端庄贤惠，但他们之间没有爱情。他不快乐，一天一天地熬着日子。

直到见到林徽因。

他遇见她，爱上她，好像如梦初醒一般，明白了谁才是与他相配的那个人。他们有太多共同语言，而不是跟张幼仪那样相对无言。他谈自己的求学经历，政治理想；他们讨论着济慈、雪莱、拜伦和狄更斯，丝毫不觉得时间飞逝。时间于他们，或者说于他来说是静止的。他期望时间静止，这样就能待在她身边不离开了。

那些日子，伦敦的雨雾好似特别在为徐志摩和林徽因营造一种浪漫的气氛，若有若无地飘散着，笼罩其间的剑桥仿佛少女湿漉漉的眼睛，看不真切却无限动人。这对年轻人漫步在康河畔，听着教堂里飘出的晚祷的钟声，悠远而苍凉。三三两两的金发白裙的少女用长篙撑着小船从叹息桥的桥洞下穿过，青春的笑声撞开了雾和月光的帷幕。

“我很想像那些英国姑娘一样，用长篙撑起木船，穿过一座座桥洞，可惜我试过几次，那些篙在我手里不听摆布，不是原地打转，就是没头没脑往桥上撞。”徐志摩说。

他们走上女王学院的“数学桥”时，徐志摩又说道：“这座桥没有一颗钉子，1902 年，有一些物理学家出于好奇，把桥拆下来研究，最后无法复原，只好用钉子才重新组装起来。每一种美都有它固有的建构，不可随意拆卸，人生就不同，你可以更动任何一个链条，那么，全部的生活也就因此改变了。”

徐志摩（中）热烈地追求林徽因（左），不惜抛弃妻子张幼仪（右），最终坚定地与原配离了婚。但林徽因理智地选择了拒绝，因为那份违背伦理道德的爱，她实在是承受不起。

这话应和了徐志摩自己的人生。他更动了人生中最重要的链条，使三个人的人生发生了巨变。他把那封信投入了沙士顿唯一的邮筒，就像交付自己唯一的一颗真心。

终于有一天，张幼仪从邮差约瑟那里接到一只信封，她无意中拆开，没读完便觉天旋地转。那是林家大小姐的亲笔信。

时至今日，那封信的内容已经无从知晓，有人说是这么写的：我不是那种滥用感情的女子，你若真的能够爱我，就不能给我一个尴尬的位置，你必须在我和张幼仪之间做出选择……

直到最后，张幼仪仍然是那个温顺的张幼仪，她没有和变心的丈夫吵闹，怀着他们的第二个孩子，她孑然一身去柏林留学。幼仪离开的那天，沙士顿田野上开满了太阳花，金色的火焰却温暖不了她冰冷的心。善良的大胡子约瑟，从远方飘来一首歌伴她上路。她的眼中噙着泪水，离开了这个给过她温暖和痛楚的小镇。

真的令人难以想象，在妻子怀有身孕的时候，徐志摩能弃她而去，和她离婚。有人说，你守得住一个负心汉，却守不住一个痴情郎。徐志摩到底是专情还是无情呢？别说什么要听从自己的心，人都是自私的，听从自己的心，就要伤了别人的心。远在异国的张幼仪已经开始了新生活，她不恨他，可是她结了茧的心，再也抽不出丝了。

那么对于女儿和有妇之夫的交往，林长民的态度如何呢？实际上林长民也是个潇洒开明的人，他欣赏徐志摩的浪漫诗情，认为女儿可以与他恋爱，但需要适可而止，且不可论及婚嫁。因为徐志摩已有妻儿，况且他已与好友梁启超有口头之约，将来要把女儿许配给梁家的大公子。

年少的林徽因夹在这样两个男人中间，何去何从？也许她无意破坏徐志摩和张幼仪的婚姻，也许就像林长民给徐志摩的信中说的“徽亦惶恐不知何以为答”。不管怎么说，徐、林二人最终走向了不同的方向。他们交会时互放的光芒耀眼而又短暂，仿佛是流星刹那划过天际。从林徽因跟随父亲回国的那一天起，她就已经背他而行了。在徐志摩余下的生命中，林徽因成了他的挚友、知己。这位一生都在追求自由和真爱的诗人曾说：“我将于茫茫人海中访我唯一的灵魂伴侣，得之，我幸；不得，我命，如此而已。”

执子之手

学生时代的林徽因。

1918 年，林徽因 14 岁，在教会女校读中学，日子过得平静如水。

有一天，一个叫梁思成的少年到林家拜访。他戴着眼镜，有着坚毅的眼睛和端正的面孔，只是神态有些局促不安，这让林家大小姐觉得很有趣。之前父亲林长民告诉过她，这个少年是他的好朋友，大名鼎鼎的维新派领军人物梁启超的长子。林徽因就像接待其他的来客那样礼貌而周全地招待了他。

梁思成走后，二娘程桂林对徽因打趣道："宝宝，这个梁公子怎么样？你爹打算招他当女婿呢。"徽因立刻羞红了脸，低头跑开了。

二娘不会无缘无故说这句话的。林长民和她亲近，必然跟她提起过什么。可是从那以后，父亲好像忘了那个面目端正的少年来拜访的事儿，梁思成也就此从林徽因的生命中淡出了。

三年之后，已经是个花季少女的林徽因才重遇梁思成。

1921 年 10 月 14 日，结束了一年多的欧洲游学，林徽因和父亲乘坐"波罗加"号邮轮从伦敦转道法国，踏上归国的旅程。林徽因又得和父亲分开生活了，父亲留在上海，她回到北京的教会女中继续上学。梁启超派人来接林徽因，然后，梁思成出现了，他是专门来拜访林徽因的。

梁思成是年20岁，在清华学校（今天的清华大学）上学，美术、音乐、政治都是他的追求。他在学校广受欢迎，颇有名气。小小年纪便有丰富阅历的林徽因和他相谈甚欢，不知不觉竟然已经过去了好几个时辰。

他们谈起各自的理想，梁思成笑言："我啊，跟父亲一样，样样都爱，样样都不精，也许，我以后会和他一样，从政？"

林徽因并不以为然："从政需要磨炼，也需要天赋，古往今来，把政治之路走得顺风顺水的不多，即使我的父亲，也许还有尊驾——不好意思，唐突了，不过这不是我操心的，我感兴趣的是建筑。"

梁思成感到惊讶："建筑？你是说，盖房子？女孩子家怎么做这个呢？"

"不仅仅是盖房子，准确地说，是architecture，叫建筑学或者建筑艺术吧，那是集艺术和工程于一体的一门学科。"林徽因对他解释道。

回到家，梁思成告诉父亲梁启超两件事：第一，他要把建筑作为终生的事业和追求；第二，他想要约会林家大小姐。

梁思成女儿梁再冰在《回忆我的父亲》中讲述了她的父亲母亲第一次见面的情景：

> 父亲大约十七岁时，有一天，祖父要父亲到他的老朋友林长民家里去见见他的女儿林徽因（当时名林徽音）。父亲明白祖父的用意，虽然他还很年青，并不急于谈恋爱，但他仍从南长街的梁家来到景山附近的林家。在"林叔"的书房里，父亲暗自猜想，按照当时的时尚，这位林小姐的打扮大概是：绸缎衫裤，梳一条油光光的大辫子。不知怎的，他感到有些不自在。
>
> 门开了，年仅14岁的林徽因走进房来。父亲看到的是一个亭亭玉立却仍带稚气的小姑娘，梳两条小辫，双眼清亮有神采，五官精致有雕琢之美，左颊有笑靥；浅色半袖短衫罩在长仅及膝下的黑色绸裙上；她翩然转身告辞时，飘逸如一个小仙子，给父亲留下了极深刻的印象。

梁思成对林徽因可能算不上绝对的一见钟情，但有好感应该是没错的。从梁再

1925年梁启超、林徽因（右一）和梁启超的三女儿梁思庄同游长城。梁启超慧眼识人，对林徽因非常喜爱。

冰的记述可以看出来，林徽因和梁思成身边的女孩子都不一样，正是这份特别的清新气质吸引了他。三年之后，当年的14岁少女已经脱去了稚气，一年多的异国生活令她的眼界比寻常人家的女孩开阔许多，自然多了一份大气脱俗。再加上敏捷的思维，优秀的谈吐和出落得越发美丽的容貌，20岁的梁思成真的动了心。

梁启超很高兴，对儿子说："徽因这孩子不错，爸爸早就支持你们交往，其他的，就要随缘分了。"

梁启超最想看到的就是这样的情况：父母留意，选定人选，然后创造适当的机会让两人接触，经过充分的了解，自由恋爱后的结合是最好的，这是这位维新派大人物心目中的"理想的婚姻制度"。

梁家的大小姐梁思顺就是父亲"理想的婚姻制度"的实践者。梁启超选定的得意女婿周希哲，原本出身寒微，但后来成为驻菲律宾和加拿大使馆总领事，对梁思顺和梁家都很好，这是梁启超一直引以为傲的。1923年11月5日他给女儿写信说：

……徽因我也很爱她，我常和你妈妈说，又得一个可爱的女儿……我对于你们的婚姻，得意得了不得，我觉得我的方法好极了，由我留心观察看定一个人，给你们介绍，最后的决定在你们自己，我想这真是理想的婚姻制度。好孩子，你想希哲如何，老夫眼力不错罢。徽因又是我第二回的成功。

林徽因没有拒绝梁思成的追求，他们时常选在环境优美的北海公园游玩约会，一起逛太庙，她也会去清华学堂看梁思成参加的音乐演出。虽然梁思成比起徐志摩少了些浪漫温柔，但多了一份踏实稳重，又是个风度翩翩的青年才俊。而且梁思成和林徽因年龄相仿，感兴趣的话题相近。更重要的是，和梁思成在一起，林徽因才真正恢复了与年纪相符的轻松，而不是那种混合着负罪感和忧愁的沉重。

事情进展颇顺。这对金童玉女相处愉快，彼此好感渐长。其实早在1923年1月7日，梁启超就在给思顺的家书中提起梁、林两家联姻的事宜了：

思成和徽因已有成言（我告思成和徽因须彼此学成之后乃定婚约，婚约定后不久便结婚）。林家欲即行订婚，朋友中也多说该如此，你的意见呢？

梁启超不急于让两个孩子订婚当然不是他对未来的儿媳妇不满意。他延缓婚期大概是出于多方面的考虑：一是学业的问题。梁思成是他一直寄予厚望的长子，不想他沉溺于儿女情长误了前途；二是梁太太李惠仙。李惠仙思想传统，看不惯留洋归来的林徽因的新派作风。她对林徽因的偏见甚至影响了居住海外的大女儿梁思顺。再来，梁启超毕竟思想开明，想尽量减少家族对孩子们感情的影响，让他们有足够的时间相互了解、磨合，甚至做出新的选择。只有这个过程够长，婚姻才够稳定。

林家是女方，林徽因按现在的话说条件一流，理应矜持一些才对，为何提出即行订婚呢？有人认为这和徐志摩有关。林长民一方面看好梁思成，一方面也希望女儿早日断了对徐志摩的念想。最终双方家长经过商讨，同意了梁启超的提议，暂不订婚。林徽因和梁思成直到1927年一起获得宾夕法尼亚大学学士学位才订婚，次年3月二人结婚。

这对恋人终于结成了伴侣，从此将共度漫漫人生，一切尘埃落定。大概是因为从一开始就知道结局吧，所以没有多少惊喜，一切都很安静。梁、林二人的婚姻，成为中国现代文化史上的美谈，多少人在称赞他们的郎才女貌，相敬如宾。他们有共同的追求，谁也没有遮掩谁的光芒，如此的交相辉映着。战争和疾病没有分开他们，而是让他们更坚定地握紧彼此的手，直到林徽因生命的最后一刻。

结婚之前，梁思成曾问林徽因：“有一句话，我只问这一次，以后都不会再问，为什么是我？”林徽因回答他：“答案很长，我得用一生去回答你，准备好听我了吗？”这个答案就像林徽因这个人一样，太特别，太令人深陷了。她果然用一生给出了答案，甚至她留在人世的最后两个字，是她丈夫的名字。

你记得也好，最好你忘掉

人总想求得圆满，觉得好茶要配好壶，好花当配好瓶。可世间圆满不易寻，缺憾倒是俯拾皆是。殊不知，缺憾也许伤人一时，完美却可能伤人一世。打算在人世间行走，就不要奢求那许多。且当每一条路都是荒径，每一个人都是过客，每一篇记忆都是曾经。

一切都有尘埃落定的一天，你有你的港湾，我有我的归宿。人生原本亦没有相欠，又何来偿还之说？转身天涯，各自安好，那么这风尘的世间就算有烟火蔓延，却不会再有伤害。

再也没有比秋天更适合忧郁这个词的季节了，即使是严冬也没有这份令人心生疲惫的萧瑟。苍蓝的天空愈加高远，连带着仰望它的人的心都变得空落落的。落叶挣扎着不愿离开树梢，最终认命地跌落进泥土，连哭泣都是微弱的。一声寂寥的鸣叫，是落了单的候鸟在呼唤着同伴。没有回音，它焦急地拍动疲惫的双翼，可是旅途那么漫长，方向不辨，何时才能到达目的地呢？

徐志摩仰头看着那孤单的身影消失在天际。他觉得自己就是那候鸟，身心俱疲，

带一身的伤痛终于停留下来，未来却更加迷茫。

他现在眼前全是刚刚在林家的书房“雪池斋”看到的福建老诗人陈石遗赠给林长民的诗：

七年不见林宗孟，划去长髯貌瘦劲
入都五旬仅两面，但觉心亲非面敬
小妻两人皆揖我，常服黑色无妆靓
……
长者有女年十八，游学欧洲高志行
君言新会梁氏子，已许为婚但未聘

命运真是不可抗拒的存在。一番挣扎之后，也逃不过既定的结局。

1922年9月，徐志摩乘坐日本商船回国。六个月之前，他写信给在柏林留学的妻子张幼仪，开诚布公地谈了自己对爱情和婚姻的理解：

真生命必自奋斗自求得来，真幸福亦必自奋斗自求得来，真恋爱亦必自奋斗自求得来！彼此前途无限，……彼此有改良社会之心，彼此有造福人类之心，其先自作榜样，勇决智断，彼此尊重人格，自由离婚，止绝苦痛，始兆幸福，皆在此矣。

信刚一寄出，他就动身前往柏林。此时张幼仪已经生下第二个儿子彼得。小彼得刚满月，笑容纯真，全然不知父亲就要离开自己。徐志摩请了金岳霖、吴经熊作证人，与张幼仪在离婚协议上签了字。

走到这一步，徐志摩已经为他的所爱抛下了一切，即使顶着抛妻弃子的罪名也在所不惜。该去的都去了，该来的能如期来吗？

1922年10月15日，恢复单身的徐志摩抵达上海。刚刚下船，他的头上就炸响了一个晴天霹雳：林徽因和梁启超的大公子梁思成将结为秦晋之好。他不敢也不愿相信，但是朋友告诉他，梁启超已经写信给长女梁思顺，明明白白地讲了林徽因同梁思成的婚事“已有成言”。

林徽因、梁思成拍于1922年。

徐志摩呆若木鸡，思维停滞。他的大脑仿佛正本能地拒绝这个现实：他的心上人就要成为别人的妻子！

耐不住这份煎熬，一个月后，徐志摩硬着头皮坐上了北上的火车，他一定要亲口向林徽因求证。可是他没有在林家见到林徽因，而是看到了那首彻底打碎他抱有最后一丝希望的诗。徐志摩望着那副悬挂在墙上的诗作，觉得自己也像个死刑犯一样被吊起来了。

随即，徐志摩收到了恩师梁启超从上海寄来的一封长信。梁启超一直以为徐志摩和张幼仪彼此再不能相处，所以也没有反对他们离婚。但他却听张君劢（幼仪大哥）说，徐志摩回国后和张幼仪“通信不绝”，“常常称道她”，觉得很奇怪。梁启超给了学生两条忠告：万万不可把自己的快乐建立在弱妻幼子之上；真爱固然神圣，但可遇不可求，不可勉强。信写得情深意切，语重心长。但陷在感情旋涡的徐志摩哪里看得进去，他即刻给梁启超回了一封慷慨陈词的信：

我之甘冒世之不韪，竭全力以斗者，非特求免凶惨之苦痛，实求良心之安顿，求人格之确立，求灵魂之救度耳。……我将于茫茫人海中访我唯一灵魂之伴侣，得之，我幸；不得，我命，如此而已。

徐志摩是真正地为爱而生，自由的爱情是他一生的理想和追求。世俗无法理解，也无法容忍，但这份真心他必须要向恩师剖白。

人总是有隐藏的反骨，世俗越是阻挠，越是激起徐志摩的决心。虽然林徽因正在和梁思成恋爱，并且“已有成言”，但不是还没订婚吗？既然如此为何不可以追求呢？徐志摩和林长民仍是好友，梁启超是他的老师，他和梁思成也算是师兄弟，来找林徽因也没什么不妥。

当时，林徽因和梁思成经常在北海公园的快雪堂约会见面。这是一处安静典雅的院落，里面是松坡图书馆的藏书，馆长正是梁启超，持有图书馆钥匙。图书馆星期天不开馆，林徽因和梁思成就在这读书。徐志摩当时在图书馆担任英文干事，和林徽因见面很方便，并且他并不避讳梁思成。次数多了，好脾气的梁思成也忍不下去了，就在门口贴了一张条子，上书“lovers want to be left alone”。徐志摩见了，也只得识趣离开。

和徐志摩分开，回国的林徽因仍然在教会女校读书。她用这段清静的时间好好地考虑了自己的感情和婚姻。她曾多次把徐志摩和梁思成放在天平上称过，论才华诗情，她更倾向于徐志摩，林长民也没有明确地反对过，但两个姑姑坚决不同意。林徽因是名门之后，徐志摩离过婚，嫁给他不就等于填房么？这无疑会辱了林家的名声，林徽因也会被人戳脊梁骨。徽因自己又何尝没有这样的顾虑？她是那么看重自尊，那么骄傲，做“小”这样的事怎么会发生在自己身上！梁思成又待她如此，她也欣赏他的才华。虽然这么做，对不起一往情深的徐志摩，看到他伤心的模样她也一样痛苦。但是她必须做出一个让大家都满意、顾全大局、损失最小的选择。

这就是林徽因。当年她只有18岁，却能如此冷静地抉择自己的人生。

一切的转折在1923年5月7日。那是林徽因和梁思成感情史上重要的一天。那天是个阳光灿烂的星期一，大学生上街举行“五七国耻日”（1919年5月7日，日本政府向袁世凯提出卖国二十一条）的游行。梁思成带着弟弟梁思永骑着摩托车，从梁家所在的南长街去追赶游行队伍。当他们经过长安街时，一辆大轿车迎面撞上了摩托车。悲剧只在刹那间，摩托车被撞翻，重重地把梁思成压在了下面，梁思永被甩出去老远。坐在轿车里的官员视而不见，命令司机继续前行。梁思永挣扎着爬起来，流了很多血。他发现哥哥不省人事，慌忙赶回家叫人。一个仆人赶到车祸现场背回了梁思成。

被带回家的梁思成眼珠已经不会转了，面无血色，一家人见状大哭小叫。刚从陕西赶回来的梁启超极力稳住心神，差人去开车找医生来。大约一个钟头，一个年轻的外科医生像押俘虏似的被带来了。检查之后断定梁思成右腿骨折，马上送去了协和医院抢救。

梁家两兄弟住在同一间病房，弟弟一个星期就出院了，梁思成得在这里待上八个星期。

1923 年梁思成被汽车撞伤后留影。

得到消息后的林徽因立刻赶到协和医院，梁家上下全挤在病房里。梁启超安慰惊慌的林徽因："思成的伤不要紧，医生说只是左腿骨折，七八个星期就能复原，你不要着急。"

林长民和夫人随后也赶来了。两家从中午守到傍晚，送来的饭菜在桌子上冷了热，热了冷，谁也没有心思动筷子。林徽因呆呆地坐着，梁思成每一声呻吟她都跟着疼。

林徽因从学校请了一个星期的假，在医院照顾梁思成。她寸步不离地守在梁思成的病床前，细心地喂饭喂药。梁思成刚动过手术，身子不能动弹，但精神却一下子好了很多。徽因怕他无聊，就经常拿报纸来给他读上面的新闻。有一回她给梁思成看《晨报》，开玩笑地说："你看，你成明星啦。"原来是他车祸的消息上了头条。

梁思成看了一眼，苦笑着说："这我倒不感兴趣，你在这儿陪我，就三生有福了。"

一旁的李惠仙却皱起了眉头。

梁思成身体还很虚弱，动一下都很困难，林徽因就一次次帮他翻身，尽管动作已经尽量轻柔，梁思成还是大汗淋漓。徽因顾不得自己擦汗，便用帕子先给梁思成擦拭额头。每当这时，李夫人就不高兴地把帕子抢过去，弄得徽因也有些尴尬。

梁启超却很高兴。他知道夫人对现代女性有成见，就出来打圆场："这本来就是徽因应该做的事嘛。"

其实梁启超一直担心徐志摩和林徽因旧情复燃，伤了儿子的感情，梁家也没面子。特别是之前和徐志摩通过信，学生态度坚定地表白了心意，令他如芒在背。再加上同样受过西方教育的林徽因，他的忧心并不多余。好在这次的意外事故，歪打正着地检验了林徽因对梁思成的感情。梁启超看到了一个有情有义，善良懂事的好女孩。心里的一块大石头终于放了下来，喜不自禁。

最开始的时候医院认为梁思成没有骨折，不需要手术，后来诊断是复合型骨折，到五月底已经做了三次手术。从那时起，梁思成的左腿比右腿短了一截，造成后来的终生跛足。

梁启超借着养伤的这段时间，让儿子研读中国古代经典名著，从《论语》《孟子》开始，到《左传》《战国策》等等一一涉猎，用以积累他的知识。

李夫人对撞伤梁思成的官员恼火不已，她亲自登门拜访黎元洪，要求处罚那个官员，最后说是司机的失职，李夫人不接受这个敷衍，直到黎元洪替那个官员道歉为止。

一个半月后，林徽因带着一束花来接梁思成出院。这个时候她已经从教会女中毕业，考取了半官费留学。

大概就是这场车祸彻底坚定了林徽因要和梁思成一道走下去的信念吧？因为照顾病人，林徽因和梁思成才有了自恋爱以来从未有过的频繁的亲密接触。这次有惊无险的意外让林徽因看清了自己的心，她和梁思成再不能轻易地别离了。

我们总是失去了才懂得珍惜。老天慷慨地给了林徽因弥补的机会，在一切还来得及的时候让她重新选择安排自己的缘分。如果没有这次生死考验，也许林徽因还在徐志摩和梁思成之间苦恼不已。其实命运不一定残酷，在你感到迷茫的时候它会给你暗示，让你选择自己想要走的路。虽然选择也会有得有失，但人生本就不能完全无憾。

对于已经不再相爱的那个人，有人选择还是朋友，有人老死不相往来。这两种态度不能说谁对谁错，因为性格决定选择，想要以何种关系继续以后的生活，就要保证自己不被那种关系所搅乱。林徽因和徐志摩此后一直是好朋友，因为林徽因够理智够清醒，她知道自己的心已经给了梁思成，再无可能与他分开，所以才能坦然地与徐志摩相处。

人的一生终究是一个人的一生。不是说要孤独终老，而是大家各自有所追求，有缘分就相遇，有缘无分，情深缘浅是常事，分开也未尝就会痛苦得无法自持。人生如戏，一场落幕下一场又要开始，自然也不必过分耽于昨天。你记得也好，你忘记也罢，生命本就如轮回一般，来来去去，何曾为谁有过丝毫停歇。

一生挚爱一生等待

“人生若只如初见，何事秋风悲画扇。”可人生又怎能只如初见，如果说初见灿若春花，携手一段漫长人生，便可看秋叶之静美了。只是情到薄处，难免会有所失落，怅惘追忆曾经之美好。然而亦有些人，爱上了便可情深不寿。在他的生命中，所有光阴都如初见时美好绝伦。

真爱无悔，无论你我以何种方式对待自己的情感。只要付出过，珍重过，拥有过，便是爱的慈悲。相离亦不一定是背叛，给彼此一个美好祝福，或许都会海阔天空。

有人说衡量一位女性有多大魅力，看看她身边的男性质量如何就知道了。这么说的话，林徽因必定是个风姿绰约，魅力超凡的女性了。建筑学家梁思成是她的丈夫，新月派诗人徐志摩是她的知己。还有一位一直与林徽因联系在一起的优秀男人，

就是“择林而居”的哲学家金岳霖。

很多年前的清华大学清华园，有几位著名人物，人称“清华三荪”，同时也是著名的单身汉三人帮。其中有个哲学家叫金龙荪的，就是金岳霖，大家都习惯喊他老金。

老金生长于三江大地，年长梁思成六岁。他自幼聪慧，小小年纪便考进清华。1914 年毕业后留学英美。刚到美国的时候，他服从家人的安排读商科，后来到哥伦比亚大学改学政治学，仅两年就拿到了博士学位。在美国短期任教后，他又游学欧洲近十年。有一天，他在巴黎大街上闲逛的时候，忽然听得一帮法国人在那里激烈地辩论，他越听越有兴趣。于是这位政治学博士转攻逻辑学，并将之作为自己终生的事业。

金岳霖也按照当时风行的“清华——放洋——清华”的人生模式，从欧洲回国后执教于清华哲学系，看上去又回到了起点。但此“点”绝非彼“点”，不一样就是不一样。金岳霖受了十几年欧美文化的熏陶，生活作风相当洋化。他在清华教书的时候，总是一身笔挺的正装，打扮入时。加上超过 180 公分的个子，仪表堂堂，非常有绅士派头。清华哲学系最初只有一位老师，就是老金，当年他只有三十出头。但逻辑学这门年轻的学科，差不多就是这位年轻的学者引进中国的。时人有言，中国只有三四个分析哲学家，金岳霖是第一个。张申府说：“如果中国有一个哲学界，

喜欢一个人，爱一个人，是一件沉重而长远的事，可能会是一生一世。这要靠行动而非语言。

那么金岳霖当是哲学界之第一人。”

关于老金的逸闻趣事，最引人注目的就是他暗恋建筑学家、诗人林徽因，并为之终身未娶。据说老金在英国读书时，收获不少外国女同学的爱慕，其中一位金发美人丽琳还跟着他来到了中国，并同居了一段时间。在当时看来，这位丽琳属于女性中的异类，她是个不婚主义者，但对中国的家庭生活极为有兴趣，表示要以同居的方式体验中国家庭内部生活与爱情的真谛，于是便和老金在北平同居下来。

至于这位美国美人何因何时离开老金回国，在文献中记载极少。或许是当时的文人们欲维护老金颜面，对此事大多讳莫如深。我们能知道的就是，随着老金和梁氏夫妇结为好友，思维和处事方法极另类的哲学家就打包行李搬到北总布胡同三号“择林而居”（老金语）了。

老金晚年回忆说：“他们住前院，大院；我住后院，小院。前后院都单门独户。30年代，一些朋友每个星期六有集会，这些集会都是在我的小院里进行的。因为我是单身汉，我那时吃洋菜。除了请了一个拉东洋车的外，还请了一个西式厨师。‘星期六碰头会’吃的冰淇淋和喝的咖啡都是我的厨师按我要求的浓度做出来的。除早饭在我自己家吃外，我的中饭、晚饭大都搬到前院和梁家一起吃。这样的生活一直维持到‘七七事变’为止。抗战以后，一有机会，我就住他们家。”老金还说

梁思成（左）与金岳霖（右）同时深爱着一个女人——林徽因（中），他们三人坦诚的态度让彼此之间没有芥蒂。金岳霖明白，自己的守护只能是默默的，才不会让林徽因有压力，不会让梁思成反感和厌恶。而梁思成也给予了他们最大的信任。

“一离开梁家，就像丢了魂似的”。

老金因为一直单身，没有什么牵绊，所以始终是梁家聚会上的座上宾。梁家和老金志趣相投，背景相似，交情自然非比寻常。老金对林徽因的才华人品赞不绝口，对她本人亦是呵护有加。徽因对老金则有一种后辈对前辈的仰慕之情，两人感情甚笃。徐志摩去世后，金、林二人交往愈发亲密。

关于林徽因和金岳霖的这段感情，多年之后梁思成曾有过谈论。梁思成第二任夫人林洙说：“我曾经问起过梁公关于金岳霖为林徽因而终身不娶的事。梁公笑了笑说：‘我们住在总布胡同的时候，老金就住在我们家后院，但另有旁门出入。可能是在1931年，我从宝坻调查回来，徽因见到我哭丧着脸说，她苦恼极了，因为她同时爱上了两个人，不知怎么办才好。她和我谈话时一点不像妻子和丈夫谈话，却像个小妹妹在请哥哥拿主意。听到这事我半天说不出话，一种无法形容的痛苦紧紧地抓住了我，我感到血液也凝固了，连呼吸都很困难。但我感谢徽因，她没有把我当一个傻丈夫，她对我是坦白和信任的。我想了一夜该怎么办。我问自己：徽因到底和我幸福还是和老金一起幸福？我把自己、老金和徽因三个人反复放在天平上衡量。我觉得尽管自己在文学艺术各方面有一定的修养，但我缺少老金那哲学家的头脑，我认为自己不如老金，于是第二天，我把想了一夜的结论告诉徽因。我说她是自由的，如果她选择了老金，祝愿他们永远幸福。我们都哭了。’”

林徽因把梁思成的话告诉了老金，老金对她说：“看来思成是真正爱你的，我不能去伤害一个真正爱你的人。我应该退出。”从那以后，林徽因和梁思成再未谈及此事。

老金是个守信用的人，林徽因同样是个诚实的人。他们三人始终是很好的朋友。“我自己在工作上遇到难题也常去请教老金，甚至连我和徽因吵架也常要老金来‘仲裁’，因为他总是那么理性，把我们因为情绪激动而搞糊涂的问题分析得一清二楚。”梁思成说。

从好事者的调查猜测和可考证的文字看，这三人的关系很像西洋小说中的人物关系，这个故事的结局是：林徽因、金岳霖一直相爱、相依、相存，但又无法结为夫妇。老金孑然一身，默默地守护着心中挚爱。怎奈天意弄人，徽因红颜薄命，这趟爱情旅行只剩下老金踽踽独行了。

事实上，上面梁思成的那些话出自林洙所写的《梁思成、林徽因与我》。当她写这段故事的时候，三个当事人已全部作古，是否完全还原事实无从考证。总之，只要一提起林徽因和金岳霖，大家必说起这个故事并唏嘘感动一番，到了这分上，也就无必要评判真假了。

老金大概真的对林徽因有感情，只是感情的深浅、表达的程度，特别是林徽因的回应，从旁的地方很难得到证实。旁证倒也不是没有，但都像白开水一样，缺乏好事者期待的那种惊世骇俗的浪漫。

汪曾祺先生在《金岳霖先生》一文中记载，林徽因去世以后，有一天老金在北京饭店请客，老友们收到通知都很纳闷怎么老金忽然要请客呢？到了之后，金岳霖才宣布："今天是林徽因的生日。"

林徽因对金岳霖的回应有一个算得上可靠的证据。她在 1932 年元旦写给胡适的信中提到老金时，称他为"另一个爱我的人"。

在林、梁、金三人中最长寿的是老金，享年 89 岁。晚年的老金和林徽因的儿子梁从诫生活在一起，从诫以"尊父"之礼事之，称之为"金爸"。不过这也没什么可惊讶的，老金在梁家住过，后来梁家搬到四川，老金住在好友钱瑞升家里时，钱家的孩子也是亲热地喊他"金爸"。

老金晚年时，有人请求他给再版的林徽因诗集写一些话。他考虑良久，拒绝了。"我所有的话都应当同她自己说，我不能说。"停顿一下，补充道，"我没有机会同她自己说的话，我不愿意说，也不愿意有这种话。"

喜欢一个人，爱一个人，是一件沉重而长远的事，可能会是一生一世。这要靠行动而非语言。喜欢，或者爱，于用情至深之人，是千钧的重量，一旦化成语言就减轻了分量；是付出，而非索取，一旦索取就不再纯粹。

佛把他变成了一棵树，永远等在她必经的路旁。世上再无金岳霖，那份可能称之为"爱"的感情，也永远无法复制。

诟 病

“他如果活着恐怕我待他仍不能改变，事实上也是不大可能，也许那就是我不够爱他的缘故。”林徽因这么说的时候，康桥之恋已经过去许多年，她的生活已然平静安稳。也许她的骨子里还存有少女般的浪漫，梦的时候，她可以比谁都诗意，一旦醒转，又比谁都理智。她用理智超越了情感。

人间情爱莫过于此。时光氤氲，我们更无法分清当年的落花流水，到底是谁有情，谁无意。又或许本就没有过情意之说，不过是红尘中的一场偶遇，一旦分别，两无痕迹。

1932 年，林徽因给胡适去了一封信，在信中提及自己最近的愁闷心情：

我自己也到了相当的年纪，也没什么成就，眼看得机会愈少——我是个兴奋型的人，靠突然的灵感和神来之笔做事，现在身体也不好，家常的负担也繁重，真是怕从此平庸处世，做妻生子的过一世！我禁不住伤心起来。想到志摩今夏对于我富于启迪性的友谊和 love，我难过极了。

因为和三位优秀的男性都有过感情纠葛，很多人在这一点上批评林徽因。特别是在与金岳霖的关系上这一点。那时她已是梁思成的妻子，却仍然和金岳霖有不清

金岳霖（左一）、梁再冰（左二）、林徽因（左三）、费慰梅（右二）、费正清（右一）等，1935年于北京天坛。费正清和费慰梅夫妇是林徽因的好友，林徽因经常写信给好友诉说自己的境况，而好友则将这些往来的书信一直珍藏着。

不楚的关系。在这场“三角”旋涡中，金岳霖表现得是那么痴情、隐忍，梁思成又是那么宽容，简直就是现代女性梦寐以求的好男人！但是，相比被镀上一层金的两位男士，林徽因就不是那么被人称道了。这完全就是不守妇德，用情不专的典型嘛。

用现在的观点看，林徽因大概会被归类到“很会释放荷尔蒙的女性”那一队里吧。

事实真是这样？

关于金、林二人的感情关系，实际上很容易举出反驳的例证。两人一个是逻辑学家，一个是建筑学家，都是以理智清醒著称。林徽因在感情与婚姻中令人惊异的理性也是她作为一名女性的成功之处。她既然能拒绝了浪漫多情的诗人，怎么面对常人眼里的“怪胎”逻辑学家就冲昏头脑了？她接受过西方文化的熏染是没错，但在婚姻之中她始终有着中国人的传统思维方式，她爱着丈夫和一双儿女，顾虑到家族的名誉，怎么会不管不顾地和金岳霖坠入罗曼蒂克、惊世骇俗的爱河呢？

很多人都认为金岳霖终身不娶是因为痴恋林徽因。但是别忘了，金岳霖是个哲学家，准确地说是个逻辑学家。哲人的精神世界又如何用常识去揣测？只有理智和智慧在他们眼中闪烁着永恒价值的光彩。金岳霖不是诗人徐志摩，把爱与美看成至高无上。如果说金岳霖为了林徽因单身一辈子，那么，让柏拉图、叔本华、康德这些前辈终身未娶的女神又是谁呢？金岳霖曾经的女友丽琳也是一位不婚主义者，两人同居而不谈婚姻，说明金岳霖在这个问题上极有可能与之达成一致。梁思成大姐梁思顺曾说："有人激进到连婚姻也不相信。"——这是在说金岳霖。

金岳霖终身不娶，并非仅仅因为林徽因这么简单，而是哲学家追求理性和智慧的一种极端的表现。当然，林徽因的出现可能坚定了他这一想法。哲学家特有的理智，对女性的要求在林徽因身上寻求到了一个完美。他必不会去破坏这份完美，必将去维护这份完美。

金岳霖始终理智地看待自己所处的位置，并理性地掌控着他的处世哲学。许多时候他用"打发日子"来形容他长期单身的寂寞。他后来写文章把自己和梁家的关系做了描述，并发挥了对"爱"和"喜欢"这两种感情与感觉的分析。老金的逻辑是："爱与喜欢是两种不同的感情或感觉。这二者经常是统一的，不统一的时候也不少，就人说可能还非常之多。爱，说的是父母、夫妇、姐妹、兄弟之间比较自然的感情，他们彼此之间也许很喜欢。""喜欢，说的是朋友之间的喜悦，它是朋友之间的感情。我的生活差不多完全是朋友之间的生活。"

那么和徐志摩呢？

林徽因与徐志摩的一段剑桥情缘无可非议，当时林徽因与梁思成毫无关系，是绝对的自由身。但有人认为林徽因相当于第三者，拆散了徐志摩和张幼仪。一大批研究者相信徐、林二人是有过爱情的。韩石山研究整合了与徐志摩相关联的三位女性的资料，肯定地说："（张）幼仪不记恨陆小曼，她记恨的是林徽因。她记恨的并非是为自己，倒有一半是为了志摩。她恨林答应了他，却没有嫁给他。……两人的恋情，肯定是有的。徐志摩为了赶听林在协和小礼堂的报告，才匆匆坐飞机殒命的。"

林徽因遭人议论最多的，就是她在已经和梁思成交往的前提下仍然和徐志摩关系甚密。她和梁思成在宾大读书时也曾主动写信给徐志摩。但是从另一方面看，当时北平文化圈的名人来来去去就那么多，低头不见抬头见，要完全避开，简直是不可能的。

梁从诫、梁再冰一再重申“徐、林之间没有爱情”。梁再冰说：“徐志摩去世时我年纪还小，但作为林徽因和梁思成的女儿，我很了解徐志摩同我父母之间关系的性质。徐志摩是我家两代人的朋友。他曾经追求过年轻时的母亲，但她对他的追求没有做出回应。他们之间只有友谊，没有爱情。……母亲在世时从不避讳徐志摩追求过她，但她也曾明确地告诉过我，她无法接受这种追求，因为她当时并没有对徐志摩产生爱情。她曾在一篇散文中披露过16岁时的心情：不是初恋，而是未恋。……她曾说过，徐志摩当时并不了解她，他所追求的与其说是真实的她，不如说是他自己心目中一个理想化和诗化了的人物。”

梁从诫也强调，林徽因很坦然地承认她和徐志摩之间的感情，但不是那种谈婚论嫁的爱。“他们都非常懂得，爱一个人，首先是尊重一个人，宽容一个人，给对方留有余地，这才是它的魅力所在，所以我们才说它崇高。”

林徽因挚友费慰梅在回忆林徽因时说，她在谈到徐志摩的时候，总是把他和英国诗人、大文豪联系在一起。可见林徽因对徐志摩更多的是待之以文学上的师友。梁从诫认为“这才是他们之间的真实关系”。

我们可以肯定地说，林徽因绝对没有辜负梁思成。无论是车祸之后的精心照料，还是二人结婚之后的夫唱妇随。人们只道梁思成在建筑上的成就，但若没有林徽因相伴，梁思成的成就也许不会如此耀眼。林徽因在丈夫的研究中，做了大量不为人知的工作。一切都是默默地进行，她没有署上自己的名字。因为她与梁思成早已不分彼此。

民国，这个连字形都被染上了浪漫、风情、传奇气息的词汇。那个年代的才女不止林徽因一个，引人入胜的爱情故事也不止这一桩。很多民国才女，她们的爱情或热烈，或淳朴。她们的爱情有时也很决绝，比如张爱玲，比如蒋碧薇，还有萧红。这些才女们并没有比林徽因笨拙，她们有足够的智慧和才情。她们的天赋才华，民国以后再难寻找。可她们在爱情中，总会伤了自己。大抵是那份执着太锋利了，生生割断了情感中聪慧的弦，才变傻了，被伤了。但林徽因的感情是民国才女中的异类。她是真聪明的。要知道，世上最坚韧的，不是石头，是水。林徽因像流水，灵活柔软地避开了执着的利刃，在那个年代特有的风花雪月的迷阵中，全身而退。

林徽因是一位复杂的女性。她善良、聪慧，用现在的话说EQ（情商）极高，她能理解对方，为对方设身处地地着想，从不会嘲笑他们。但从另一方面看，她又是那么理智甚至冰冷无情。面对热烈追求的徐志摩她能决然地转身，面对默默守护的金岳霖她以礼相待，面对丈夫的宽容呵护她也能坦然相告“我同时爱上了两个人”。从某种程度上来说，林徽因算得上是爱情的终结者吧？她不是一个特别适合谈恋爱的人。恋爱大概是属于徐志摩、陆小曼那一类人的，赴汤蹈火，无怨无悔，蜡炬成灰泪始干。而林徽因占上风的始终是理智。她是一个特别清醒、特别从容的人，不会为了某种情绪让自己深深沉沦。她有属于自己的坚持和原则，有自己独立的空间。所以她能留下许多的瞬间和剪影，有些人记住的是她的柔情婉转，有些人记住的是她的淡然自若，有些人记住的是她的热情执着。或许正是由于她的复杂，不可名状，才会有那么多人仰慕她，爱恋她，甚至一生一世守在她身边。

光芒初绽

张爱玲说：出名要趁早。

林徽因便是如此。她没有不得志过，更不是大器晚成。在她尚未拥有“中国第一代女建筑学家”“新月派诗人”这样熠熠生辉的头衔之时，她年轻秀美的面庞就已经让许多人铭记。

林徽因这一生虽说也经历过至亲的死亡，自己亦是落下一身病骨，但在那个风起云涌的年代，亦算说得上安稳。她不是张幼仪，命运所逼终于成就一位新女性。她高贵的出身，开明的父亲让她年纪轻轻就站在了与平凡女孩决然不同的位置。更不要说林徽因本就天赋异禀，生得美丽，又有才华，性格机敏讨喜，这对一个女人来说，已经是太充裕了。

大幕拉开，是马尼浦干的女儿的绝世风采；宾大校园里还留着那个东方女孩清雅的身影；欧陆的古建筑还记得那双闪烁着光彩的美丽的眼睛……林徽因风华绝代的一生，就此开启。

新　月

那个为爱而生的诗人曾对他的朋友说："我要把生命留给更伟大的事业呢。"但这事业终究是未完成。有人说，徐志摩再走下去，也许会长大，孩子总有一天会看清现实的样子，上天没有再给他十年。所以他永远单纯着信仰，怀抱着赤子的天真。

一提到"新月"会想起什么？

诗哲泰戈尔的《新月集》是自然的。这本诗集的名字同样也是中国现代新诗史上一个重要流派的名字。闻一多曾在《诗的格律》中提出著名的"三美"主张，即"音乐美（音节）、绘画美（辞藻）、建筑美（节的匀称和句的均齐）"。它是针对当时的新诗形式过分散体化而提出来的。这一主张奠定了新格律学派的理论基础，对新诗的发展做出了一定的贡献。因此，新月派又被称作新格律诗派。后期新月派提出了"健康""尊严"的原则，坚持的仍是超功利的、自我表现的、贵族化的"纯诗"的立场，讲求"本质的醇正、技巧的周密和格律的谨严"，但诗的艺术表现、抒情方式与现代派趋近。

说新月派，自然不能不说《再别康桥》的作者徐志摩。

一切开始于北京西单附近的石虎胡同七号。那里有一座王府似的宅子，古树参天。这座宅子名气不小，住过平西王吴三桂，清代名臣裘曰修也曾是它的主人。还有人说这宅子里闹鬼，是座凶宅。后来维新派大人物梁启超把松坡图书馆专门收藏西书的分馆办在这里。徐志摩从英国回来，在图书馆当英文干事，将其中的一间房屋作为自己的居所。

1924 年初春，林徽因走进了石虎胡同七号。

这座宅子有两进两出的幽静的庭院。院落不大，布局倒是严谨有加，一正两厢，掠檐斗拱，颇为气派。乍暖还寒，院子里的柿子树槐树还未返青，只在枝梢上泛出些微的绿意。倒是那藤萝耐不住性子，迎着稀薄的日光抽出黄绿色的新叶来，料峭春寒好像也不那么漫长了。那是个微弱的季节，同时也是不可忽视的力量。

林徽因推开北正厅的大门，迎接她的是粉刷一新的墙壁和新铺的红地毯。地毯四周摆放了一圈沙发。房间被打扫得窗明几净，几盆仙客来竞相绽放，粉白紫红相间的娇嫩的花瓣如颤动的蝴蝶的翅膀，仿佛就要振翅向春天飞去了。

那个春天，徐志摩正等待着泰戈尔来华。有人说徐志摩伶俐会来事儿，定是为了讨得诗哲欢心，才应景似的将自己创立的团体命名为“新月”。徐志摩的“新月社”当然与《新月集》有联系，可“新月“二字，自然也镌刻着徐志摩的追求。

徐志摩喜欢月，写过许多和月有关的诗，人也如月般浪漫，情感如月般明澈，毫无遮掩。这正应和了新月的清澈明亮。但同时这也是他遭遇情感风波和文坛风波的原因。

就连徐志摩自己都无法确定，自己一个二十几岁，毫无根基的青年究竟能做出些什么成就来。那时候，一大批青年学子海外归来，北京城里藏龙卧虎。你看那逼

徐志摩，1924 年摄。

仄胡同里一扇不起眼的门后，不定就坐着个惊才绝艳的人中龙凤。一场新文化运动催生了多少雨后春笋，文学研究社，创造社锋芒毕露；《小说月刊》《新青年》风生水起。清丽的月光真的能照彻他的理想吗？

徐志摩没有太多时间考虑这些，眼下他正红着眼睛忙碌着。今天是个重要的日子，为了筹备新月社成立，他已经连续数日寝食不安了。这件事确实为难了他，筹集经费，请厨师，粉刷房屋，事事都得操心。多亏有个能干的黄子美跑前跑后地帮衬，也亏得徐申如与儿子冰释前嫌，慷慨解囊，这个由周末聚会托生的新月社才不至于胎死腹中。

“好漂亮哟！”林徽因带着福建官话味儿的京片子脆生生的俏皮。

“让林小姐夸奖可不容易呀！”徐志摩打趣说，一边给她搬来一把椅子。

林徽因哪里闲得住，她兴致勃勃地绕着大厅走了一圈儿，又去院子里看藤萝。她惊奇地叫起来：“志摩你看！这藤萝出新叶啦！用不了多久就会有一串一串的紫花开出来，那时这小院就更美啦。”

徐志摩的布满血丝的眼睛亮起来：“新月社就像这藤萝一样，有新叶就会有花朵，看上去那么纤弱，可它却是生长着，咱们的新月也会有圆满的一天，你说是吗？”

林徽因连连点头。

“就凭咱们这一班儿爱做梦的人，凭咱们那点子不服输的傻气，什么事干不成！当年萧伯纳、韦伯夫妇一起，在文化艺术界，就开辟出一条新道路。新月、新月，难道我们这新月是用纸板剪成的吗？”

“把树都给栽到一处，才容易长高啊！”林徽因不无感慨地说。

“咱们有许多大事要做，要排戏，要办刊物，要在中国培养一种新的风气，回复人的天性，开辟一条全新的路。”徐志摩说，“眼下最重要的是排练《齐德拉》，到时候你可是要演马尼浦王的女儿呢。”

说到专门为了泰戈尔来华排练的舞台剧，林徽因的情绪更加热烈起来。

社员们三三两两地走进了院子。

胡适是第一个来的。穿一件蓝布棉袍，袖着手。这位蜚声中外的学者看起来倒像个乡塾冬烘先生。一进门，就冲着厨子用徽州土话嚷：“老倌，多加点油啊！”

徐志摩笑说：“胡先生，给你来个一品锅怎么样啊？保险不比江大嫂手艺差！”

林徽因拊掌笑起来。难得这位不苟言笑的胡博士幽上一默。

随后来的是陈伯通和凌淑华。陈伯通瘦高个儿，温文尔雅，一副闲云野鹤的派头；凌淑华安安静静的，鹅蛋脸上挂着淡淡的微笑。

高个头儿的金岳霖侧着身子进来。林徽因笑道：“老金一来，这屋子就矮了！”

大家都笑起来。

梁启超和林长民这对老友姗姗来迟。梁启超穿着宽大的长袍，秃顶宽下巴，看着倒也精神潇洒。他左顾右盼一番，赞道：“收拾得不错，蛮像样子的嘛！”

一屋子的人吵闹着：“今天林先生来晚了，罚他唱段甘露寺！”

林长民抱拳过头向四座拱手道：“多谢列位抬举，老夫的戏从来是压轴的，现在不唱！现在不唱！”

这些在中国现代文化史上留下名字的天之骄子们谁也没有意识到，他们以泰戈尔诗集命名的这个小小的社团，就在这初春里的平平常常的一天，走进了新文化运动的历史。

尚且年轻的林徽因自己也没有注意到，她将和这些文采飞扬的朋友、前辈们一起，为改变中国现代文坛的格局留下清新却坚实有力的一笔。

苍松竹梅三友图

流水过往，一去不返，可人又是为何在悲伤惆怅的时候无法抑制地怀想从前呢？大抵是我们都自知太过庸常，经不住平淡流光日复一日的冲刷。想当初立于别离的渡口。多少人说出誓死不回头的话语。末了偏生是那些人需要依靠回忆度日，将泛黄的过往前尘一遍又一遍阅读，泪水涟涟。

1924 年 4 月 23 日，9 时 24 分。墨绿色的车厢如同从远海归航的古船停泊在了北京前门火车站的月台上。一群文化名人装扮一新，神情严肃中透出期待和焦急。梁启超、蔡元培、胡适、蒋梦麟、梁漱溟、辜鸿铭、熊希龄、范源濂、林长民等人或西装革履，或长衫飘逸，个个气度不凡。万绿丛中一点红的林徽因，着咖啡色连衣裙搭配米黄色上装，素净淡雅。她手捧一束红色郁金香，年轻娇美的面容被衬托得更加动人。

车门打开。

徐志摩（右一）、林徽因与泰戈尔等合影。

一位头戴红色柔帽，身穿浅棕色长袍，鹤发童颜，长髯飘逸的老人在一个清秀的中国青年的搀扶下下了车，林徽因感到自己的心跳一下子加快了。这就是得到诺贝尔奖的诗哲泰戈尔吗？分明是慈眉善目的东方寿星呀。林徽因觉得他仿佛来自一个童话世界，一个圣灵的国度。如果不是同时下车的徐志摩提醒，她差点忘了献上手中的花。

鞭炮响了，是一千响的霸王鞭，这是最具中国古典韵味的欢迎仪式。泰戈尔兴奋地展开双臂，像个孩子那样地笑着，好像要拥抱这座尊贵古老的皇城。

从 4 月 12 日“热田丸”号徐徐驶入黄浦江开始，中国知识界的神经就已经兴奋起来了，泰戈尔也同样激动，他终于来到了这个早已心向往之的国度。桃花似锦的龙华，草长莺飞的西湖，六朝烟霞的秦淮……都深深地吸引这位印度诗人。泰戈尔踏访遗迹，发表演讲，与学者们交流互动，乐此不疲。徐志摩作为忘年交的好友和翻译一直陪伴在他身边。

泰戈尔访华的演讲稿是徐志摩事先翻译好的，诗哲的行程也是他精心安排的。他们在这段朝夕相处的日子谈创造的生活，谈心灵的自由，谈普爱的实现，谈教育的改造。在杭州游西湖时，徐志摩一时诗兴大发，在一株海棠树下作诗达旦。梁启超特别集宋人吴萌宵、姜白石的词作了一首对联赠给学生：

临流可奈清癯，第四桥边，呼棹过环碧

此意平生飞动，海棠树下，吹笛到天明

林徽因的情感也许没有诗人那么外露和激荡，但是她的内心也平静不下来。从泰戈尔到达国内的那天起，她就每天看着报纸为他们计算着行期。对于泰戈尔那些脍炙人口的名作，爱诗的林徽因早已烂熟于心，她时刻都在盼望着能早一点见到这位睿智的偶像。当泰戈尔真正出现在她的眼前时，她就像掉进了一个童话世界似的，几乎要分不清是真是幻了。

鸽哨清亮悠扬地划过如洗的碧空。日坛公园的草坪修剪一新，阳光铺展其上，每一片草叶都闪耀着淡淡的金色光泽，蒸发起令人心情舒畅的植物清香。那是一种令人想起梦境中的故园的清香，遥远、古老而又安宁。

欢迎泰戈尔的集会就在这片草坪上进行。原本的计划是在天坛公园集会，但天坛公园是收门票的，考虑到学生们大多经济不自由，于是改在免费的日坛公园。

林徽因搀扶着泰戈尔登上演讲台，担任同声翻译的是徐志摩。当天京城的各大报纸都在头条报道了这次集会的盛况。说林小姐人艳如花，和老诗人挟臂而行，加上长袍白面，郊寒岛瘦的徐志摩，犹如苍松竹梅的一幅三友图，林徽因的青春美丽、徐志摩的风度翩翩，和诗哲的仙风道骨相映成趣，一时成为京城美谈。

泰戈尔的即兴演讲，充满了真挚、亲善的情感。他说："今天我们集会在这个美丽的地方，象征着人类的和平、安康和丰足。多少个世纪以来，贸易、军事和其他职业的客人，不断地来到你们这儿。但在这以前，你们从未考虑过邀请任何人，你们不是欣赏我个人的品格，而是把敬意奉献给新时代的春天。"

老人清清嗓子接着说："现在，当我接近你们，我想用自己那颗对你们和亚洲伟大的未来充满希望的心，赢得你们的心。当你们的国家为着那未来的前途，站立起来，表达自己民族的精神，我们大家将分享那未来前途的愉快。我再次指出，不管真理从哪方来，我们都应该接受它，毫不迟疑地赞扬它。如果我们不接受它，我们的文明将是片面的、停滞的。科学给我们理智力量，它使我们具有能够获得自己理想价值积极意识的能力。"

饮了一口林徽因送上的热茶，泰戈尔望着远方的天空，情绪有点激动。

"为了从垂死的传统习惯的黑暗中走出来，我们十分需要这种探索。我们应该为此怀着感激的心情，转向人类活生生的心灵。"他提醒说，"今天，我们彼此命运是息息相关的。归根结底，社会是通过道德价值来抚育的，那些价值尽管随着时间的变化而变化，但仍然具有——道德精神。恶尽管能够显示胜利，但不是永恒的。"他雪白的长髯微微飘拂着，嗓音洪亮，精神矍铄，宛如圣哲站在阿尔卑斯山巅对着全人类布道，"在结束我的讲演之前，我想给你们读一首我喜爱的诗句：

仰仗恶的帮助的人，建立了繁荣昌盛，
依靠恶的帮助的人，战胜了他的仇敌，
依赖恶的帮助的人，实现了他们的愿望，
但是，有朝一日他们将彻底毁灭。"

林徽因、徐志摩一左一右陪同泰戈尔。

徐志摩文采飞扬的传译伴随着诗哲淙淙流水般的演讲，让参加集会的学生都出了神。一旁的林徽因不时向他投去赞许的目光。讲演结束之后，林徽因对徐志摩说："今天你的翻译发挥得真好，好多人都听得入迷了。"

徐志摩说："跟泰戈尔老人在一起，我的灵感就有了翅膀，总是立刻就能找到最好的感觉。"

林徽因说："我只觉得老人是那样深邃，你还记得在康桥你给我读过的惠特曼的诗吗？——从你，我仿佛看到了宽阔的入海口。面对泰戈尔老人，觉得他真的就像入海口那样，宽广博大。"

林徽因、徐志摩一左一右，相伴泰戈尔的大幅照片，登在了当天的许多家报纸上，京城一时"洛阳纸贵"。

5 月 8 日，由胡适做主席，400 位京城最著名的文化界名人出席了泰戈尔 64 岁的生日宴会。这是一场按照中国传统方式操办的宴会，泰戈尔得到了十几张名画和一件瓷器作为寿礼，但最让他高兴的是自己有了一个中国名字。命名仪式由梁启超亲自主持。梁启超解释道，泰戈尔的英文名字 Rabindranath 译作中文即"太阳"和"雷"，"震旦"二字由此而来。而"震旦"恰恰是古代印度称呼中国的名字 Cheenastnana，音译应为"震旦"，意译应为"泰士"。梁启超又说，按照中国人的习惯，名字应该有姓，印度国名天竺，泰戈尔当以国名为姓，全称为"竺震旦"。泰戈尔先生的中文名字象征着中印文化永久结合。

同样是为了给泰戈尔祝寿，新月社排演了他根据印度史诗《摩诃德婆罗多》写的《齐德拉》。因是专场演出，且人物对白全部用英语，观众只有几十个人，不太懂英文的梁启超由陈通伯担任翻译。

这是一个与爱情有关的故事。齐德拉是马尼浦国王的女儿，马尼浦王系中，代代都有一个男孩传宗接代，可是齐德拉却是他的父亲齐德拉瓦哈那唯一的女儿，因此父亲想把她当成儿子来传宗接代，并立为储君。公主齐德拉生来不美，从小受到王子应受的训练。邻国的王子阿顺那在还苦行誓愿的路上，来到了马尼浦。一天王子在山林中坐禅睡着了，被入山行猎的齐德拉唤醒，并一见钟情。齐德拉生平第一次感到，她没有女性美是最大的缺憾，失望的齐德拉便向爱神祈祷，赐予她青春的美貌，哪怕只有一天也好。爱神被齐德拉的诚心感动了，答应给她一年的美貌，丑陋的齐德拉一变而成为如花似玉的美人，赢得了王子的爱，并结为夫妇。可是这位女中豪杰不甘冒充美人，同时，王子又表示敬慕那个平定了盗贼的女英雄齐德拉，他不知他的妻子就是这位公主。于是，齐德拉祈祷爱神收回她的美貌，在丈夫面前显露了她本来的面目。

在这个故事里，观众最关注的不是王子与公主，而是公主和爱神。林徽因饰演齐德拉，徐志摩扮演爱神玛达那。

天鹅绒大幕缓缓拉开了。

林徽因和徐志摩没有想到，他们竟然那么快就进入情境。他们的配合是如此默契，每一次眼神交汇都是心灵的相连。台词好像不需要记忆，因为完全可以从对方的眼神里读出。真情演绎出的戏剧无疑能打动所有人。他们似乎忘记了舞台的存在，也忘记了台下的观众。当然，他们也无暇注意到台下英文并不灵光的梁启超的惊愕、愠怒的目光。

林徽因在泰戈尔的诗剧《齐德拉》中饰演马尼浦国王的女儿齐德拉公主。

演出大获成功。随着幕布的落下，观众纷纷起身鼓掌，为他们精湛的表演叫好。掌声在四壁如潮水般回旋着。泰戈尔登上台，拍着女主角的肩膀赞许道：“马尼浦王的女儿，你的美丽和智慧不是借来的，是爱神早已给你的馈赠，不只是让你拥有一天、一年，而是伴随你终生，你因此而放射出光辉。”

尽管林徽因光芒四射的美貌和演技为北京文化界增了光，添了彩，也得到了诗哲的赏识，但梁家可是高兴不起来。李夫人和大女儿梁思顺耿耿于怀，梁思成也有些郁闷。因为一场戏擦出火花，俨然现在八卦绯闻的桥段。但这桩绯闻很难让人不当真。当时周围的朋友都知道徐、林二人余情未了，特别是徐志摩，一直没有完全放弃追求林徽因，这几乎是公开的秘密。他回国后一直殷切地待她，如初见一般温柔热切。就算林徽因当时确实如外界传言的那样有些动摇，也是在情理之中。

但是，林徽因依旧是那个理智得令大多数女性羡慕的林徽因。可能她有过短暂的挣扎矛盾，但她最终选择了远离感情是非。她马上就要跟梁思成一起去美国读书了。

5 月 20 日是泰戈尔离开的日子。在北京时，林徽因一直不离诗哲左右，令泰戈尔欣赏有加。临别时特别写了一首诗赠给林徽因：

蔚蓝的天空
俯瞰苍翠的森林，
他们中间
吹过一阵喟叹的清风。

陪同泰戈尔的徐志摩在靠窗的桌子上铺开纸笔。他不敢看站台上的林徽因。看了又能怎么样呢？他们之间的爱情苏醒宛如一次生命的回光返照。最终他们会渐行渐远，消失在彼此眼里。原来，爱情是这般脆弱呀！简直是不敢相信！

徐志摩匆匆写着：

“我真不知我要说的是什么话，我已经好几次提起笔来想写，但是每次总是写不成篇。这两日我的头脑总是昏沉沉的，开着眼闭着眼却只见大前晚模糊的凄清的月色，照着我们不愿意的车辆，迟迟地向荒野里退缩。离别！怎么能叫人相信？我想着了就要发疯。这么多丝，谁能割得断？我的眼前又黑了！”

徐志摩害怕各种形式的离别，每一次离别对他来说都是一种死亡。他曾私下里对泰戈尔说过自己仍然爱着林徽因，泰戈尔也觉得两人般配，代为求情，却没有使林徽因回心转意。他们这次真的要天各一方了。

徐志摩没有时间写完，火车已经要启程了。他心下焦急，冲向站台。同行的泰戈尔的英文秘书恩厚之见他如此悲伤激动，便将他拦下，替他把信收起。

这封没有写完的信永不会被寄出。

汽笛不解离人的别意，硬是执拗地拉响了。列车缓缓驶出站台。徐志摩朝车窗外看了一眼，所有的景物都一片迷离，他觉得自己那颗心，已经永远地种在了站台上。

灯火飞快地向后退去。

就像自己无疾而终的爱情一样被岁月留在了记忆里。单凭理想和一腔热忱，确实无法与现实抵抗。“去罢，青年，去罢！悲哀付于暮天的群鸦”；从那幻梦里醒过来，“去罢，梦乡，去罢！我把幻境的玉杯摔破”。

绮色佳的枫情

正值7月，美国东部的枫叶才刚刚泛出些微的红色。绮色佳这座万树环绕的小城正准备迎接一年中最丰盛最风情的时节。湖光山色没有想象中热烈，反而多了几分庄重素雅。泉水从山涧中潺潺流淌而出，跌宕于岩石之间，形成精巧的瀑布。彩虹在水雾间若隐若现，与红树碧水一起环抱着康奈尔大学。

绮色佳小城居民10000人，其中有6000人是康大学子。

1924年6月，20岁的林徽因和23岁的梁思成共同赴美，前往康奈尔大学读预科班，为正式读大学做准备，7月7日抵达学校报到。同行的还有梁思成的弟弟梁思永。

康奈尔大学校园夹在两道峡谷之间，三面环山，一面是水光潋滟的卡尤嘎湖。康大的建筑多为奶黄和瓦灰，很是素净。这是一座田园牧歌式的大学城。

刚刚放下行李，他们就立刻办理入学手续。Summer school从今天正式开课，他们已经迟了一天了。报名、缴费、选课……忙碌了好半天才办妥当。林徽因选择了户外写生、高等代数等课程，梁思成则将要学习三角、水彩静物和户外写生。

除了梁思永，一同来康大就读的还有梁思成在清华的好友兼室友陈植。

林徽因喜欢这里的山光水色。这里的美有一种中国山水画的意境，再加之主观的感情渲染，引发了她若有似无的乡恋。这样的美丽陶醉着他们，西方式教学的开放创新也使他们如鱼得水。每天清早，梁思成和林徽因携着画具，伴着鸟鸣去野外感受大自然生动的色彩，心灵得到前所未有的自由的释放。每一天都有不一样的新收获。

最吸引他们的还是康大的校友会。校友会所在地是一栋淡黄色的雅致建筑，大厅里挂着康大从成立以来历任校长的肖像油画。栗色的长桌上，陈列着每一届毕业生的名册，记录了他们在学术和社会贡献上的成就以及对母校的慷慨回馈。毕业生和在校生捐赠的桌椅等物品都刻着捐赠者的名字。

他们在校友会结识了许多新朋友，大家经常聚在一起畅谈理想，讨论人生观，放松时办舞会，生活比国内充实快乐了许多。他们非常珍惜这段生活，因为再过两个月，他们就要按照计划动身去宾夕法尼亚大学攻读建筑专业。这里的每一天，每

梁思成（左一）、林徽因（左三）在美国留影。

一分钟都值得用心体会。

但是，新鲜的异国学习生活并不能搬走他们心里压着的那块石头。因泰戈尔访华崭露头角的林徽因，非但没有改变李夫人的偏见，反而更让她不满。李夫人本就不赞同梁、林两家联姻，从这时候起就更加反对。梁思成常常收到大姐梁思顺的信，信中对林徽因责难有加。特别是最近的一封，大姐说母亲重病，也许至死都不会接受徽因做梁家的儿媳妇。

林徽因知道以后非常伤心，梁思成也很焦急，不知道怎么安慰她。徽因无法忍受李夫人和大姐的种种非难，更无法忍受的是他人对她的品行的质疑和独立人格的干预。于是她对梁思成说，summer school 的课程结束后她不准备和他一起去宾大了。她要留在康奈尔，她需要这里恬静的景致和生活为自己疗伤。听到恋人这么说，梁思成的情绪更加低落，很快消瘦下去。他给大姐写信说：感觉做错多少事，就受到多少惩罚，非受完了不会转过来。这是宇宙间唯一的真理，佛教说“业”和“报”就是这个真理。

此时此刻，远在北京独自伤心的徐志摩忽然收到林徽因的一封来信。那信很短，只说希望能收到他的回信。不用写什么，报个平安也好。

徐志摩已经冷却的希望又被点燃了。他生怕写信太慢，连忙跑到邮局发了一封加急电报给林徽因。从邮局回到石虎胡同，徐志摩一路被兴奋和喜悦包围着。红鼻子老塞拉住他喝酒，喝到半酣，他猛然想起什么，放下酒杯，再次跑到邮局。当他把拟好的电稿交给营业室的老头时，老人看了看笑了：“你刚才不是拍过这样一封电报了吗？”徐志摩这才反应过来，不好意思地笑笑。确实，他刚才已经发过一遍了。

回到寓所，抑制不住激动心情的徐志摩备好纸笔，他要立刻给林徽因去一封信。谁承想信没写成，一首诗却满篇云霞地落在纸上。

啊，果然有今天，就不算如愿，
她这“我求你”也够可怜！
“我求你”，她信上说，“我的朋友，
给我一个快电，单说你平安，
多少也叫我心宽。”叫她心宽！

扯来她忘不了的还是我——我
虽则她的傲气从不肯认服；
害得我多苦，这几年叫痛苦
带住了我，像磨面似的尽磨！
还不快发电去，傻子，说太显——
或许不便，但也不妨占一点
颜色，叫她明白我不曾改变，
咳何止，这炉火更旺似从前！
我已经靠在发电处的窗前，
震震的手写来震震的情电，
递给收电的那位先生，问这
该多少钱，但他看了看电文，
又看我一眼，迟疑地说："先生
您没重打吧？方才半点钟前，
有一位年青的先生也来发电，
那地址，那人名，全跟这一样，
还有那电文，我记得对，我想，
也是这……先生，你明白，反正
意思相似，就这签名不一样！"——
"呒！是吗？噢，可不是，我真是昏！
发了又重发；拿回吧！劳驾，先生。"——

当这首诗寄到绮色佳的时候，林徽因已经在医院的病床上躺了好几天了。她发着高烧，分不清是梦里还是醒着，是幻觉还是真实。她一会儿感觉自己躺在冰冷的山谷里，周围没有花朵，没有清泉，黑夜像一只怪兽的大嘴吞噬着她，又像一只沉重的大钟扣在她的头顶。一会儿又漂流在茫茫然的海上，望不到尽头的海，鱼儿在天空游着，飞鸟掠过海底，海浪摇晃着她疲倦的身体，越来越厉害，她感到头晕目眩……不行，不敢睁开眼睛，那太阳就在离她很近很近的地方，一定会被灼伤瞳孔……

当她终于张开双目的时候，看到的是淡金色的阳光洒在窗帘上，温暖却不刺眼。她艰难地动了一下，稍稍转过头，床头有一束新鲜的花，刚刚从山野采来的花，露水还未来得及蒸发掉，在花瓣上晶莹闪烁着。

一只手轻轻放在她的额头上。她听到梁思成如释重负的声音：“烧总算退了一点儿，谢天谢地。”

林徽因看向梁思成，见他双眼通红，笑容疲惫，面色十分难看，心里就有了不好的预感。

勉强吃了点东西，林徽因总算觉得好了些。梁思成扶着她坐起来，从口袋里掏出一封电报给她看：母病危重，速归。

1922 年，李夫人在马尼拉做了癌切除手术，当时姐夫周希哲任菲律宾使馆总领事，大姐一家住在那里，夏天父亲梁启超派梁思成到马尼拉把母亲接回天津。此时林徽因知道李夫人的病已到晚期，日子不能长久了。她焦急地问：“你准备什么时候起程？”

梁思成说他已经往家里拍了电报，说不回去了。

林徽因住院的那段时间，梁思成每天早晨采一束带露的鲜花，骑上摩托车，准时赶到医院。每天的一束鲜花，让她看到了生命不断变化着的色彩。一连许多天，她整个的心腌渍在这浓得化不开的颜色里。

当他们结束了 summer school 的课程，准备一同前往宾夕法尼亚大学时，绮色佳漫山遍野的枫叶正如火一般燃烧着……

筑梦宾大

日子又回到了往日的平静，两片流云短暂交会后，飘向不同的方向。同在一片天空，自会有难免的交集，但分离之后能换来长久的安稳亦是值得。离别并非只会带来永无休止的牵挂和痛苦，人事万物自有它的去处，况且还有那么多至美的梦等着你我去营造。咖啡虽不是纯粹的甘甜，你沉浸于浓郁的芬芳，亦会忘记那最初的苦涩。

宾夕法尼亚州别名“拱顶石州”，是美国东部的工业大州。首府费城坐落在特拉华和丘尔基尔两条河流涨潮时的交汇处。这里曾是美利坚合众国的第一个首都所在地。从丘尔基尔河开始，是费城的西城，闻名全球的宾夕法尼亚大学就建在河的西岸。

成立于18世纪的宾夕法尼亚大学属于常春藤大学联盟，是一间以浓厚的学术氛围闻名的大学，历任校长思想活跃，研究院办得也很出色。梁思成就读的建筑学研究院就是宾大的招牌研究院之一。法国建筑师保尔·P.克雷（1876 ~ 1945年）在那里主持建筑学研究院的教学工作。克雷1896年进入巴黎美院就读，接受了建筑、建筑史及简洁漂亮的透视图的强化训练。此时克雷已经在建筑和数学方面崭露头角。他的设计包括华盛顿泛美联盟大厦、联邦储备局大厦和底特律美术学校等有名的建筑，充分显示了他的才华和实力。

宾夕法尼亚大学与德克莱赛尔大学比邻而建，与哈佛大学、斯坦福大学并列全美最好的三所大学。

9月，梁思成和林徽因结束康奈尔的summer school，一同前往宾大正式读大学。梁思成很快便入读了建筑学研究院。但林徽因却得到一个令人沮丧的消息，建筑系不招收女生。校方给出的解释是：建筑系学生经常需要熬夜画图，一个女孩子处在这样的环境中比较危险。林徽因只好“曲线救国”，和美国女学生一样去读美术系，注册的是戏剧学院舞台美术设计专业，辅修建筑系的主要课程。

林徽因宾大学生证照片。

这样，林徽因和梁思成就成了同窗，一起上课，一起完成设计作业。没课的时候，林徽因、梁思成就会约上早一年到宾大的陈植，去校外郊游散步。兴致好的时候，他们便坐了车子到蒙哥马利、切斯特和葛底斯堡等郊县去，看福谷和白兰地韦恩战场，拉德诺狩猎场和长木公园。林徽因和梁思成对那里的盖顶桥梁很感兴趣，总是流连忘返，陈植却醉心于那连绵起伏、和平宁静的田园。有时三个人也会去逛逛集贸市场。在农家的小摊上，总能买到各种新鲜的水果和蔬菜，林徽因喜欢吃油炸燕麦包，梁思成却喜欢黎巴嫩香肠和瑞士干奶酪，陈植说他什么也吃不惯，只是喜欢独具风味的史密尔开斯。劳逸结合，求学生活过得倒也惬意。

在宾夕法尼亚大学读书时的林徽因与梁思成。

林徽因漂洋过海来到美国追求自己的建筑梦，只因为性别就被轻飘飘地拒之门外，要强的她怎么会就此甘心？她的倔强和才华注定不会令她埋没于人。她只是一个建筑系的旁听生，却和其他正式的学生一样认真地上课，交作业，交报告，她的成绩不是第一也是第二。她和梁思成共同完成的建筑图给当时一位年轻的讲师约翰·哈贝逊留下了极深的印象。后来哈贝逊成为著名的建筑师，还能回忆起那份“棒极了”的作业。

天道酬勤，林徽因很快得到了应得的回报。从1926年春季开始，她就成了建筑设计的业余助教；在1926 ~ 1927学年又升为该专业的业余教师。

林徽因的厉害之处在于，不仅仅靠着勤奋和天赋得到学业上的成功，同时也能拥有良好的人际关系而绝非只是个两耳不闻窗外事的书呆子。那个时候，美国的学生戏称中国来的留学生为“拳匪学生”，因为他们非常刻板和死硬，只会埋头死读书，极少交际，只有林徽因和陈植例外。林徽因外表美丽，能讲很棒的英文，活泼健谈，走到哪里都是焦点，大家都喜欢跟她做朋友。陈植常在大学合唱俱乐部里唱歌，大方幽默，也是最受欢迎的男生。

与他们相反，梁思成是一个严肃用功的学生。而林徽因在学业上也和人际关系上一样，思维活跃富于创造性。她常常是先画一张草图，随后又多次修改，甚至丢弃。当交图期限快到的时候，还是梁思成参加进来，以他那准确、漂亮的绘图功夫，把林徽因绘制的乱七八糟的草图，变成一张清楚而整齐的作品。

1926年1月17日，一个美国同学比林斯给她的家乡《蒙塔纳报》写了一篇访问记，记录了林徽因在宾大的学习生活：

她坐在靠近窗户能够俯视校园中一条小径的椅子上，俯身向一张绘图桌，她那瘦削的身影匍匐在那巨大的建筑习题上，当它同其他三十到四十张习题一起挂在巨大的判分室的墙上时，将会获得很高的奖赏。这样说并非捕风捉影，因为她的作业总是得到最高的分数或是偶尔得第二。她不苟言笑，幽默而谦逊，从不把自己的成就挂在嘴边。

“我曾跟着父亲走遍了欧洲。在旅途中我第一次产生了学习建筑的梦想。现代西方的古典建筑启发了我，使我充满了要带一些回国的欲望。我们需要一种能使建筑物数百年不朽的良好建筑理论。

“然后我就在英国上了中学。英国女孩子并不像美国女孩子那样一上来就这么友好。她们的传统似乎使得她们变得那么不自然的矜持。”

“对于美国女孩子——那些小野鸭子们你怎么看？”

回答是轻轻一笑。她的面颊上显现出一对色彩美妙的、浅浅的酒窝。细细的眉毛抬向她那严格按照女大学生式样梳成的云鬓。

“开始我的姑姑阿姨们不肯让我到美国来。她们怕那些小野鸭子，也怕我受她们的影响，也变成像她们一样。我得承认刚开始的时候我认为她们很傻，但是后来当你已看透了表面的时候，你就会发现她们是世界上最好的伴侣。在中国一个女孩子的价值完全取决于她的家庭。而在这里，有一种我所喜欢的民主精神。”

可能是因为林徽因那太过早熟、压抑的童年，让她能在这个自由的环境里感受到更大的快乐和放松。这一株青春的树终于可以肆无忌惮地碰触阳光了。这里的氛围是明朗的，同窗好友充满朝气的笑声让人愈发感到年轻的活力。她可以大声地讲笑话，开心地笑闹，没有人会干涉她。严格的父亲，愤愤不平的母亲，畸形的家庭关系……这些纠缠她多年的束缚终于解开了。在这个新世界，每个人都心无芥蒂地喜欢着她。虽然功课繁重，但她仍然可以和同学看戏、跳舞、聚会。她加入了“中华戏剧改进社”，生活看起来真是好极了。

可是作为林徽因的男朋友，梁思成可是有点介意了。自己的女朋友是这么耀眼又这么美丽，欢喜之余有着同样多的担心。她对所有人都那么友好，包括对着各式各样的仰慕者也不吝甜美的笑容。林徽因的长袖善舞让梁思成坐立不安。他在学业上比起林徽因毫不逊色，甚至更加优秀。他在大学里曾获得过两个建筑设计方面的金奖，但他觉得这样还不够，距离他的理想还差很远的距离。他写信给父亲坦白自己在学业上的迷茫和失落，梁启超回信鼓励他“但问耕耘，莫问收获”。他用的功

不比林徽因少，成绩不比她差，但在性格上没有那么外放，总给人严肃的感觉。更重要的是，她是将要和他共度一生的人，难道不应该在交往上收敛一点么？难道不应该凡事征求一下他的意见么？但是女友似乎更愿意自由自在地做她的“菲利斯”，而把“梁夫人”丢在了一边。

这对日后携手为中国的建筑学研究做出重大贡献的年轻恋人，也像所有的小情侣一样有着这样那样的矛盾，为一些小事情争执不休。事实证明梁启超推迟孩子们的婚期的决定是对的，他们必须经过充分的了解、磨合，才能更理智地面对婚姻。不意百炼钢，化作绕指柔。两人在依恋、争吵、怀疑的轮回中找到了平衡之道，这也是后来他们几十年稳固婚姻的基础。

虽然有着不可避免的龃龉，林徽因和梁思成在宾大的大部分时间还是充实快乐的。他们常常会去博物馆，宾夕法尼亚大学博物馆规模不大，但名声颇不小，且离建筑系很近，不上课的时候，林徽因便拉了梁思成去那里转转。博物馆里珍藏着来自全世界各个国家的珍贵文物，唐太宗陵墓的六骏中的两骏“飒露紫”和“拳毛騧”竟也被放在这里。

六骏原是唐太宗李世民在创建唐王朝的各次征战中的坐骑，贞观十年（636年），天下大定，李世民命画家阎立本绘制其所骑骏马图，并分别雕刻在六块高1.7米、宽2米左右长方形石灰岩上。每块石灰岩的右上角刻有马的名字，注明此马是李世民对谁作战时所乘用的，并刻有李世民的评语。这些石雕原本存于昭陵，帝国主义入侵我国，这两骏被盗至美国费城大学博物馆。林徽因曾在昭陵见过的四骏的名字是：“青骓”“什伐赤”“特勒骠”“白蹄乌”。她曾惊奇于这艺术品的细腻和气派，一匹匹石马或奔跑，或站立，栩栩如生，仿佛看到它们在万里征尘之中飞扬的长鬃，仿佛听到它们在关山冰河之中划破长天的嘶鸣。她没有想到，它们中的两匹，竟孤独地远渡重洋，遗失在异国他乡，同她在这里邂逅。

梁思成主业虽然是建筑，但他在音乐和绘画方面都有很好的修养。他在宾大的第一件设计作品便是给林徽因做了面仿古铜镜。那是用一个现代的圆玻璃镜面，镶嵌在仿古铜镜里合成的。铜镜正中刻着两个云冈石窟中的飞天浮雕，飞天的外围是一圈卷草花纹，花环与飞天组合成完美的圆形图案，图案中间刻着：徽因自鉴之用，思成自镌并铸喻其晶莹不玷也。

林徽因不由得赞叹梁思成的绝妙手艺：“这件假古董简直可以乱真啦！”

梁思成说：“做好以后，我拿去让美术系研究东方美术史的教授，鉴定这个镜子的年代，他不懂中文，翻过来正过去看了半天，说从来没见过这么厚的铜镜，从图案看，好像是北魏的，可这上面的文字又不像，最后我告诉教授，这是我的手艺。教授大笑，连说：‘Hey！ Mischievousimp（淘气包）！’”

林徽因被逗得大笑起来。

但生活总是有笑有泪。入校不到一个月，梁思成就接到了李夫人病逝的电报。但是考虑到孩子们刚刚安顿下来，梁启超几次三番致电叮嘱梁思成不必回国奔丧，只梁思永一人回去便可。梁思成身为家中长子，母亲重病期间别说床前尽孝，就连去世也没法子回去见最后一面，这如何能不让他悔恨交加？林徽因看着他伤心欲绝的模样，知道现在说什么都没有用，她能做的就是陪在他身边用沉默安慰他，表达自己的关切。两人在校园后面的山坡上做了简单的祭奠，梁思成流着泪烧了写给母亲的祭文。林徽因采来鲜花和草叶，编织了一个精巧的花环，挂在松枝上，朝着家乡的方向。

丧母的悲痛还未完全平复，又一个晴天霹雳炸响了。这次痛失至亲的变成了林徽因。15 个月后，梁启超从国内来信，告知林徽因的父亲林长民在反奉战争中身亡。

林徽因再一次病倒了，比在康大时的那次要严重得多。梁思成每天陪伴在她身边，徽因吃不下饭的时候，他就去学校的餐馆烧了鸡汤，一勺一勺喂她。林徽因每天处在恍惚的精神状态里。她远离家乡，被病痛困扰着，可是身体上的难过也抵不过巨大的悲绝。她哀悼为理想献出生命的父亲，又挂念着年迈多病的母亲，挂念着几个幼小的弟弟，她知道父亲身后没有多少积蓄，一家人的生计将无法维持。她执意要回国，无奈梁启超频频电函阻止，说是福建匪祸迭起，交通阻隔，会出意外，加之徽因已完全被这突如其来的噩耗所击倒，再也没有力气站立起来。

林徽因望着窗外肆意燃烧着的云霞。她感到那冰冷的火焰慢慢变成绳索，在慢慢地扼住她的咽喉。

那是命运的绳索。

我愿意

走过那段多梦的青春岁月，人的肩上便多了一份责任，思想自然也更加理性。爱亦不再轻浮，而是稳重深沉。只有爱做梦的年少之人才会认为诗情画意就可过一生。他们不知道现实的艰辛，不知道你侬我侬只是点缀而非生活的全部。

每个人都有做梦的资格，但错过了做梦的年龄，再想要肆无忌惮就要付出代价。林徽因既是选择清醒，便毅然与梦作别。同时代有那么多的女性为了爱情换得一身致命伤，唯独林徽因没有那些悲绝的回忆。

湿润清爽的西太平洋季风温柔地吹拂着。针叶林将三月的落矶山麓蒙上一层漫不经意的灰色。大概是由于春季越走越近，这灰色并不萧条，渥太华浸染在这片独特的温暖中。

中国驻加拿大总领事馆此刻庄重圣洁宛如天使庇护的古老教堂。林徽因穿着自己设计的嫁衣——一件具有中国传统风格的“凤冠霞帔”，领口和袖口都配有宽边彩条，头戴装饰有嵌珠、左右垂着两条彩缎的头饰。与她并肩而立的梁思成一身简洁庄重的黑色西装，端正的面孔更加神采飞扬。

梁思成、林徽因结婚照。

这天是1928年3月21日。林徽因、梁思成之所以选择在这一天举行婚礼，是为了纪念宋代建筑家李诫。

1927年9月，林徽因结束了宾夕法尼亚大学的学业，获美术学士学位，4年学业3年完成，转入耶鲁大学戏剧学院，在G.P.贝克教授的工作室，学习舞台美术半年，成为我国第一位在国外学习舞美的学生。这年2月，梁思成也完成了宾大课程，获建筑学士学位，为研究东方建筑，转入哈佛大学研究生院，半年之后，他获得了建筑学硕士学位。1928年2月，他们各自完成了自己的学业。

1926年10月4日，梁启超给林徽因和梁思成写信说：

我昨天做了一件极不情愿做之事，去替徐志摩证婚。他的新妇是王赓夫人，与志摩恋爱上，才和赓离婚，实在是不道德之极。我屡次告诫志摩而无效，胡适之、张彭春苦苦为他说情，到底以姑息志摩之故，卒徇其请。我在礼堂演说一篇训词，大大教训一番，新人及满堂宾客无不失色，此恐是中外古今以来所未闻之婚礼矣。徐志摩这个人其实很聪明，我爱他，不过这次看着他陷于灭顶，还想救他出来，我也有一番苦心，老朋友们对他这番举动无不深恶痛绝，我想他若从此见摈于社会，固然自作自受，无可怨恨，但觉得这个人太可惜了，或者竟弄到自杀。我又看着他找得这样一个人做伴侣，怕他将来痛苦更无限，所以对于那个人当头一棍，盼望他能有觉悟（但恐更难），免得将来把志摩弄死，但恐不过我极痴的婆心便了。

梁思成读完信，不自觉地松下一口气。关于徐志摩一直不死心地追求林徽因这件事他是清楚的。林徽因是个大方坦诚的女孩，对她和徐志摩之间的事情从未隐瞒，只当他是他们共同的朋友。三人之间的关系往简单了说也没什么好担心的，徐志摩是徽因父亲的好友，是梁思成父亲的学生。但是梁思成自认沉稳儒雅有余却温柔浪漫不足，诗人的才情也令他感到一丝不安。现在这个“定时炸弹”总算解除警戒，怎么说都是件好事。至于父亲担心陆小曼伤害徐志摩，恐怕是多虑了。梁思成见过这位京城名媛，并不是传说中的交际花做派，而是个温婉庄重的大家闺秀。如今竟然有勇气离婚要和徐志摩携手，倒也令人生出几分敬佩。

林徽因放下信纸，心中五味杂陈，竟然不知道是喜悦还是失落。她和陆小曼交情很浅，仅仅限于新月社的活动。她们都知道彼此不是同道中人。陆小曼是京城最光艳的景，她是柔媚的，举手投足间尽是女性极致的风情；林徽因则是率直的，棱角分明的。陆小曼若是一幅氤氲的江南水墨画，林徽因就是浓墨重彩的油画。令人惊异的是，在陆小曼风情娇媚的外表下，竟然隐藏着如此叛逆、果敢、热烈的灵魂。这一点林徽因自叹不如。或许是因为自己喜欢徐志摩不够多吧？她替她爱了这个人，就算是火坑也毫不犹豫地跳下去。是不是该祝福她呢？自己到底是怅然还是欣慰呢？果然时间是能带走一切的。或许对于林徽因来说，徐志摩和陆小曼的结合能让她更安心地嫁给梁思成吧？她不必再为了无法回应他的追求而感到愧疚不安，亦能与徐志摩做一生的知己。双方都给灵魂找到了归宿，再无须惧怕不可预测，或许将是颠沛流离的人生路。

在与梁思成相伴的几年里，她失去了父亲，他没有了母亲。他们共同面对了痛失至亲的悲伤，紧握双手支撑着彼此。正是这些风风雨雨巩固了他们的感情基础，是时候建立一个共同生活的家庭了。

梁思成、林徽因正式订婚是在1927年12月18日。订婚仪式在北京的家里按照传统礼仪举办。林徽因因为父亲过世，由姑父卓君庸履行仪式。梁启超在致女儿思顺信中，言其行文定礼极盛：

这几天家里忙着为思成行文定礼，已定于（1927年12月）十八日在京寓举行，因婚礼十有八、九是在美举行，所以此次行文定礼特别庄严慎重些。晨起谒祖告聘，男女两家皆用全帖遍拜长亲，午间大宴，晚间家族欢宴。我本拟是日入京，但（一）因京中近日风潮正来，（二）因养病正见效，入京数日，起居饮食不能如法，恐或再发旧病，故二叔及王姨皆极力主张我勿往，一切由二叔代为执行，也是一样的。今将告庙文写寄，可由思成保藏之作纪念。

聘物我家用玉佩两方，一红一绿，林家初时拟用一玉印，后闻我家用双佩，他家中也用双印，但因刻玉好手难得，故暂且不刻，完其太璞。礼毕拟两家聘物汇寄坎京，备结婚时佩带，惟物品太贵重，深恐失落，届时当与邮局及海关交涉，看能否确实担保，若不能，即仍留两家家长，结婚后归来，乃授与保存。

梁启超大小事情亲力亲为，从聘礼的红绿庚帖，到大媒人选的择定，甚至买一件交聘的玉器，从选料到玉牌孔眼的大小方圆，都考虑得面面俱到。这些烦琐的事情，虽然让他劳累不堪，但他心里却有难以掩饰的高兴。几天后又给儿子寄去一封信：

这几天为你们的聘礼，我精神上非常愉快，你想从抱在怀里"小不点点"，一个孩子盼到成人，品性学问都还算有出息，眼看着就要缔结美满的婚姻，而且不久就要返国，回到怀里，如何不高兴呢？今天的北京家里典礼极庄严热闹，天津也相当的小小点缀，我和弟妹们极快乐地玩了半天。想起你妈妈不能小待数年，看见今日，不免有些伤感，但她脱离尘恼，在彼岸上一定是含笑的。除在北京由二叔正式告庙外，今晨已命达达等在神位前默祷达此诚意。

我主张你们在坎京行礼，你们意思如何？我想没有比这样再好的了。你们在美国两个小孩子自己确实张罗不来，且总觉得太草率，有姐姐代你们请些客，还在中国官署内行谒祖礼（礼还是在教堂内好），才庄严像个体统。

婚礼只在庄严不要侈靡，衣服首饰之类，只要相当过得去便够，一切都等回家再行补办，宁可节省点钱作旅行费。

曾经因为受母亲影响对林徽因有成见的梁思顺现在高高兴兴地成了婚礼的操办人。她的丈夫正担任中国驻加拿大总领事。于是他们没有按照梁启超的意思在教堂结婚，而是把仪式地点改到了领事馆。

婚礼开始了。

周希哲担任了牧师的角色。他身穿笔挺的正装，向前跨了一步，庄重地说："你们即将经过上帝的圣言所允许，而结为夫妇，上帝必然在你心中向你说，每个灵魂对另一个灵魂，都是他神圣的圣地。人的心灵有他的安息与喜庆日，你们的婚礼与欢乐世界一般，都是曲曲恋歌。爱，作为动机与奖赏，是无处不在的，你们不要亵渎上帝的荣耀。爱是崇高的语言，它与上帝同义。"然后他转向一对新人，说："现在我要求你们，在一切心灵的秘密都要宣布出来之时，你们需要回答——"面对梁思成："你愿意娶这个姑娘做你正式的妻子，爱她并珍惜她，无论贫富或疾病，至死不渝？"

"我愿意！"梁思成朗声说道。

"你愿意接受这个男人为夫，爱他并珍惜他，无论贫富和疾病，至死不渝？"

"我愿意。"林徽因轻声回答。

梁思成把一枚镶嵌着孔雀蓝宝石的戒指，戴在林徽因左手的无名指上。他温文尔雅地亲吻了他的新婚妻子。

站在傧相席位上的梁思顺，眼里激动地流出泪水。李夫人去世后，梁启超不间断地写信给大女儿，弥合她与未来儿媳之间的感情。梁思顺也慢慢冰释了思想上的芥蒂。今次在婚礼上见到林徽因，觉得她又有了些许变化，出落得更加美丽大方，

气质不凡。梁思顺觉得，父亲果然眼光不错，弟弟有了这样一个好的伴侣，这一生幸福就有望了。

这次婚礼的费用，也都是梁思顺筹措的。在中国领事馆，她和周希哲还为林徽因、梁思成张罗了几桌丰盛的婚宴。这对小夫妻也欢欢喜喜给姐姐、姐夫行了三鞠躬。

第二天，参加婚礼的记者把梁思成和林徽因的结婚照作为头条登在报纸上，林徽因东方式的美丽在当地刮起一阵小小的旋风。

二人完婚后，就要按照梁启超的安排周游南欧。梁启超为此做了详细的筹划：

你们由欧归国行程，我也盘算到了。头一件我反对由西伯利亚回来，因为……，没有什么可看，而且入境出境，都有种种意外危险，你们最主要的目的是游南欧，从南欧折回俄京搭火车也太不经济，想省钱也许要多花钱。我替你们打算，到英国后折往瑞典、挪威一行，因北欧极有特色，市政亦极严整有新意（新造之市，建筑上最有意思却为南美诸国，可惜力量不能供此游，次则北欧特可观。）必须一往。由是入德国，除几个古都市外，莱茵河畔著名堡垒最好能参观一二，回头折入瑞士，看些天然之美，再入意大利，多耽搁些日子，把文艺复兴时代的美，彻底研究了解。最后便回到法国，在马赛上船，中间最好能腾出点时间和金钱到土耳其一行，看看回教的建筑和美术，附带着看土耳其革命后政治。

林徽因呼吸着温哥华三月的空气，沐浴着玫瑰花雨，她看了一下身旁俊朗的丈夫，由衷地微笑了。

九泉之下的父亲，我知道你一定会为女儿祝福的。我一定会幸福，一定要幸福。

罗曼归途

总有一个人会令你甘愿舍弃自由不再流浪，不管行至何处，有他在的地方便是至高无上的乐园。从此有了一个人携手并肩，便不会再怕任何苦难。

最好的爱情大抵接近友情，一起工作、游玩和成长，共同分担两个人的责任、报酬和权利，帮助对方追求自我意识，同时又因为共同的给予、分享、信任和互爱而合为一体。

即使对方不在身边，只要想到那个人，就会感到幸福；哪怕正处于悲伤之中，也会变得坚强。和那个人在一起时，就能展现出真正的自我。能够遇到那个交换着信任、热情和梦想的人，无论之前要走过多少弯路，相信有那样一个人在等待着自己，就一定会到达那个两个人一起憧憬着的地方。

梁思成、林徽因新婚时。

仲春的伦敦表情温柔。泰晤士河水静静流淌，岸边的建筑物被阳光洗刷得生机盎然，仿佛也有了生命。圣保罗大教堂穿一身灰色法衣，傲然立于泰晤士河畔，沉默而坚韧。它是岁月的守望者，沉郁的钟声只让浪漫的水手和虔诚的拜谒者感动。

这是林徽因与梁思成新婚旅行的第一站。按照梁启超的安排，他们这趟旅行主要是考察古建筑，圣保罗大

梁思成、林徽因在欧洲旅行中。

教堂是他们瞩目的第一座圣殿。

伦敦之于林徽因，是故地重游，自然倍感亲切。对梁思成来说这里的一切则是陌生的，正因为陌生，乐趣和向往反而加倍。

圣保罗大教堂是一座比较成熟的文艺复兴建筑。高大的穹窿呈碟状形，加之两层楹廊，看上去典雅庄重，整个布局完美和谐，在这里，中世纪的建筑语言几乎完全消失，全部造型生动地反映出文艺复兴建筑文化的特质。这座教堂的设计者是18世纪著名建筑师克里斯托弗·雷恩，埋葬着曾经打败拿破仑的威灵顿公爵和战功赫赫的海军大将纳尔逊的遗骨。

梁思成和林徽因走在雕刻着圣保罗旧主生平的山墙下。

梁思成问："你从泰晤士河上看这座教堂，有什么感觉？"

林徽因说："我想起了歌德的一首诗：它像一棵崇高浓荫广覆的上帝之树，腾空而起，它有成千枝干，万百细梢，叶片像海洋中的沙，它把上帝——它的主人——的光荣向周围的人们诉说。直到细枝末节，都经过剪裁，一切于整体适合。看呀，这建筑物坚实地屹立在大地上，却又遨游太空。它们雕镂得多么纤细呀，却又永固不朽。"

梁思成也赞叹道："我一眼就看出，它并非一座人世间建筑，它是人与上帝对话的地方，它像一个传教士，也会让人联想起《圣经》里救世的方舟。"

伦敦的建筑大多典雅华美，不论是富有东方情调的铸铁建筑布莱顿皇家别墅，还是别具古典内涵的英国议会大厦，都让他们陶醉在这座文化名城浓厚的艺术氛围中。他们最倾心的是海德公园的水晶宫。这是一座铁架建构，全部玻璃面材的新建筑，摈弃了传统的建筑形式和装饰，展示着新材料、新技术的优势。他们选择在夜晚去到那里，水晶宫里灯火辉煌，玲珑剔透，人置身其间，如同身处安徒生笔下的海王的宫殿，许多慕名一睹为快的参观者，都发出了阵阵感叹之声。

林徽因在日记本上写道："从这座建筑，我看到了引发起新的、时代的审美观念最初的心理原因，这个时代里存在着一种新的精神。新的建筑，必须具有共生的美学基础。水晶宫是一个大变革时代的标志。"

易北河笼罩在一片蒙蒙烟雨中。两岸的橡树和柠檬轻快地舒展着，荨麻、蓟草的头发被打湿了，蔷薇和百合的脸颊闪烁着珍珠样的光泽。

梁思成和林徽因共撑一把油纸伞，挽着手臂走在石板街上。这是德国波兹坦的第一场春雨。上天好像也眷顾这对金童玉女，特别为他们的旅途增添着罗曼蒂克的气氛。

雨中的爱因斯坦天文台，像一只引颈远眺的白天鹅，展翅欲飞。

"好美啊！"林徽因不由得感叹道。

"是啊。"梁思成注视着那高贵的艺术品说，"我觉得它好像一部复调音乐。塔楼的纵向轴线，和流线型的窗户，如乐曲中的两个主题，这个建筑与巴哈的《赋格曲》真是异曲同工。"

刚到波兹坦的时候，当地建筑界的朋友就告诉他们，爱因斯坦天文台是著名建筑师门德尔松表现主义代表作，是为纪念爱因斯坦的广义相对论的诞生而设计的。

圣保罗大教堂。

这个建筑刚刚落成 8 年，爱因斯坦看了也很满意，称赞它是一个 20 世纪最伟大的建筑和造型艺术上的纪念碑。

天文台造型设计十分特别，以塔楼为主体，墙面屋顶浑然一体，线的门窗，使人想起轮船上的窗子，造成好像是由于快速运动而形成的形体上的变形，用来象征时代的动力和速度。

林徽因站在塔楼下仰望着这栋神奇的天文台的一幕，被梁思成用相机记录了下来。

随后他们前往德绍市参观了以培养建筑学家而著称的包豪斯学院刚刚落成的校舍，这是一座洋溢着现代美感的建筑群，为著名建筑师格罗皮乌斯设计，由教学楼、实习工厂和学生宿舍三部分组成。根据使用功能，组合为既分又合的群体，这样不同高低的形体组合在一起，既创造了在行进中观赏建筑群体，给人带来的时空感受，又表达了建筑物相互之间的有机联系，以不对称的形式，表达出时间和空间上的和谐性。

林徽因拿出随身携带的素描本一笔一笔地临摹起来。她觉得落在纸上的每一条线都是有生命、有意志的。

这座建筑尚且年轻，其独特的美感和研究价值尚未被更多人发现。但林徽因认为：“它终有一天会蜚声世界。”一年后她到东北大学建筑系任教，专门讲了包豪斯校舍。她说：“每个建筑家都应该是一个巨人，他们在智慧与感情上，必须得到均衡而协调的发展，你们来看看包豪斯校舍。”她把自己的素描图挂在黑板上，“它像一篇精练的散文那样朴实无华，它摈弃附加的装饰，注重发挥结构本身的形式美，包豪斯的现代观点，有着它永久的生命力。建筑的有机精神，是从自然的机能主义开始，艺术家观察自然现象，发现万物无我，功能协调无间，而各呈其独特之美，这便是建筑意的所在。”

他们在德国考察了很多巴洛克和洛可可时期的建筑：德累斯顿萃莹阁宫、柏林宫廷剧院、乌尔姆主教堂，与希腊雅典风格的慕尼黑城门，历时 632 年才兴建成的北欧最大的哥特式教堂——科隆主教堂。这些建筑象征的是一个民族的文化积淀。

恋恋不舍地从德国离开，他们立刻出发去瑞士。有着独特神韵的湖光山色为这个精巧的北欧国家赢得了世界公园的美誉。阿尔卑斯山巅覆盖着层层白雪，山坡上

科隆主教堂。

却已披上了郁郁葱葱的新装。50多个湖泊镶嵌在国土上，倒映着大自然的鬼斧神工。莱蒙湖上成群的鹳鸟展翅追逐着，在湖面嬉闹着；湖畔稠密的矮树林里，画眉正炫耀着歌喉；绿地上的莓子刚刚吐出淡红色的花蕊。这对新婚夫妇流连于湖边菩提树下，忘记了时间。

人与自然，人与建筑，建筑与自然……这里的一切都是无比的和谐舒适。

塔诺西是他们刚到罗马时结识的新朋友。这个刚满20岁，金发碧眼的漂亮女孩是罗马大学建筑系的三年级生。塔诺西讲一口道地英文，听说林徽因和梁思成考察文艺复兴时期的古建筑，便热情提出给他们当向导。

塔诺西建议他们先去看拜占庭艺术。“罗马是拜占庭的故地，不了解拜占庭，就不了解文艺复兴。”她说，“在你们中国魏晋南北朝时期，而欧洲也正处在罗马帝国分裂，奴隶制正在消亡的时期。每个民族每个历史时期，都会有它独特的文化实体和艺术成就，建筑文化和艺术的价值，它的伟大与骄傲也就在这里。”

塔诺西深邃的思想引起了林徽因的兴趣，她立刻喜欢上了这个女孩子。不过梁思成想从拜占庭艺术之前的建筑看起，这个建议得到了塔诺西的响应，他们决定先去庞贝古城遗址和古罗马角斗场。一行三人乘着塔诺西借来的车子前往那不勒斯维苏威火山。

塔诺西对他们强调说：“意大利是一部世界建筑史，你们一定要多看一看。”

庞贝是一座沉睡在地下的城市。它曾经繁华过，但那是公元1世纪的事了。公元79年8月24日中午1点，这座拥有25000居民的美丽城市在一瞬间从历史上消失——沉睡了1500多年的维苏威火山突然爆发，铺天盖地的火山灰覆盖了庞贝，甚至飘到了罗马和埃及。庞贝就此成为一座废墟。

塔诺西领着两位中国朋友顺着街道参观。街道很整齐，笔直宽广，最宽处竟有10米左右。两旁的建筑多以石料堆砌建设，楼层则为木屋。他们按照塔诺西的指点，辨别出哪儿是鞋店，哪儿是成衣店，哪儿是酒馆，哪儿是银庄。中心广场的阿波罗神庙，还留着精美的石柱。许多室内还装饰着壁画，他们在一块石头上发现了一行斑驳不清的文字，塔诺西仔细辨认了一会儿，说那行字写的是“5月31日角斗士与野兽搏斗”。

林徽因被这残缺的壮美和历史的沉重感震动，感慨道：“一座城市壮烈地死去了，可是它却以顽强的精神力量延续下去，它总是带着这种精神语言流传。思成，你说是吗？”

梁思成赞同地点点头。

而古罗马斗兽场则以一种苍凉的悲壮感震撼着他们。这座椭圆形的角斗场更像两个对接的半圆形舞台，柱子和墙身全部用大理石垒砌，总高48.5米，上下分

古罗马斗兽场。

为 4 层，全部用混凝土、凝灰岩、灰华石建造，虽然经过两千年的风雨剥蚀，整个结构仍然十分坚固。整个角斗场能够容纳 8 万多名观众。

“古罗马是以武功发迹，崇武的国家，这种社会形态，也在建筑中得到了反映，整个古罗马的文化都可以在建筑中找到投影。罗马时代有好多进步的文化内容，其中有物质的，也有精神的，文艺复兴时期的建筑理论，主要受了罗马古建筑的影响。”塔诺西对林徽因说着自己的看法。

林徽因也表示同意：“我也这么想过，罗马最伟大的纪念物是角斗场，是表现文化具体精神的东西，文艺复兴以来，与以后的建筑观念中，最重要的一个部分，就是建筑的纪念性。”

斗兽场在夕阳下沉默地伫立着，仿佛能背负所有的辉煌，亦能承受所有的苦难。残阳如血，斗兽场的平台被染得猩红。三人盘桓着不愿离去，他们好像听到勇士与困兽搏斗的嘶吼声，罗马人的欢呼穿越时光仍然回响在风中。

塔诺西热心又尽责，她带着他们几乎跑遍了整个罗马城。她领着二人参观了卡必多山上的建筑群，马西米府邸和维晋察的圆厅别墅，这些建筑都很鲜明地表述了文艺复兴的建筑语言和文化形态，洋溢着建筑与人的亲切感。他们也没错过圣彼得大教堂和圣卡罗大教堂的庄严神圣。前者建成于17 世纪初，全部工期曾历时120 年，是整个文艺复兴建筑中最辉煌的作品。1505 年，教皇朱里阿二世想为自己建造一座宏大的墓室，就拆掉了一座老教堂，公开征集设计方案，结果伯拉孟特十字形平面方案中选，这项设计，参照了罗马万神庙，但增加灯塔形的窗户和围廊，后来，文艺复兴时期的画家拉斐尔和米开朗琪罗又做修改方才最终定型。中央穹窿便是米开朗琪罗的遗作。

登上高达 137 米的顶点，罗马城风光尽收眼底。梁思成赞叹着：“真是‘会当凌绝顶，一览众山小’啊！”

塔诺西说：“这座教堂是罗马全城的最高点，人们说它可与埃及的吉萨金字塔相比。”

随后，在年轻向导的建议下，他们搭火车去米兰参观世界上最大最有气魄的教堂——米兰大教堂。

米兰是意大利北部的一座小城，米兰大教堂是它闻名世界的城市坐标。远远看过去，那是一片尖塔的森林，乳白色的大理石吃了满嘴的阳光，闪烁出玉般的光泽。整整135座尖塔，塔上的雕像多达3615个，全都与真人一样大小。米兰大教堂从公元1386年开始建造，一直到19世纪才告完工，它是根据第一任米兰大公加米西佐维斯孔蒂的命令建造的，可容纳4万人做大弥撒。大教堂有168米长，59米宽，4排柱子分开了一座宏伟的大厅，每根柱子高约26米，圣坛周围支撑中央塔楼的4根柱子，每根高40米，直径达10米，由大块花岗石叠砌而成，外包大理石。所有的柱头上都有小龛，内置工艺精美的雕像。

林徽因欣赏着教堂的环形花窗对梁思成说："你看这玫瑰形的窗子多么神奇呵，它就像圣经中描述的永恒的玫瑰，但丁的诗中也说，玫瑰象征着极乐的灵魂，在上帝身旁放出不断的芬芳，歌颂上帝。"

梁思成说："那玫瑰的叶子，一定是代表信徒们得救的心灵。"

塔诺西笑道："难怪看过这个教堂的人都说，这个玫瑰窗是傻子的圣经，因为它以象征和隐喻的语言说出了基督的基本精神。你们再看看那柱子上的雕刻——"

两人顺着她手指的方向望去，那些神像是工匠恶作剧的作品，故意雕得参差不齐。那些雕刻作品不是圣像，而是做弥撒的狼、对鸭子和鸡传道的狐狸，或者长着驴耳朵的神父等等。

三人一路到了水城威尼斯。这座海中之城是意大利半岛东北隅的一座别致的画廊。威尼斯建在118个小岛上，外面一道沙堤隔开了亚得里亚海，穿过全城的大运河，

水城威尼斯。

像反写的“S”，这段河道便是大街。

威尼斯人使用一种叫作“贡多拉”的摇橹小船作为交通工具。三人入乡随俗，租了一条“贡多拉”，在花团锦簇的河道间惬意地穿行。两岸到处耸立着罗马时期的建筑。

威尼斯最负盛名的去处便是圣马可广场，拿破仑称赞这里是“最漂亮的客厅”。沿着弯弯曲曲的小巷穿过东北角门，他们走进了圣马可广场。眼前一片开阔。蓝天白云映衬着别致的建筑和高耸的尖塔，令人心旷神怡。连绵不断的券廊，把高低不同、年代不同、风格迥异的建筑，统一在一起，没有丝毫冲突之感。广场上栖息的鸽子起起落落，不时飞到游客身边盘旋着，甚至大胆地落在手中啄食。

圣马可教堂就在广场正面，修建者为《马可福音》的作者圣徒马可。这座建成于11世纪的教堂原为拜占庭式，14世纪加上了哥特式的拱门装饰，17世纪又掺入文艺复兴时期的栏杆，各种时期的建筑风格，集为大成。一座高100米，半面成方形的钟塔坐落于教堂的西南。钟塔初建于9世纪，14世纪重建，16世纪初又在塔顶建了一座天使像。教堂的左前方，是一座15世纪的钟楼，楼顶有一座巨钟，两个铜铸的敲钟人立于其旁。

河中红红绿绿燃着蜡烛的纸球灯温柔地点亮了水城之夜。两岸的窗户全部打开，不知名的乐手凭窗弹奏吉他，唱起动听的意大利民谣。威尼斯的歌女是非常出名的，她们乘坐着唱夜曲的歌船，穿着非常漂亮的彩衣，清亮的嗓音在河面飘散着。

塔诺西被这风情感染，随着节拍用英文唱起彼特拉克的《罗拉的面纱》：

我忍心的美人呀，你说吧，
为什么总不肯揭开你的面纱？
不论晴空万里，骄阳杲杲的日子，
或是浓云密布，天空阴沉的日子；
你明明看透我的心，明明知道，
我是怎样等待着要看你的爱娇。
一条面纱竟能支配我的命运？
残忍的面纱呀，不管是冷是热，

反正都已经证明我阴暗的命运，

遮盖了我所爱的，一切的光明。

林徽因和梁思成都听得入了迷。徽因拍手称赞着：“塔诺西小姐，你真了不起，你的歌声美极了。威尼斯的夜景让我想起了中国的秦淮河，桨声灯影里，歌女们怀抱着琵琶，唱杨柳岸、晓风残月。”

相逢总是短暂的。两天之后，他们在威尼斯与塔诺西依依惜别。塔诺西赠给他们水城的特产——一只刻花皮夹和一个大理石小雕像作为纪念。

林徽因和梁思成从威尼斯走水路，经马赛上岸，沿罗纳河北上到达罗曼蒂克的代名词巴黎。先到中国领事馆稍事休息，第二天二人便迫不及待地去造访巴黎的宫室建筑了。

位于巴黎东南，原来称作“彼耶森林”的枫丹白露宫是他们的第一个考察对象。

法兰西国王闯入林中行猎，无意中发现这块风水宝地，遂辟为猎庄。1528年起，法兰西一世大肆扩建，以后直到路易十五时期，历代国王均加以扩大。参加设计的，除了法国的建筑师，还有意大利的建筑师。

枫丹白露宫形态上完全是意大利文艺复兴建筑语言，但又不完全像那些无生命感的建筑，而是充满自然的情趣。法兰西一世时期，建筑师布瑞顿先后改建了奥佛尔院，增建了夏佛尔。那座很大的长方形四合院就是勃朗克院，四面均有建筑物，屋顶的老虎窗、方塔和装饰性的小山墙，构成复杂的轮廓线。

1814年3月，拿破仑驾临枫丹白露，将其辟为寝宫，但他在这里只住了短短5天，便被迫退位。在前往流放之地厄尔巴岛之前，他在德鲁奥和贝特朗两位将军陪同下走出这座古堡，在一片静穆中向众人发表了慷慨激昂的演讲。演讲结束后拿破仑命人把鹰旗拿过来，他在帝国鹰旗上连吻了三次，低语道：“亲爱的鹰啊，让你的吻声在所有的勇士心里震荡吧！”一年后，拿破仑“百日政变”，返回枫丹白露，再次在白马院重新阅兵，重整旗鼓，对欧洲的神圣同盟展开反扑。可惜终在滑铁卢一役失败被囚，死在大西洋中的圣赫勒拿岛上。

梁思成和林徽因漫步在为了见证拿破仑厄运而改名为“诀别院”的白马院，不禁感慨道：“真是人事有代谢，往来成古今啊！”

从古堡出来，两人漫步在枫丹白露大森林。林徽因望着英吉利花园中迷迷蒙蒙的白露泉，问梁思成：“你知道这儿为什么叫枫丹白露吗？”

梁思成说：“传说那个打猎的国王，在这丢失了一条叫‘白露’的爱犬，便急令士兵们去寻找，找了好久，终于在森林深处的一汪美丽的泉水边找到了它，探寻者们也迷醉于这水光山色之中，于是便把这泉水称作白露泉了。”

林徽因笑道：“那是传说。你知道有一位公元1世纪的罗马诗人叫鲁卡纳斯的吗？他写过的史诗《法萨利亚》，对这片森林有过描述：岁月不曾侵犯，这神圣的森林；在浓密的树荫下，长夜漫漫无垠……这白露，并非泉名，而是‘美丽的流水’之音。”

林徽因还想去森林西边的巴比松看看那处19世纪农村画的发源地，梁思成不得不催促她去看卢浮宫，林徽因才恋恋不舍地离开。

坐落在塞纳河畔的卢浮宫，是号称太阳王的路易十四的王宫，也是欧洲最壮丽的宫殿之一。1204年，菲利普奥古斯

卢浮宫。

塔最先在这里建起一座城堡，1546年法兰西一世勒令将其改建成宫殿，至亨利二世时，完成了宫殿的最初部分，直到路易十四时代，才完成其全貌。到了17世纪末，这个宫殿最阔气的时代已一去不复返，随着路易十五、十六的皇权衰落，卢浮宫的功能也为之改变，后来改为国家美术馆。

古埃及的《司芬克斯》、米开朗琪罗的《奴隶》、卡尔波的《舞蹈》，还有鲁米斯的名画《玛丽美第奇画传》、穆里洛的《年轻乞丐》、伦朗的《伊丽莎白》……这些古希腊、古罗马雕塑艺术品和油画深深吸引着林徽因。最令人沉醉的当属举世瞩目的《美洛斯的维纳斯》《萨莫色雷斯的胜利女神》和《蒙娜丽莎》。

林徽因被这些顶级的艺术作品震撼得心怦怦直跳。她想起徐志摩常说的“美必须是震颤的，没有震颤就没有美”，直到这里才真真正正地体验到了。

从《萨莫色雷斯的胜利女神》雕塑后面的台阶上楼就能进入“水浒画廊”。这是一条与塞纳河平行的长廊，长275米，存放有枫丹白露派的代表作《卡布里埃德维拉尔公爵夫人》及勒南三兄弟的画《乡村生活场景》，画风质朴，充满生活气息。由此向后转入“等级大殿”，便有拉斐尔的《美丽的女教师》《圣米歇尔击败恶魔》，维罗奈斯的《丘比特雷劈罪恶》《加纳的婚礼》和提香的《乡野音乐会》。

林徽因感到自己穿越了时间，正置身于那个人类艺术史上最耀眼的时代之一，她的眼中噙满了泪水。

第二天，两人又去了巴黎西南的凡尔赛宫。这座宫殿集建筑、园林、绘画之大成，集中体现了法国17、18世纪光辉的艺术成就。这里原为一片沼泽和森林，有一座路易十三的猎庄，路易十四决定以此猎庄为中心，建造一座前所未有的豪华宫殿，便相继委任勒伏和孟莎担任主设计师。路易十四虽聘有一流的建筑师、造园师、画家参加营建，他仍亲临施工现场指挥，直到竣工。

古堡前的演兵场立着路易十四跃然马上的铜像。这位不可一世的皇帝曾问他的陪臣：你还记得这地方，曾看见过一座磨坊吗？——是的，陛下，磨坊已经消失了，但风照样在吹。

现在，风正静静地从水晶般的喷泉之间吹过来，在方圆数公里的大花园里播撒着玫瑰和蔷薇的幽香。

宫内有一座长达19间的大厅，这就是著名的镜厅。虽名为镜，却找不到一面镜子。转了半天，两人才发现那绿色和淡紫色的大理石柱子背面，有17面拱形的镜子，与廊柱浑然一色，难以分辨，只有阳光射进西面17扇高大的拱形窗子时，这座大厅才会陡然满壁生辉。

“这下我可知道路易十四为什么被尊为‘太阳王’了。”梁思成恍然大悟。

林徽因说：“太阳王不能垄断阳光，而这种宫室建筑文化和艺术，却带来了18世纪洛可可艺术的兴起，大概建筑文化和艺术的演变，跟社会结构的形态是同步着的，它们同一个信息源，在一个因果链中，你想想北京的故宫，为什么与这种建筑风格有那么多一致的地方？”

“那时中国的漆器、纺织品和瓷器大量销往欧洲，”梁思成略一沉吟，说道，“路易十五这个贪财好货的皇帝也有点艺术灵感，可能是从中受了启发。如此说来，中国人还是他们的老师呢。”

从镜廊沿梯而下便是底廊。莫里哀曾于1664年5月14日在这里临时搭起舞台，演出了让他称誉全球的名剧《伪君子》前三幕和《丈夫学堂》，后来，这位戏剧大师还把剧团搬出宫殿，在花园的草坪上露天表演。从平台上能遥遥地看到大运河。阳光慷慨地为水面披上一件华美的袍子，平台周围装饰着酒神等四座青铜像，台下分列两座长方形水池，石桩上卧着象征卡隆河、多尔多涅河、卢瓦雷河、卢瓦尔河、塞纳河、马恩河、索纳河和罗纳河的一些水神像。仙子和捧花的婴儿塑像，也是个个栩栩如生，典雅脱俗。这些都是雕塑大师勒格罗浮的杰作。

两人在返回领事馆的路上顺便去照相馆取回一路拍下的照片。林徽因看到冲出来的成品不禁哑然失笑，几乎所有的照片上，建筑物占据了大部空间，人却放在小小的角落里。她佯怒地对这个蹩脚的摄影师打趣道：“你这家伙，看看你的杰作，把我当成比例尺了！”

刚一到领事馆，他们便收到了梁启超发来的催促他们回北京工作的电报。

于是二人放弃了对巴黎圣母院、万神庙和雄狮凯旋门的考察计划，去西班牙、土耳其等国家的旅行也取消了。他们由水路改道旱路，从巴黎乘火车取道波恩、柏林、华沙、莫斯科，横穿西伯利亚，一路从鄂木斯克、托木斯克、伊尔库茨克、贝加尔……颠簸而至边境，转乘中国列车，经哈尔滨、沈阳抵达大连，又换乘轮船到大沽上岸，冒着倾盆大雨登上开往北京的列车。

白山黑水

嫁一个实在的男人，平凡生养，有一份事业加持，无须惊涛骇浪，只求现世安稳……这些女人渴望的东西，在这一年，林徽因全部拥有了。

这只来自江南水乡的白鹭，终于将要振翅而飞，在岁月的柳岸扶摇直上，掠湖而过，朝着她想要的生活飞去了。

她的每一步选择，也许并非完美无缺，但总算是向着安然的方向前进着。即使同样的才情美貌，她不是那痴情至死的林黛玉，她不清高遗世而是努力让自己俯落尘埃，与众生一起饮食人间烟火。灵魂依旧洁净透明。

美满的家庭让人陷落在幸福里不愿醒转，事业的成就更将林徽因的人生推向另一种极致。这一年，林徽因的生命里繁花滋长，冬季仿佛永不会来临。

只是回到现实，花期究竟会有多长？是否会有那么一天，繁花落尽君辞去，将一切交付给流水？其实谁都清楚，这世间又何来只开不落的花，何来只起不落的人生？

林徽因大抵懂得了宿命自有其安排，任何一种生活方式都有其不可逆转的规则。当初转身时难免也落寞了一阵子，只是不经历那阵痛，又怎会有今日岁月静好。上苍还是公平，今时今日的一切，或多或少得交付一些代价方能换取。就算有一天，所得幸福又要拱手奉还，又怎能奈何得了内心坚强之人？

应聘东北大学

病中的梁启超急切地想要见到儿子和儿媳妇，他已经和他们分别四年了。他写信给还在旅途中的孩子们：

（我）在康复期中最大的快慰是收到你们的信。我真的希望你能经常告诉我你们在旅行中看到些什么（即使是明信片也好），这样我躺在床上也能旅行了。我尤其希望我的新女儿能写信给我。

……你们俩从前都有小孩子脾气，爱吵嘴，现在完全成人了，希望全变成大人样子，处处互相体贴，造成终身和睦安乐的基础。

梁启超的“新女儿”自然就是林徽因。

林徽因从小称公公“梁伯伯”。在幼年的记忆里，梁伯伯身材不高但很结实，一双明亮的眼睛，说话时到了激动处，总是眉飞色舞的模样，非常有趣。这种印象太深，以至于等到徽因长大懂事后，一时间没办法把记忆中的“梁伯伯”和名满京城、学贯中西，活跃于政坛的一代宗师联系起来。

1928年8月中旬，梁启超的儿子和新女儿回到了家。

几年不见，林徽因并没有像梁启超担心的那样变得“洋味十足”，他满意地告诉梁思顺：

“新娘子非常大方，又非常亲热，不解作从前旧家庭虚伪的神容，又没有新时髦的讨厌习气，和我们家的孩子像同一个模型铸出来。”

林徽因正式成为了梁家的家庭成员。虽然梁启超一早就把她当成女儿看待，但她非常清楚自己的身份已经不同了，她不能再是那个总和梁思成耍点小脾气，总是“欺负”他的女孩子了。她要担负起为人妻为人母的责任，不能辜负梁家的期望和丈夫的包容疼爱。

梁启超为了两人的生活琐事操心，事业上更不敢轻心。早在小两口在欧洲新婚旅行时，梁启超就为了他们的职业筹划奔忙了。他在写给儿子的信中说：

所差者，以徽音（因）现在的境遇，该迎养她的娘才是正办，若你们未得职业上独立，这一点很感困难。但现在觅业之难，恐非你们意想所及料，所以我一面随时替你们打算，一面愿意你们先有这种觉悟，纵令回国一时未能得相当职业，也不必失望沮丧。失望沮丧，是我们生命上最可怖之敌，我们须终身不许他侵入。

梁启超原先的第一考虑是让儿子到清华大学任教，他请清华增设建筑图案讲座，让梁思成任教。校长不便做主，这需要学校评议会投票才可决定。当时时局混乱，南京国民政府想接管清华，1928年6月，南京国民政府大学院和外交部会同致电清华学校教务长，委派他暂代校务。在清华归属问题上，大学院与外交部之间各不相让。大学院以统一全国教育学术机构的名义接管清华，而外交部却坚持要由它来承袭北洋政府外交部对清华的管辖权力，抢先一步接管了清华的基金，拒绝大学院插足，在梁思成和林徽因欧游期间，外交部派张歆海等八人来校“查账”，以示接管了清华。第二天，大学院的特派接管人员高鲁等三人也接踵而至，声称“视察”，双方你争我夺，互不相让，各派势力，竞相逐鹿，一个校长的位子，竟有30多个人去争抢。

与此同时，远离京城纷争的东北大学却在积极招贤纳士。“皇姑屯事件”不久之后，张作霖死，少帅张学良主政，对东大实施改革，把原有的文、法、理、工4个学科，改为文学院、法学院、理学院、工学院。工学院又设建筑系，四处招聘人才，年轻的东大建筑系，成为中国首屈一指的人才库。张学良捐款300万元，又增建了汉卿南楼和汉卿北楼。东大新建建筑系，聘请毕业于宾夕法尼亚的杨廷宝担任系主任。但杨已经受聘于某公司，遂推荐还未归国的师弟梁思成。

林徽因在沈阳东北大学。

东北大学前身是国立沈阳高等师范学校和公立文科专科学校，1922年奉天省长王永江倡议筹设东北大学，并自任校长，在北陵前辟地五百余亩，依照德国柏林大学图纸建造。1923年春季，正式成立东北大学，暑期招收第一届预科学生，分为文、法、理、工4科，两年毕业，可直接升大学本科。1925年暑期，招收第一届本科学生，仍分4科9系，学制4年，毕业后授予学士学位。1926年5月，又增设东大附属高中，分为文、理两种，毕业后经考试升入大学本科。另外还有东大夜校专修科，政法、数理专修科，招收在职公教人员。

清华悬而不决，东大求贤若渴，梁启超审时度势后，来不及征求儿子的意见，当机立断替思成做了应聘东北大学的决定。

1928年，梁氏夫妇还在欧洲游学的时候，东北大学的聘书就寄到了梁启超手里。东大开出的待遇十分优厚，系主任梁思成月薪800元（亦有考证说合同中规定的月薪是265银圆），教员林徽因月薪400元，是新聘教授中薪水最高的。

梁启超慈爱细心的续弦王姨（原来是李夫人的陪嫁丫鬟）早就为他们收拾好了东四十四条北沟沿23号的新房，他们举行了庙见大礼，又到西山祭谒了李夫人墓。梁启超见爱子满面黑瘦、头筋涨起的风尘憔悴之色，老大不高兴。休息几天后，看到儿子脸上恢复了原来的样子，才算放下心来。林徽因的到来，给这个家庭添了许多喜气，不但博得长辈的喜欢，就连梁启超在信中屡次提到的“老白鼻”（old baby）小儿子思礼也整天黏着二哥二嫂。梁启超原本还担心在外读了几年书的思成变成阴沉的“书呆子”，现在看到儿子学问长了，活泼开朗的本性并没有磨损半分，大大放了心。

欢聚的日子总嫌不够长，东大开学的时间已经很近了。梁思成先行北上，林徽因回福建老家接母亲和二弟林桓，把他们安顿在东北，也带了堂弟林宣到东大建筑系就读。在福州时，林徽因受到父亲创办的私立法政专科学校的热情接待，并应了当地两所中学之邀，作了《建筑与文学》和《园林建筑艺术》的演讲。

新风气

东北大学的开学典礼如期举行。

2000多名师生，队伍齐整，在堡垒形的大礼堂前面的广场上站成一座森林的方阵。鼓乐队奏起了雄浑的音乐，乐声飘卷着松涛柳浪，如大海的波涛澎湃汹涌。

校长张学良将军一身戎装，胸前披挂着金色的绶带，英气逼人，立于主席台正中，副校长刘凤竹、文科学长周守一、法科学长臧启芳、工科学长高惜冰站立两旁。他们身后的一排是张学良亲自募聘的名流学者：数学家冯祖荀，化学家庄长恭，机械工程学家刘化洲、潘成孝，新开设的建筑系主任梁思成，美学教授林徽因和文法学院聘请的名教授吴贯因、林损、黄侃等。

东大建筑系刚刚建成时只有两名教员，有40多个学生，他们也和其他院系一样完全采用西式教学，大家集中在一间大教室，座席不按年级划分，每个教师带十四五个学生。

林徽因是年24岁，教授美学和建筑设计课。她年轻活跃，知识渊博，谈吐直爽幽默，非常受学生欢迎。她还经常把学生带到昭陵和沈阳故宫去上课，以现存的古建筑作教具，讲建筑与美的关系。多年后，她的学生还能记起这名初出茅庐的教授给他们上的第一堂课。

第一次讲课，林徽因就把学生带到沈阳故宫的大清门前，让大家从这座宫廷建筑的外部进行感受，然后问：“你们谁能讲出最能体现这座宫殿的美学建构在什么地方？”

学生们热烈地讨论起来，各抒己见。有的说是崇政殿，有的说是大政殿，有的说是迪光殿，还有的说是大清门。

林徽因听大家发表完看法，微笑着提示说：“有人注意到八旗亭了吗？”

梁思成、林徽因测绘沈阳北陵。

学生们看着毫不起眼的八旗亭，困惑地看着林徽因。

林徽因说道："它没有特殊的装潢，也没有精细的雕刻，跟这金碧辉煌的大殿比起来，它还是简陋了些，而又分列两边，就不那么惹人注意了，可是它的美在于整体建筑的和谐、层次的变化、主次的分明。中国宫廷建筑的对称，是统治政体的反映，是权力的象征。这些亭子单独看起来，与整个建筑毫不协调，可是你们从总体看，这飞檐斗拱的抱厦，与大殿则形成了大与小、简与繁的有机整体，如果设计了四面对称的建筑，这独具的匠心也就没有了。"

就着这个问题，林徽因给大家讲了八旗制度的创设。

她说："从大政殿到八旗亭的建筑看，它不仅布局合理，壮观和谐，而且也反映了清初共治国政的联合政体，它是中国宫廷建筑史上独具特色的一大创造。这组古代建筑还告诉我们，美，就是各部分的和谐，不仅表现为建筑形式中各相关要素的和谐，而且还表现为建筑形式和其内容的和谐。最伟大的艺术，是把最简单和最复杂的多样，变成高度的统一。"

林徽因讲课深入浅出，非常善于引导学生独立思考。在她教过的 40 多个学生中，走出了刘致平、刘鸿典、张镈、赵正之、陈绎勤这些日后建筑界的精英。她的学生当中还有堂弟林宣，晚年在西安冶金建筑学院担任教授。

因为刚刚建系，教学任务繁重，林徽因经常给学生补习英语，天天忙到深夜。那时她已怀孕，但她毫不顾惜自己，照样带着学生去爬东大操场后山的北陵。

沈阳的古建筑不少，清代皇陵尤其多。林徽因与梁思成在教学之余忙着到处考察，落日余晖下有他们欣赏古建筑的沉寂之美的身影；他们深入建筑内部细心测量尺寸，一个个数据都详细记录在图纸上。林徽因知道，建筑不仅仅是一门科学，也是一门需要感知的艺术。建筑师不能只会欣赏城市的高楼大厦，也要经得住荒郊野外的风餐露宿。而他们的建筑生涯，也才刚刚开始。

第一件设计作品

1929年1月，寒假还未开始，梁思成、林徽因就接到家里的急电，说是梁启超重病入住协和医院。两人匆匆收拾了一下，即刻赶回北平。

当夫妻俩心急如焚地赶回家时，得知梁启超已经住院快一个礼拜了。

林徽因和梁思成看到病床上的父亲已宛若暮年的老人，双目黯淡，脸上没有血色，喉中痰拥，亦不能言，见到儿子、儿媳也只能用目光表示内心的宽慰。

主治医师杨继石和来华讲学的美国医生柏仑莱告诉他们：梁启超的病已不大有挽回的希望了。刚住院时因咳嗽厉害，怀疑是肺病，经X光透视后，却没发现肺有异常，只是在血液化验中，发现了大量的“末乃利菌”，这是一种世界罕见的病症，当时的医学文献只有三例记载，均在欧美，梁启超是第四例。灭除此菌的唯一药剂是碘酒，而任公积弱过甚，不便多用，只好靠强心剂维持生命。

梁启超曾经患有尿血症，1926年3月，去协和医院检查时，医生发现右肾有一黑点，诊断为瘤。医生建议切除右肾，梁启超素来信奉西医，便听医生建议做了手术。但手术后病情没有丝毫缓解，大夫又怀疑病根在牙齿，于是连拔了八颗牙，尿血症仍不减；后又怀疑病根在饮食，梁启超被饿了好几天，仍无丝毫好转。医生只得宣布“无理由之出血症”。梁启超是名人，更重要的是当时西医刚刚引进中国，推崇之人极少，本就存在中医西医孰优孰劣的争论。两相叠加，梁启超的手术就引起许多口水战。一时间舆论大作，对西医的谴责和质疑占了大部分。

反对西医科学的声音甚嚣尘上，梁启超公开为西医辩护，文章最后特别声明：“我们不能因为现代人科学知识还幼稚，便根本怀疑到科学这样东西。”

那么，梁启超真的认为协和医院的诊治是完全正确的吗？答案是否定的。他对院方的诊治同样抱有怀疑，但医院始终对他含糊其词。直到他找到著名西医伍连德帮忙才了解到一些真实情况。1926 年 9 月 14 日梁启超写信给孩子们，告诉他们现在已经证明协和医院确实是“孟浪错误”了。

梁思成和林徽因这才明白，梁启超之所以公开为协和医院辩白，并不是害怕和之前的言论自相矛盾。他是不想因为自己的个案，就阻断了作为“科学”象征的西医在中国的发展。虽然牺牲了自己，但可以让后世万千国人享受到西医的科学成果——这位维新派大人物的病，是在替众生病。

徐志摩匆匆从上海赶来探望老师，也只能隔着门缝看上两眼。他望着瘦骨嶙峋的梁启超，禁不住涌出眼泪。林徽因告诉他：“父亲平常做学问太苦了，不太注意自己的身体，病到这个程度，还在赶写《辛稼轩年谱》。”

采用中药治疗一段时间，梁启超的病情竟然略有好转。他不但能开口讲话，精神也好了些。梁思成心里高兴，就邀了金岳霖、徐志摩几个朋友到东兴楼饭庄小聚，之后又一起去老金家探望他母亲。老金住在东单史家胡同，那是借凌淑华家的小洋楼。一进门庭，就看见地下铺的红地毯，那是新月社的旧物。大家触物伤情，忆起新月社当年的意气风发和现在的寥落，很是感慨了一番。

1 月 17 日，梁启超病情再次恶化。医生经过会诊，迫不得已决定注射碘酒。第二天，病人出现呼吸紧迫，神智已经处于昏迷状态。梁思成急忙致电就职于南开大学的二叔梁启勋。当日中午，梁启勋就带着梁思懿和梁思宁赶到协和医院，梁启超尚存一点神智，但已不能说话，只是握着弟弟的手，无声地望着儿子儿媳，眼中流

位于天津河北区民族路的梁启超故居

出几滴泪水。

当天的《京报》《北平日报》《大公报》都在显著的位置报道了梁启超病危的消息。

1929年1月19日14时15分，梁启超病逝于协和医院。当晚，梁家向亲友发出了简短的讣告：家主梁总长任公于1月19日未时病终协和医院，即日移入广惠寺，21日接三。20日下午3时大殓，到场亲视者除其家属外，尚有任公生前朋辈胡汝麟、王敬芳、刘崇佑、蹇念益等数十人。接三后举行佛教葬礼，仪式新旧参半，灵柩安葬于西山卧佛寺西东沟村，与李夫人合葬。长子梁思成和儿媳林徽因设计了墓碑。他们没想到，这竟然是毕业后的第一件设计作品。

墓碑采用花岗岩材质，高2.8米，宽1.7米，碑形似榫，古朴庄重，不事修饰。正面镌刻“先考任公政君暨先妣李太夫人墓”，除此之外再无任何表明墓主生平事迹的文字。这也是梁启超的遗愿。

直到40多年后，梁思成从为他治病的医生那里得到了父亲早逝的真相。因为梁启超是名人，协和医院安排了著名的外科教授刘大夫主刀肾切除手术。病人进了手术室后，值班护士用碘酒在肚皮上做的记号出错了。刘大夫手术时没有仔细核对X光片，误将健康的肾切除。这一重大的医疗事故术后不久就被发现了，医院当即将之当成“最高机密”隐瞒起来。不久后刘大夫辞去协和医院的工作，到国民党政府的卫生部当政务次长去了。

梁启超少年得意，被称为神童，维新变法失败后流亡日本，回国后曾做北洋政府的财务总长，后期闭门著述，成学问大家。称赞他的人说“过去半个世纪的知识分子，都受了他的影响”（曹聚仁），“他的功绩实不在章太炎之辈之下”（郭沫若），“为吾国革命第一大功臣”（胡适）；也有贬损痛骂者言“梁贼启超”（康有为），“有极热烈的政治思想、极纵横的政治理论，却没有一点政治办法，尤其没有政治家的魄力”（周善培）。梁启超本人对这些评价了然于胸：“知我罪我，让天下后世评说，我梁启超就是这样一个人而已。”

最能概括梁启超一生的评价，于儿媳妇林徽因看来，莫过于沈商耆的挽联：

三十年来新事业，新知识，新思想，是谁唤起？

百千载后论学术，论文章，论人品，自有公平。

白山兮高高，黑水兮滔滔

开学后，林徽因和梁思成回到东大。

理工学院是东北大学教学和生活环境最好的一所学院，巍峨的白楼耸立于沈阳北陵的前沿，校门前浑河川流不息，学院的教学条件很好，图书、仪器格外充实，学生宿舍富丽堂皇，教授的住宅是每人一套小洋房。

1929 年夏季，林徽因、梁思成在宾夕法尼亚大学读书时的同窗好友陈植、童寯和蔡方荫应夫妇二人的邀请来到东北大学建筑系任教。几个老同学再次相聚，除了一起讨论建筑，切磋教学，下了班也会聚在梁家喝茶聊天，纵谈国事，日子过得非常充实。

建筑系的教学逐渐走上正轨，几个老同学便商量着能做点更有创造性、更有价值的事，“梁、陈、童、蔡营造事务所”就这么成立了。事务所不仅搞研究，也承揽建筑工程。时逢吉林大学筹建，事务所包揽了总体规划、教学楼和公寓楼的设

1929 年梁思成（右二）、陈植（右中）等在东北大学教职员宿舍前合影。

计，后来还设计了交通大学在辽宁锦州开办的分校校舍、沈阳郊区的“萧何园”等建筑。林徽因没有挂名，但事事参与。她的主要研究方向是古建筑学，建筑规划和设计只是她的副业，留下的作品不多。她和梁思成一起设计的“萧何园”应该是她最初的实践。

东大改组后张学良亲任校长，公开悬赏征校歌。最终，刘半农填词，赵元任作曲的歌曲被选中了：

白山兮高高，黑水兮滔滔；有此山川之伟大，故生民质朴而雄豪；地所产者丰且美，俗所习者勤与劳；愿以此为基础，应世界进化之洪潮。沐三民主义之圣化，仰青天白日之昭昭。痛国难之未已，恒怒火之中烧。东夷兮狡诈，北虏兮骄骁，灼灼兮其目，霍霍兮其刀，苟捍卫之不力，宁宰割之能逃？惟卧薪而尝胆，庶雪耻于一朝。唯知行合一方为责，无取乎空论之滔滔，唯积学养气可致用，无取乎狂热之呼号。其自迩以行远，其自卑以登高。爱校、爱乡、爱国、爱人类，期终达于世界大同之目标。使命如此其重大，能不奋勉乎吾曹，能不奋勉乎吾曹。

这首校歌带有强烈的时代印记，倾注了诗人刘半农面对即将沦丧于列强的东北山河的忧虑痛心，对学子的期望和鼓励。忧国之心，期望之情，跃然纸上。现在的东大校歌仍然是以这首歌为基础，精简而成。

1929 年是东大六周年校庆，张学良将军携夫人于凤至女士进入会场并登台讲话。随后，在教育学院潘美如的指挥下，全校 2000 多名学生合唱《东北大学校歌》。一首歌，唱沸了 2000 多颗激昂的心。师生们群情激奋，他们仿佛听到了血液在脉管里汩汩奔流的声响。

随后，张学良公开悬赏征集东大校徽。最终，林徽因设计的“白山黑水”图案中标。它的整体图形是一块盾牌，正上方是“东北大学”四个古体字，中间有八卦中的“艮”卦，同样代表东北，正中为东大校训“知行合一”，下面两只猛兽——狼和熊面对巍峨耸立的白山和滔滔黑水虎视眈眈，象征列强环伺，形势紧迫。校徽构思巧妙，很好地呼应了校歌内容。

林徽因怀抱女儿梁再冰。

得知徽因的作品被选中，几个老同学到梁家又是一番庆贺。

惬意的生活仍然蒙着一层阴影，而且有越来越沉重的趋势。各派势力争夺地盘，时局混乱，社会治安极不稳定，“胡子”时常在夜间招摇而过。太阳一落山，“胡子”便从北部牧区流窜下来。东大校园地处郊区，“胡子”进城，必经过校园，马队飞一样从窗外飞驰而过。此时家家户户都不敢亮灯，连小孩子都屏声静气，不敢喧哗。梁家一帮人聊到兴致正好的时候，也只能把灯关掉，不再出声。林徽因在晚上替学生修改绘图作业，时常忙碌到深夜，有时隔窗看一眼，月光下“胡子”们骑着高头骏马，披着红色斗篷，很是威武。别人感到紧张，林徽因却说：“这还真有点罗曼蒂克呢！”

这年7月，林徽因产期已近，借暑假之机，梁思成陪同林徽因返回北平。8月，林徽因在协和医院生下大女儿，取名梁再冰，意在纪念离世不久的祖父——梁启超的书房名曰“饮冰室”，他的著作叫《饮冰室文集》。

宝宝的第一声啼哭，引爆了窗外一片嘹亮的蝉鸣。从此，两颗心就像漂泊的风筝被这根纯洁的纽带系在一起，再也无法分开。

花海记忆

北平的香山，春花烂漫，肆无忌惮地张扬着生气。若不好好游玩畅饮，实在愧对于自然的恩赐。

但林徽因却是来养病的。

人间春色，万物生长，山中景致更是迷人，植物是会说话的。那一捧落英是消得人憔悴的痴恋。虽是病着，但这难得悠闲的好时光，也让林徽因感到舒心畅快。

在静心养病的日子里，林徽因重拾往日心情，复诵着早已烂熟于心的天成佳句，在宁静的夜晚独自伏案写作。她早年最出名的诗歌和小说，大多是这期间写下的。

花瓣凋落，有人拾起那时的情怀，她能做的，唯有珍藏。

花海之中不知是谁许下的期盼。

则为你如花美眷，似水流年。

香山静养

林徽因与母亲何雪媛、丈夫梁思成、女儿梁再冰拍于1930年。

渴望纯粹之人，总愿意自己像植物一样生长于人世间，安静美好中带着孤独骄傲，就像王维诗中所写：行至水穷处，坐看云起时。背负着沉重的行囊奔走红尘，行色匆匆却不问为何，亦不知哪一天会停留。当你我以为一生长远得望不到头，回首之时却仿若昨天。人的一生恰似午后至黄昏的距离。月上柳梢，茶凉言尽，一切便可落幕。

1930年末，徐志摩应胡适的邀请，到北京大学任教。旧历年前，返回南方过春节。在家时，徐志摩意外地收到了林徽因从北平寄来的照片。照片上的林徽因躺在病床上，很没精神。相片背面题了一首诗。旧历初三，徐志摩就回到了北平。他以为林徽因、梁思成已回沈阳，抱着试试看的心情到了梁家，夫妻俩仍在家中。

林徽因病得更厉害，脸瘦得吓人，只能看见一对大大的眼睛。梁思成也是满面愁容。

“怎么啦？”他问梁思成。

“徽因病了。”梁思成叹了口气，疲倦又无奈。“前些天，她陪人到协和医院看病，让一个熟悉的大夫看见了，就拉着她进去作了X光检查，一看说是肺结核，目前只能停止一切工作，到山上去静养。”

林徽因的病是旧疾，但多半也是累出来的。

东北大学建筑系还处在婴儿期，教学任务繁重，而林徽因又是个在工作上不能出一点问题的“偏执狂”，她觉得一件事情要么就不干，要么就干好。可是哪件事情能丢下不干呢？她是教师，备课总要精细负责吧；课还要讲得有深度，可不能让学生没有收获，觉得无聊；对英语水平不高的学生，更不能落下；建筑系学生要交绘图作业，学生的作业老师能不给认真批改么……

这还不是全部，回到家里，林徽因是个小女孩的妈妈，孩子病了得细心照看；孩子学说话了，也得花时间耐心地陪着她。

为人妻为人母的林徽因，同时也是何雪媛的女儿。有些家务事是不能假他人之手的，即便是妈妈也不行，况且又是何雪媛那样的妈妈。何雪媛年轻时就不懂治家，年纪大了更学不会。帮不上忙就好了，有时候还会添乱。光宝宝（梁再冰的小名）的吃喝拉撒这件事，母女俩就常常会起争执。林徽因讲科学，听医生说的，不能给小孩穿太多，何雪媛却说东北这样冰天雪地的，不捂着点儿还不得冻出病来？林徽因想让宝宝练习爬行，何雪媛就嚷嚷开了，这丁点孩子穿这样厚的衣服，身子骨还不得被压坏啦！林徽因想锻炼孩子学会等待，何雪媛又会说，你这不是存心要弄哭孩子吗！这种鸡毛蒜皮的争执，一次两次都无伤大雅，林徽因撒撒娇，叫几声“娘！”就过去了。但次数一多，何雪媛就有怨气了，说林徽因心气儿高，嫌弃自己。林徽因纵是觉得委屈，但只要梁思成稍微流露出一点对何雪媛的不满，她立刻就会勃然大怒。后来丈夫也学乖了，凡是丈母娘做得不好的，千万别跟林徽因提；只要丈母娘做对一件事，就要在林徽因面前使劲夸奖。

外表优雅温婉的林徽因，脾气却相当急躁。据她的一个学生回忆，东大建筑系有绘画课程，有一回上素描课，画石膏像，有个男生翻来覆去也画不好，林徽因耐心指导了一阵子，男生也不得要领，急得她脱口而出：“这简直不像人画的！”那男生羞愤交加，一气之下转了系，后来在另一个专业做了教授。

梁思成和妻子在一起，大多时候都是温和、谦让的，朋友们干脆赠给他“烟囱”这个绰号。但日子一长，事情一乱，梁思成这“烟囱”也有堵了的时候。特别是梁启超重病的那段时间，东大教务缠身，不能守在医院尽孝，一些不知情的长辈总是责备梁思成，他就会特别烦躁。虽然在生活琐事上，梁思成总是尽到“烟囱”的职责，但有时候两人争论起专业问题，梁思成就会用知识分子特有的固执对林徽因寸步不让，最后难免演变成家庭战役。

梁思成不管怎么小心翼翼，大概是生着病的缘故，林徽因的脾气不可避免地变得更坏。她生性要强，永远有忙不完的事，身体又不好，一旦心有余而力不足就忍不住发火。她发火不会歇斯底里，但语言暴力更让人受不了。她说的伤人的话，都是用英文，但即使是英文，何雪媛也知道夫妻俩是在吵架以及吵架程度的严重性。因为林徽因发火的时候，并没什么激动的神色，但那冷冰冰的眼神让人心情跌倒谷底。

林徽因自己也清楚自己的弱点，什么事情到她这里都会被放大。因为求好心切，争强好胜，烦躁的感觉自然加倍。什么事情都想做好，凑在一起就成了平方，像大雪一样快要把她给淹没了。

不顺心的事好像总喜欢赶在一起凑热闹。1930 年秋天，梁启超去世还不满一年，林徽因的肺病复发。这小时候的旧疾，好像生怕林徽因还不够烦似的，赶在这时候发作了。林徽因躺在东大教师宿舍里，下不了床，望着窗外沸沸扬扬的雪花发愣。忽听得丈夫喜悦的声音："徽因，看看哪个远客来看你了？"

林徽因恹恹地抬眼瞧去，脸上顿时亮了。虽然被厚厚的围巾遮了大半张脸，但那长脸形，瘦长的身子，不是徐志摩又是谁？

徐志摩听说林徽因病得严重，也劝说她听丈夫和医生的话好好养病。林徽因这次不得不乖乖听话，因为自己的身体实在是不行了。1931 年春天，林徽因千不愿万不愿地去了香山静养。陪伴她的除了梁思成，还有母亲和宝宝。

杏花云的期盼

大抵是看多了繁华事态，想要一些安静与纯粹。尝试着改变自己，努力减去繁复，单薄亦是完美；努力摒弃浮躁，视清凉为超脱。生命虽然脆弱，但也固执，谁也不能删改情节或是结局。只是有一天，我们都会回归宁静，因为那是生命的本真。

香山总是和晚秋联系在一起，那满山的红叶妖娆热烈，一如惊世骇俗的恋情在燃烧。

一天一地粉白色的水在流动，这水，漫过所有的空间，没有堤岸，没有限制。孟春的杏花，就是以这样的热烈，宣谕着对这个季节的统治。这是香山的春。

与秋不同，这春天没有刺目的火红，但从娇柔中透出的生命的暗涌有一种令人迷惑的美。这其实是一种不安分的颜色，它会让人更多地想到生命最深处的骚动，它不能给人一种真正的满足，沿着不断上升的阶梯，在没有涯际的包罗万象的深沉之中，去接近严肃与崇高。作为一种脆弱的红，在肉体和精神的意志上，却具有一种奋起的因子。

早春的空气是湿润的，方便绿叶嫩芽随时喝水；阳光也是温和有加，这样游人就不必对着美景眯起眼睛了。树啊花啊草啊，攒了一冬天的劲儿都在比赛似的抽着新芽新骨朵。一晃眼，香山就成了花的海洋。桃花、杏花、海棠、迎春织成的云海浮动着。夹杂其间的绿意却显得宁静而平和，它淹没在那脆弱而汹涌的薄红浅黄中，得到了像在某种单纯颜色上的休息，一种自我满足的安静，角落里的牡丹芍药急急地展示着身姿，它也不恼，腾出一小块舞台给它们去欢闹。它不向任何方向流动，似乎没有注入欢乐、悲哀和热情的感染力，它什么也不要求。

香山双清别墅

林徽因、徐志摩和林宣踩着石板小径，缓缓拾级而上，花雨落了满身。

林徽因为了养病，住在香山半坡上的“双清别墅”，这里淡雅幽静，亭映清泉，竹影扶疏，金时称“梦感泉”，乾隆题刻“双清”，1917年，熊希龄在此建别墅而得其名。她将在这里度过一个漫长的花季。

徐志摩微笑道：“徽因，你还有什么可抱怨的呀？这山中的花儿，我辈奔走世俗，为稻粱谋，哪有缘观赏啊？”

林徽因笑答：“香山是山珍海味，但是吃多了也腻呢！”

说话间，他们走到了一处缓缓的斜坡，林徽因穿着高跟鞋，却兴致勃勃地想要往下走。徐志摩和林宣赶紧一人一边扶着她的胳膊，“架”着她走到斜坡下面的平地上。

那里挤着密密的海棠、杏树，远看开得正盛，近看才发现花期将尽，更兼昨夜风雨，地上铺了一层落英，数不尽的白的粉的花瓣静静地受着春风的轻抚，又好像在用最后的力气凝视着被雨水洗刷明净的天空。她们就要进入泥土了，什么话都没有留下。

三人注视着这残缺的美，若有所思地沉默了半晌。

良久，林徽因率先打破沉默：“你们说，这些落地的花瓣都会结果吗？否则，她们绚烂开过的意义又在哪里呢？”

“不会结果又有什么关系呢？”徐志摩轻声回答，“绚烂开过了，美丽过了，存在过了，这就是它的意义。对于所有美好的东西来说，结果永远不是最重要的——结果只有在商人和政客那里才是最重要的。”

林徽因对林宣笑道：“弟弟你看，跟诗人说话可得小心，一不小心就被他看扁了。”

徐志摩和林宣异口同声：“你现在不也是女诗人吗？”

林徽因嗔怪道：“我可不会沾了徐大诗人的一点灵气就自诩女诗人，我只是个女病人！”

“徽因，你不是沾我的灵气，你本身就是很有才气的诗人，真的！我没有奉承你！时间会证明的，我的那点浊气，跟你相比，简直是天与地……”徐志摩的语气热烈而真诚。

两人不知不觉讨论起诗歌来了。林宣在旁边当忠实听众。

据林宣回忆，每次徐志摩上山看望林徽因，都由林宣作陪，住的是香山的甘露旅馆。梁思成极尽地主之谊，旅馆费用都是他付的。每天，林宣和徐志摩吃了早饭就去林徽因的住处，晚上回旅馆。

徐志摩每次来看林徽因，都会带一些诗集给她，雪莱、勃朗宁、拜伦……这些曾经充满了他们的英伦时光的美丽诗句，再度将他们包围，时光好像亦跟着倒流了。他们热切地谈论着诗，也写诗，沉浸在诗歌的世界里，忘了时间和空间。林徽因令人心焦的肺病，烦琐的家务事，徐志摩“走穴”般的讲课，捉襟见肘的经济状况，陆小曼的任性……他们几乎不提起这些消极的话题。

诗歌还是那些诗歌，但此时的徐志摩已经不是当年那个意气风发的青年了。那几年，他正在度一生中最凶险的桥。世界上唯有两件事是痛苦，求而不得，求而得。徐志摩以前大概不明白，现在是彻底知晓了。十年前，他爱慕林徽因而不得，痛苦；十年后，他娶了陆小曼，又知道原来得到也是苦。这个求得的并不是自己原先追求的，忽然之间，她就变得面目全非。陆小曼仍然美丽，仍然娇媚，但是不一样了，全不是那么回事了。

徐志摩和陆小曼热烈浪漫的恋爱，到了最后终成泥淖，与他原先期望的大不相同。他曾经以为陆小曼会是他的归宿，她会像热恋时那样看他写诗，鞭策他，给他源源不断的灵感。但现在他的妻子整日笼罩在鸦片烟的烟雾中，渐渐模糊了身影。

可是谁能不心疼呢？鸦片烟解救不了陆小曼，徐志摩是知道的，他不是没设法子令她振作。他总是一遍遍劝她少抽烟，少打牌。但陆小曼充耳不闻，她甚至觉得丈夫没有结婚前那么浪漫了，对她管头管脚，不让她打牌，不让她抽鸦片烟，真是拘束。

如果时间能够倒流，也许他不会向那个十六岁的女中学生吐露原配妻子的土气、婚姻的压抑，更不会向她那么热烈地告白。就像十年后的现在似的，把一切不如意都埋在心底，不要流露出分毫，只给她，和她的丈夫轻快的氛围和舒心的笑颜，这不是最好的么？

很多个寂静的夜，徐志摩沐浴着冷冷的月光，遥望着香山的方向，也许还有山中的她，写下了著名的《山中》：

庭院是一片静，
听市谣围抱，
织成一地松影
看当头月好！

不知今夜山中，
是何等光景：
想也有月，有松，
有更深的静。

我想攀附月色，
化一阵清风，
吹醒群松春醉，
去山中浮动；

吹下一针新碧，
掉在你窗前；
轻柔如同叹息——
不惊你安眠！

这首诗写在徐志摩生命的最后一年。很多人都认为这首诗表达了一种对昔日恋人、今日好友的超乎友情又异于爱情的细腻情怀。但他还是陆小曼的丈夫，他深爱她，也知道外界对他和林徽因之间的“浮言”，所以他有责任对妻子做出解释：

至于梁家，我确是梦想不到有此一番；况且此次相见与上回不相同，半亦因为外有浮言，格外谨慎，相见不过三次，绝无愉快可言。如今徽因偕母挈子，远在香山，音信隔绝，至多等天好时与老金、奚若等去看她一次。（她每日只有两个钟头可见客）。我不会伺候病，无此能干，亦无此心思，你是知道的，何必再来说笑我。

（爱眉小札（之二），1931 年 3 月 7 日自北平。）

6 月 12 日，徐志摩、罗隆基、凌淑华、沈从文，再次同去香山看望林徽因。

林徽因的病情又有些加重，刚刚发了 10 天烧，人也显得疲乏。老友们看到她这副模样，心情也跟着沉重起来。

徐志摩这次上山，带了英国唯美派作家王尔德等人的著作和新出版的第三期《诗刊》给徽因。《诗刊》上发表了他的新作《你去》，徐志摩曾在信中说，这首诗是为她而写的。

你去，我也走，我们在此分手；
你上哪一条大路，你放心走，
你看那街灯一直亮到天边，
你只消跟这光明的直线！
你先走，我站在此地望着你，
放轻些脚步，别叫灰土扬起，
我要认清你远去的身影，
直到距离使我认你不分明，
再不然我就叫响你的名字，
不断的提醒你有我在这里，
为消解荒街与深晚的荒凉，

目送你归去……

不，我自有主张
你不必为我忧虑；你走大路，
我进这条小巷，你看那棵树，
高抵着天，我走到那边转弯，
再过去是一片荒野的凌乱：
有深潭，有浅洼，半亮着止水，
在夜芒中像是纷披的眼泪；
有石块，有钩刺胫踝的蔓草，
在期待过路人疏神时绊倒！
但你不必焦心，我有的是胆，
凶险的途程不能使我心寒。
等你走远了，我就大步向前，
这荒野有的是夜露的清鲜；
也不愁愁云深裹，但须风动，
云海里便波涌星斗的流汞；
更何况永远照彻我的心底；
有那颗不夜的明珠，我爱你！

下山的时候，徐志摩没交代什么，只是亲了亲宝宝的小脸儿。

徽因送他们到一座山的弯口处，徐志摩回过头去，徽因还定定地站在那里。

满山的杏树已结出了累累青果，那是代替一片落英成长的新生命。

谁爱这不息的变幻

山间春色开启了林徽因封尘已久的诗情，她为此写下许多曼妙的诗篇。对于习惯奔忙的她而言，这清净好似一种修行。怎见浮生不若梦，但我们不能为此就沉浸梦中，虚度春风秋月。人活一世，即使不求惊天动地，也还是留下些什么为好，让活着的人有迹可循，哪怕只是简单平凡的故事亦算一种功德。

5月15日，徐志摩叫上张歆海、张奚若夫妇，到香山看望林徽因。

徽因在香山静养了两个月，气色明亮不少，不像重病时那么瘦骨嶙峋了。见到他们高兴得像个小孩子，直说："你们看我是否胖一些了？这两个月我长了三磅呢。"

张歆海的夫人韩湘眉说："看你的脸让太阳晒的，简直像个印度美人了。"

大家全都笑起来。

吃过茶，一行人就去游山。从双清别墅到半山亭，从西山晴雪到弘济寺，这一路上说说笑笑，不觉已近中午，便去弘济寺吃素斋。张歆海不知怎么的看上了寺旁的一块大石头，对徐志摩说："志摩，你看这个神鸡石是公鸡还是母鸡？"

林徽因笑道："当然是母鸡了，你看它尾巴下有个石洞，人都说这是一只神鸡，每天下5个鸡蛋，乡亲们都叫它下蛋石啊！"

张奚若却认定那是公鸡："你看它的脖子高高扬着，还有它的冠子，哪像个母鸡的样子！"

张歆海说："母鸡就不能把头昂得高一点？人家生了蛋，也该骄傲一下嘛。你看我家的湘眉，生了孩子，一天比一天神气！"

"别胡说八道。"韩湘眉嗔道，"还是让徽因读读她写的诗吧。"

林徽因说："好久没有这样开心了，我一个人在山上，真是闷死了。诗倒是写了不少，可不好给你们拿出来，就给你们读读我那《一首桃花》吧。"

桃花，
那一树的嫣红，
像是春说的一句话：
朵朵露凝的娇艳，
是一些
玲珑的字眼，
一瓣瓣的光致，
又是些
柔的匀的吐息；
含着笑，
在有意无意间，
生姿的顾盼。
看，——
那一颤动在微风里，
她又留下，淡淡的，
在三月的薄唇边，
一瞥，
一瞥多情的痕迹！

一首诗颂罢，引来老友们的交口称赞。

韩湘眉说："真是太好了，看来我们是来晚了，没见上那一树桃花。"

张奚若说："士别三日，当刮目相看。林小姐成了大诗人啦！你在《诗刊》上那组诗我也读了，写得蛮有味道嘛！"

林徽因笑说："学长过奖了，还不是志摩催稿子，硬逼出来的，生涩得很。"

徐志摩被"攻击"，并不辩白，而是高兴地说："徽因的诗，佳句天成，妙手得之，是自然与心灵的契合，又总能让人读出人生的况味。这《一首桃花》与前人的‘记得绿罗裙，处处怜芳草’是同一种境界。”

在香山养病的那段时光，林徽因接触最多的就是诗歌，读得最多的自然是徐志摩送她的诗集，和徐志摩谈论得最多的也是诗。熟读唐诗三百首，不会作诗也会吟，更何况林徽因本身就有天然的诗人的灵气。静谧的香山，刚好唤起了她体内潜藏的诗意的因子。1931年4月，林徽因在《诗刊》第二期发表了处女作《谁爱这不息的变幻》，此后又接连发表《那一晚》《仍然》《笑》《深夜里听到乐声》。

谁爱这不息的变幻，她的行径？
催一阵急雨，抹一天云霞，月亮，
星光，日影，在在都是她的花样，
更不容峰峦与江海偷一刻安定。
骄傲的，她奉着那荒唐的使命：
看花放蕊树凋零，娇娃做了娘；
叫河流凝成冰雪，天地变了相；
都市喧哗，再寂成广漠的夜静！
虽说千万年在她掌握中操纵，
她不曾遗忘一丝毫发的卑微。
难怪她笑永恒是人们造的谎，
来抚慰恋爱的消失，死亡的痛。
但谁又能参透这幻化的轮回，
谁又大胆地爱过这伟大的变换？

《谁爱这不息的变幻》起点颇高，行文并无初出茅庐的稚拙之感。当时林徽因正肺疾缠身，在香山静养，但这首诗并没有流露出消极的情绪，而是间接表达了对世事无常的感悟——通过一系列的意象，譬如“急雨”“云霞”“日影”“花放蕊树凋零，娇娃做了娘”“河流凝成冰雪”“都市喧哗，再寂成广漠的夜静”“恋爱的消失，死亡的痛”等等。这首诗也被看成是林徽因初入诗坛的标志作品。

波动在世事沉浮中的情感，悲哀中绽放的微笑，是林徽因惯用的作诗手法，亦是她做人的珍贵之处。1936 年，林徽因在《大公报文艺副刊》发表了一篇随笔《究竟怎么一回事》，认为诗歌就是要抓住灵感，跟随潜意识和内心的情感，用语言文字把各种意象组合起来。

林徽因的诗意境优美，内容纯净，形式纯熟，语言华美而毫无雕琢之嫌。她的诗歌体现了新月派的美学原则：讲求格律的和谐、语言的雕琢美和音律的乐感。

后来，林徽因又陆续在天津《大公报》《文学杂志》等刊物上发表了几十篇作品，其中包括诗歌 60 多首，小说 6 篇，还有散文、戏剧以及文学评论。林徽因并未刻意要成为一名作家，留下的文学作品并不多。但正因为如此，她的文字往往是有感而发，充满真挚的情感和天然的灵气，宛如山涧潺潺流淌着的溪水，比不上大海的波澜壮阔，却别有一番清丽动人。

林徽因的文学才华不仅得到徐志摩的欣赏，在当时也颇有影响力。她被北平女子文理学院聘请讲授《英国文学》课程，负责编辑《大公报文艺丛刊小说选》，同时担任《文学杂志》编委。她经常参加北平文学界读诗会等活动，1936 年，平津各大学及文化界发表《平津文化界对时局宣言》，向国民政府提出抗日救亡的八项要求，林徽因是发起人之一。

一代才女去世后，她的墓碑上镌刻的是“建筑师林徽因”，但对于仰慕她的无数人来说，还有一个不能忽略的身份，那就是“文学家林徽因”。

“八宝箱”之谜

那场灾难，世人唏嘘，但对逝者而言，又何尝不是一种解脱？只可惜有些人生就有掀起风浪的本事，消散之后亦能让世人为他消耗光阴，只因他用了短短一生，尝尽了很多人几辈子都尝不尽的爱恨嗔痴。

1931年11月19日，徐志摩遇难于飞机失事，一时间整个文艺界为之震动。一群诗文好友聚集在一起用各样方式怀念这位英年早逝的诗人。在追悼徐志摩之前，林徽因、胡适等人就商定设立徐志摩文学奖，建立徐志摩图书馆以及徐志摩纪念馆，以作为对老友永久的纪念。他们还打算搜集徐志摩的文字，出版徐志摩文集。在搜集过程中，林徽因和另一位女作家凌淑华发生了“康桥日记”的纠纷，人们习惯称之为“八宝箱”之谜。

陆小曼像。

所谓“八宝箱”，就是徐志摩留下的一只装有他的书信、遗稿和日记的箱子。其中亦有记载与林徽因之间的感情纠葛的文字。

1925年春天，徐志摩和陆小曼的恋情闹得满城风雨，他决定到欧洲旅行散心避风头。但他的日记和书信以及手稿等不便随身携带，便装进一只箱子，想找个合适的人代为保管。由于里面的东西涉及他和林徽

因早年的一段情缘，自然不能交给刚刚和他恋爱的陆小曼。徐志摩想到了另一位女性——北大外文系教授、文学理论家陈西滢的夫人，当时与林徽因处于同一层面上的小说家凌淑华。凌淑华曾在燕京大学上学，在徐志摩和陆小曼热恋之前，在新月社，她曾是徐志摩的“理想通讯员”，两人之间曾有书信来往，友谊深厚。

徐志摩业已往生，这“八宝箱”该留给谁呢？是原保管人凌淑华还是当事人林徽因，抑或徐志摩的遗孀陆小曼？

事实上许多朋友都知道这个“八宝箱”的存在，里面的内容也略知一二。徐志摩遇难后，凌淑华和林徽因都曾说志摩生前给予她们为自己写传记或保管书信的允诺。有些朋友，比如沈从文认为由凌淑华保管更为妥当。但胡适是他们这一群人中的“老大哥”，又与梁氏夫妇感情好，他更倾向于“八宝箱”应该交给林徽因。据目前存留的信件资料看，胡适应该是在第一时间（1931 年 11 月 27 日）从凌淑华那里拿到了“八宝箱”，打开后拿出或放入一些信件，然后于 11 月 28 日凌晨交到林徽因手中。

这年 12 月，新月社同仁为了编辑徐志摩全集而忙碌着。胡适写信给凌淑华，让她提供这批志摩交给她的遗稿，凌淑华 12 月 10 日复信说：

志摩于 1925 年去欧时，曾把他的八宝箱（文字因缘箱）交我看管，欧洲归，与

小曼结婚，还不要拿回，因为箱内有东西不宜小曼看的，我只好留下来，直到去上海住，仍未拿去。我去日本时，他也不要，后来我去武昌交与之琳，才算物归原主。……今年夏天，从文答应给他写小说，所以把他天堂地狱的案件带来与他看，我也听他提过（从前他去欧时已给我看过，解说甚详，也叫我万一他不回来时为他写小说），不意人未见也就永远不能见了。……前天听说此箱已落徽音处，很是着急，因为内有小曼初恋时日记二本，牵涉是非不少……日记内容牵涉歆海及你们的闲话(那当然是小曼写给志摩看的)，不知你知道不？

12月18日，胡适另写一信给凌淑华：

昨始知你送在徽音的志摩日记只有半册，我想你一定把那一册半留下做传记或小说材料用了。但我细想，这个办法不很好。……你藏有此两册日记，一般朋友都知道，……

所以我上星期编的遗著略目，就注明你处存两册日记。……今天写这信给你，请你把那两册日记交给我。我把这几册英文日记全付打字人打成三个副本，将来我可以把一份全的留给你做传记材料。

张幼仪、林徽因、陆小曼，甚至与徐志摩无感情关系的凌淑华，永不能脱开与他的干系。是他前世欠了她们，还是他是她们的债主？

早在12月6日，徐志摩的追悼会上，胡适提出出版徐志摩书信集的时候，凌淑华就受到了提醒。她手上原就存有一些徐志摩的信，“八宝箱”里的《康桥日记》也在手中，她想要再搜集一些，由自己编辑出版。所以，第二天她就到林徽因家征集书信。林徽因告诉她信在天津，不好马上收集，并且她希望凌淑华交出《康桥日记》。林徽因让凌淑华带走了“八宝箱”里两本陆小曼的日记。凌淑华不好明确拒绝，于是两人约定12月9日到凌淑华家取。

但是12月9日林徽因没有在凌淑华家里见到她，只得到留下的一封信，说是日记没有找到，这几天忙碌，要周末才有空寻找。

林徽因知道凌淑华有意拖延，气得一夜没睡。这就是12月10日、12月18日凌、胡二人通信辩论的原因。

凌淑华没有得到胡适的支持，只好于12月14日将半本《康桥日记》交给林徽因。林徽因把这半本和自己手上的一对比，发现日记不但少了，和自己手上的无法接上，这半册日记还残缺了四页。

林徽因只好再次向胡适求助。而胡适也确实是偏向林徽因的。他在28日写信给凌淑华催要日记，措辞虽然委婉，但字里行间的用意非常严厉。凌淑华不得已于1932年1月22日托人把《康桥日记》的完整的另外半册交给胡适，并附上一封信：

适之：

外本璧还，包纸及绳仍旧样，望查收。此时以后希望能如一朵乌云飞过清溪，彼此不留影子才好。否则怎样对得住那个爱和谐的长眠人！

你说我记忆不好，我也承认，不过不是这一次。这一次明明是一个像平常毫不用准备的人，说出话，行出事，也如平常一样，却不知旁人是有心立意的观察指摘。这有备与无备分别大得很呢。算了，只当我今年流年不利罢了。我永远未想到北京的风是这样刺脸，土是这样迷眼。你不留神，就许害一场病。这样也好，省得总依

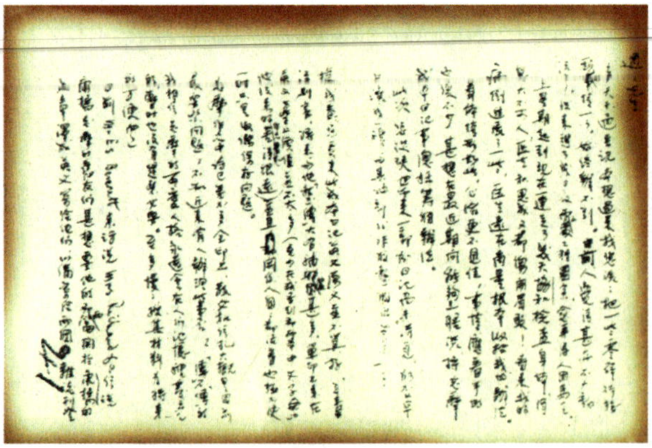

1932年春林徽因致胡适。

恋北京。问你们大家好。

半个世纪后的1982年10月15日，旅居伦敦的凌淑华致信陈从周，旧事重提，信中说：

这情形已是三四十年前的了！说到志摩，我至今仍觉得我知道他的个性及身世比许多朋友更多一点，因为在他死的前两年，在他去欧找泰戈尔那年，他诚恳地把一只小提箱提来叫我保管，他半开玩笑地说：你得给我写一传，若是不能回来的话（他说是意外），这箱里倒有你所需的证件。……不意在他飞行丧生的后几日，在胡适家有一些他的朋友，闹着要求把他的箱子取出来公开，我说可以交给小曼保管，但胡帮着林徽音一群人要求我交出来（大约是林和他的友人怕志摩恋爱日记公开了，对她不便，故格外逼胡适向我要求交出来），我说我应交小曼，但胡适说不必。他们人多势众，我没有法拒绝，只好原封交与胡适。可惜里面不少稿子及日记，世人没见过面的，都埋没或遗失了。

1983年5月7日，凌淑华再次致信陈从周，对上信所讲到的史实作了补充说明：

前些日收到赵家璧来信，并寄我看他写纪念志摩小曼的一文，内中资料（为志摩传）提到当年志摩坠机死后，由胡适出面要求朋友们把志摩资料交他的事。其实那时大家均为志摩暴卒，精神受刺激，尤其是林徽音和他身边的挚友，都有点太过兴奋。我是时恰巧由武汉回北京省亲避暑，听到志摩坠机，当然十分震动悲戚。……志摩去欧之前（即翡冷翠前），他巴巴地提着他的稿件箱（八宝箱），内里有向未给第二人读过的日记本及散文稿件（他由欧过俄写回原稿件等）多搭，他半开玩笑地说："若是我有意外，淑华，你得给我写一传记，这些破烂交给你了！"我以后也问过他几回，要不要把他的八宝箱拿走，第一次是我离开北京到日本去一二年……在去日之前，我问过志摩要不要拿走他的箱子，他不来拿。

我们二年后由日本回，西滢应武大之聘，我又问志摩要不要他的箱子，他大约因上海的家，没有来取。

至于志摩坠机后，由适之出面要我把志摩箱子交出，他说要为志摩整理出书纪念。

我因想到箱内有小曼私人日记二本，也有志摩英文日记二三本，他既然说过不要随便给人看，他信托我，所以交我付存，并且重托过我为他写“传记”，为了这些原因，同时我知道我交胡适，他那边天天有朋友去谈志摩的事，这些日记恐将滋事生非了。因为小曼日记内（二本）也常记一些是是非非，且对人名一点不包含，想到这一点，我回信给胡适，说我只能把八宝箱交给他，要求他送给陆小曼。以后他真的拿走了。

日来平心静气地回忆当年情况，觉得胡适为何要如此卖力气死向我要志摩日记的原因，多半是为那些他热衷政治，志摩失事时，凡清华北大教授，时下名女人，都向胡家跑，他平日也没有机会接近这些人，因志摩之死，忽然胡家热闹起来，他想结交这些人物，所以得制造一些事故，以便这些人物常来。那时我蒙在鼓中，但有两三女友来告我，叫我赶快交出志摩日记算了。我听了她们的话，即写信胡适派人来取，且叮嘱要交与小曼。但胡不听我话，竟未交去全部……

那时林徽音大约是最着急的一个，她也同我谈过，我说已交适之了。

20世纪30年代的林徽因。

当然这只是凌淑华站在自己的角度的看法，当事人中的三位在当年都早已作古，无法为自己辩驳什么。林徽因亦对凌淑华存有怨言，她曾在1932年元旦和正月初一两次写信给胡适，详细讲述了她和凌淑华关于《康桥日记》的矛盾，并认为“这一桩事的蹊跷曲折，全在淑华一开头便不痛快——便说瞎话——所致”。

据后来卞之琳的文章说，林徽因将这两本日记一直保存到她生命的最后一刻。

林徽因到底为何对《康桥日记》这么执念呢？里面真的有林徽因和徐志摩之间恋爱或者对诗人有所承诺的“罪证”么？

对于想要得到《康桥日记》的原因，林徽因自己的解释是“好奇”，“纪念老朋友”，至于是否真有“销毁罪证”的动机，恐怕世人无法知晓了。《康桥日记》没有公开发表的原因，林徽因在之后写给胡适的一封信中说，是因为“年青的厉害”，“文学上价值并不太多”，况且当事人大多健在，这些日记在当时出版是不合时宜的，也不急着用这些材料写传记。

徐志摩“八宝箱”中的遗稿，陆小曼将其中两本日记整理后，以《爱眉小札》和《眉轩琐语》为题发表。

然而，徐志摩的碑文凌淑华一直没有写来，直到1948年，才由他的同乡——浙江省教育厅长张宗祥题写，算是安慰了长眠在荒烟蔓草间那颗孤独的灵魂。

也许人的命运，不论肉身是否在世，都是注定要走上相同的道路吧？徐志摩生前和三位女性纠缠不清，死后仍能掀起女人们的“战争”。张幼仪、林徽因、陆小曼，与他无感情关系的凌淑华，永不能脱开与他的干系。是他前世欠了她们，还是他是她们的债主？《康桥日记》早已灰飞烟灭，一如那消散在康河雾霭中的英伦之恋，消散在十里洋场乐声中的你侬我侬。历史也许并不如烟，即使无法改变，也早已说不清，道不明了。

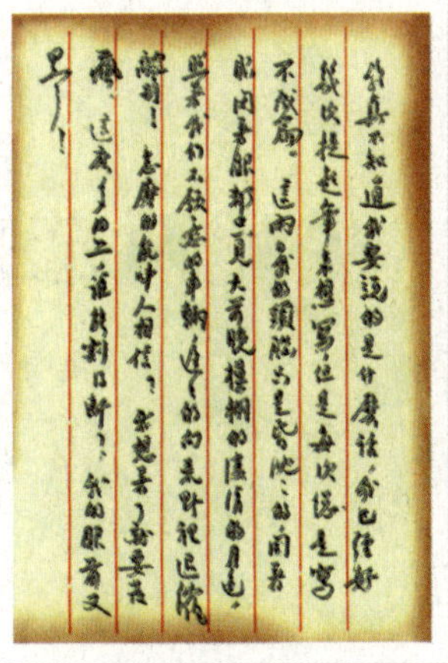
我真不知道我要說的是什麼話，我已經好幾次提起筆來想寫，但是每次總是寫不成篇。這兩日我的頭腦只是昏沉沉的，開著眼閉著眼都只見大前晚模糊的淒清的月色，照著我們不願意的車輛，遲遲的向荒野裡退縮。離別！怎麼的能叫人相信？我想著了就要發瘋，這麼多的絲，誰能割得斷？我的眼前又黑了！

恩厚之保存下来的徐志摩1924年5月20日写于车上来不及交给林徽因的书信手迹。

生死两茫茫

死亡。

有谁不害怕面对他？那黑色的长袍一张开，一个鲜活的生命便不复存在。那死去的人，再不知痛苦，而活着的人，还要煎熬着。

人的一生，没有不经历生离死别的，突如其来的离别总是让人措手不及。人生何处不相逢，但有些转身，真的就是一生，从此后会无期，永不相见。

人存在于世，又是多么艰难。无论内心有多坚强，在死亡面前总是软弱无力。平静安稳的日子里亦会害怕，害怕至亲至爱之人先我而去。这种巨大的悲伤，自诩坚硬之人就能轻易承担吗？多希望每个人都可以活到白发苍苍，等一切夙愿了结，再从容地微笑着死去。可人生的转弯处总有这样那样的劫数冲出来，过不了那道最难的坎，就只能坠落山崖，粉身碎骨。

纵是你风华绝代，那悲剧也要瞅准了空子落在你头上。

然每一次变故都是人生的转弯。这一生总有那么一些人，是过河时必须投下的石子，寒夜旅途中的薪火，是晚归照明的街灯。但这些人终将成为过客。就是自己，有一天也要将生命交还给岁月。那时候，孤帆远影，又将飘向何方？

没有你的世界，没有我的世界，落在别人眼里，又是何种模样？

轰然倒塌的天空

林徽因头一次面对死亡，是在7岁那年，祖母游氏的仙逝。虽是早慧早熟，但再怎样说也只是一孩童，至多跟着大人们懵懵懂懂流几行眼泪罢了。切肤之痛的死亡，却是来自父亲林长民。

林徽因的父亲林长民。

当时林徽因和梁思成还是宾夕法尼亚大学的学生。入学不到一个月，梁思成母亲李夫人病逝。李夫人去世不久，梁思成接到父亲梁启超的信，讲林叔叔要去奉军郭松龄部做幕僚，他不听朋友劝告，乱世之中，安危莫测。

林徽因心急如焚。

令人忧心的消息不断从大洋彼岸传来。报上有消息说：郭松龄在滦州召集部将会议，起事倒戈反奉，通电张作霖下野，并遣兵出关。又有消息说：郭军在沈阳西南新民屯失利，郭部全军覆没。

林徽因在坐立难安中总算盼到了家书，是梁启超写给梁思成的：

我现在总还存在万一的希冀，他能在乱军中逃命出来。万一这种希望得不著，我有些话切实嘱咐你。

第一、你自己要十分镇静，不可因刺激太剧，致伤自己的身体。因为一年以来，我对于你的身体，始终没有放心，直到你到阿图利后，姊姊来信，我才算没有什么挂虑。现在又要挂虑起来了，你不要令万里外的老父为着你寝食不安，这是第一层。徽因遭此惨痛，唯一的伴侣，唯一的安慰，就只靠你。你要自己镇静着，才能安慰她，这是第二层。

第二、这种消息，看来瞒不过徽因。万一不幸，消息若确，我也无法用别的话解劝她，但你可以将我的话告诉她：我和林叔叔的关系，她是知道的，林叔的女儿，就是我的女儿，何况更加以你们两个的关系。我从今以后，把她和思庄一样看待，在无可慰藉之中，我愿意她领受我这十二分的同情，度过她目前的苦境。她要鼓起勇气，发挥她的天才，完成她的学问，将来和你共同努力，替中国艺术界有点贡献，才不愧为林叔叔的好孩子。这些话你要用尽你的力量来开解她。

林徽因看了这封信，心上依然坠着那块沉甸甸的石头。实际上，自从她赴美留学那天开始，她就在为父亲担惊受怕。这种情绪伴随着林徽因的成长，年纪越大，这片乌云就压得越低，简直快让她成了惊弓之鸟。

小的时候，林徽因是不怎么喜欢父亲的，或者说，她不喜欢和父亲聚少离多的那种相处方式。父亲永远在自己看不见的地方忙忙碌碌。家里有这么大的宅子，生活处处安逸方便，父亲为什么不爱留在家中呢？小徽因对祖父提出过疑问，林孝恂摇头叹气，说："名教叛徒，你爹是名教叛徒啊！"等林徽因长大后才知道，那一年（1909 年），林长民从早稻田大学政治经济专业毕业回国，清政府为了笼络留学生，特别开设廷试考核他们，通过者便可获得进士。林长民拒绝参加廷试，以致林孝恂大动肝火。

在徽因幼小的记忆中，父亲经常带她去大嘉山南麓拜谒南宋爱国将领李纲墓，父亲教她背诵的第一首诗，是文天祥的《过零丁洋》："人生自古谁无死，留取丹心照汗青。"并且随着年岁的增长，林徽因也从父亲那里明白了什么叫"君子有所为，有所不为"。林长民为了自己的政治理想，并非只是参与，也有不断地拒绝。拒绝参加廷试只是一个开端罢了。

虽然林长民没有参加廷试，但已在留学界享有名望，得不少督抚垂青。林长民回到家乡担任福建省咨议局书记长兼福建官立法政学堂教务长，创办福建私立法政学堂，后来，这所学堂发展为福建学院、福建大学，培养出不少人才。

1911 年武昌起义爆发后，林长民出任中华民国临时参议院议员，参与订制《临时约法》，后又被推为临时参议院秘书长、众议院秘书长。

袁世凯窃取辛亥革命果实成为大总统后，1912 年 8 月，同盟会改组为国民党。1913 年 5 月，林长民、汤化龙、刘崇佑等人创立的民主党与共和党合并为进步党，拥戴梁启超为党魁，林长民为政治部长。进步党在国会中的势力仅在国民党之下。袁世凯与国民党决裂后，极力拉拢进步党和林长民。林长民敏锐地预判到袁世凯复辟帝制的企图，毅然离去。

后来，林长民入阁段祺瑞政府担任司法总长，梁启超担任财政总长。不久后，拥护袁世凯复辟的军阀张镇芳为逃避治罪，用十万巨款贿赂林长民，希望特赦，林断然拒绝，并由此拒绝一切说客，辞去官职。事后林长民治了一枚闲章，曰“三月司寇”，意为当了 3 个月的司法总长。

1918 年第一次世界大战结束，外交总长陆徵祥奉派出席巴黎和会。时任总统的徐世昌为此特设外交委员会，聘林长民为委员会委员兼事务主任。10 月，人在巴黎的梁启超致电林长民，日本将继德国仍享有霸占青岛的特权。林长民连夜撰写短文《外交警报警告国民》，发表于 5 月 2 日北京《晨报》，疾呼“胶州亡矣！山东亡矣！国不国矣”。这篇文章成为导火索，全国同胞的激愤被点燃了。二天后就爆发了划时代的“五四运动”。与上次拒绝受贿一样，林长民再次辞官，当月 25 日便卸任外交委员会委员，在职 5 个月。

1920 年，林长民携长女林徽因以国际联盟同志会成员的名义前往欧洲游历。

林徽因在英国上学时，林长民还给她讲起自己的政治抱负，他谈起在上海与汤

化龙、张嘉森组建“共和建设讨论会”，后组成民主党；他谈起与梁启超一起，组织“宪法研究会”，总是眉飞色舞，仿佛又回到了那叱咤风云的年代。只是在谈起他在段祺瑞政府当了 3 个月的司法总长时，却感慨万千，心中似有不平块垒，他怅然自己的政治抱负无法得以实现。他曾对徽因说过：“爸这条潜龙，迟早有一天还要飞到空中去，只是需要一个风云际会的时机。”

1921 年，林长民回国后立即与梁启超、蔡元培一道向政府建议恢复国会，制定宪法。总统黎元洪采纳了这一建议，并任命林长民为宪法起草委员会委员长。1923 年 10 月，林长民主持制定的宪法刚刚由小组会三读通过，直系军阀曹锟以每张选票五千元的高价贿选总统，林长民断然拒绝。曹锟贿选成功，登上大总统宝座，林长民被迫避祸天津，生活窘困，不得已靠卖字维持生计。但他并无怨尤，更不后悔，自题打油诗曰：“去年不卖票，今年来卖字。同以笔墨换金钱，遑问昨非与今是。”

彼时林徽因早已懂事，她深深明白父亲是为什么而坚持，又是为什么而放弃。在父亲心目中，宪法的制定和实施是救国的唯一出路。有一线希望，便要孜孜以求。

1924 年，段祺瑞重掌北京政权，林长民再次受命担任宪法起草委员会委员长，并终于主持起草了一部宪法，最大限度地反映了他的政治观点，这是他一生中最后一次主持制定宪法。他厌烦了动荡的局势，这部宪法实际上是自己从政生涯的一个了结。他告诉女儿，第二年他将“谢绝俗缘，亲自教课膝前子女”，回复“书生逸士的生涯”。

1925 年林长民接到奉军将领郭松龄的邀请密函，后者深受少帅张学良信任，手握奉军精锐部队，他看不惯张作霖和日本人勾结，遂决定自立门户。为网罗政治人才，郭通过各种途径向林长民发出邀请。为表诚意和迫切，他不等林长民应承，就派出专列在京恭候三天。

林长民经过一番犹豫之后接受了邀请。1925 年 11 月 30 日午夜，林长民乘坐专列离开北京。在他还未抵达东北时，郭松龄已在滦州起兵，并将所部队伍改名为“东北国民军”。郭松龄这期间发出了一些脍炙人口的电文，皆出自林长民之手。最初东北国民军进军顺利，后来因为日本关东军暗中破坏，加上内部回归奉军的旧部，内忧外患的夹击，局势急转直下。

林徽因战战兢兢地关注着大洋彼岸的局势，郭松龄兵败的消息一传来，她就有了不祥的预感，紧接着是林长民死于流弹的传言。徽因咬紧牙关让自己镇静，一遍遍祈祷着奇迹发生，希望父亲平平安安回家，从此远离乱世，永不涉足混乱的梦魇一般的政坛。

林徽因在雪池胡同家里。

所谓奇迹，就是十之八九实现不了的期望。消息终于来了，却是兜头泼下的冷水：

初二晨，得续电又复绝望。昨晚彼中脱难之人，到京面述情形，希望全绝，今日已发表了。遭难情形，我也不必详报，只报告两句话：（一）系中流弹而死，死时当无大痛苦。（二）遗骸已被焚烧，无从运回了。……徽因的娘，除自己悲痛外，最挂念的是徽因要急煞。我告诉她，我已经有很长的信给你们了。徽因好孩子，谅来还能信我的话。

我问她还有什么话要我转告徽因没有？她说：“没有，只有盼望徽因安命，自己保养身体，此时不必回国。”我的话前两封信都已说过了，现在也没有别的话说，只要你认真解慰便好了。

如果说李夫人的病逝对梁思成来说，就像天空永远塌陷了一角；与父亲永诀，对林徽因来讲，是整个天空的轰然倒塌。

不久，林徽因也接到了叔叔林天民的信和寄来的报纸。她从《京报》《益世报》《大公报》《盛京时报》等报刊上知道了父亲亡故的详细经过。东北国民军全线失守后，郭松龄遂宣告他率一部突围，同夫人韩淑秀、幕僚饶汉祥、林长民及卫队乘马车向锦州方向奔逃，在行至新民县西南四十五里苏家窝棚时，被穆春师、王永清骑兵追上，郭松龄带领卫队进入村中，凭借村舍进行抵抗，卫队死伤过半，林长民被流弹击中，后来又被认为是日本人而焚烧了尸体，死于沈阳西南新民屯。郭松龄夫妇藏于民家菜窖中，后被搜出押往辽中县老达镇，25日被押至距老达镇五里许的地方枪杀。

林徽因放下手中的报纸，已是泣不成声。

林长民一生两袖清风，家中积蓄不多，遭此变故，林家定是大乱。林徽因挂念着母亲和弟妹，也没有太多时间悲哀，只急着回国。但梁启超频频电函劝阻，说是福建匪祸迭起，交通阻隔，容易出意外。林徽因就想回国考清华官费或者休学一年在美国打工，解决留美经费问题，又被准公公阻止。梁启超写信给梁思成："徽因留学总要以和你同时归国为度。学费不成问题，只算我多一个女儿在外留学便了。"

当时梁家的经济也不宽裕，梁启超准备动用股票利息救急。虽然林徽因尚未过门，但梁启超早已把她看作梁家的一员，对徽因多了一份舐犊之情。同时，他也尽心照料林家老小。梁启超写信给朋友说："彼身后不名一文，孀稚满堂，饘粥且无以给，非借赈金稍微接济，势且立濒冻馁。"梁启超为此四处奔波筹集赈金，筹建"抚养遗族评议会"为林家集资。虽然因为集资有限，评议会不了了之，但毕竟耗费了大量心力，实属难能可贵。

林长民去了，殉了自己的道——宪政。而女儿林徽因，一夜长大。

这个林徽因生命中最重要的男人，用他的死给她上了与众不同的最后一课。追求理想必将付出代价，这代价可能是旁人的非议、攻击，亦可能是自己的性命。林长民生前不曾为己辩解，死后，林徽因也没有为父亲申诉半句。因为，任何人不可能像女儿那样了解自己的父亲。林徽因以一个平辈人的身份理解着林长民，理解他的坚持，懂得他的放弃，亦懂得他的"圆滑"，懂得他的选择，这样足矣。

不带走一片云彩

梁实秋眼中的徐志摩，太单纯，以为理想可以托住他飞在云端，但最终在现实中折了翅膀。当初飞得多高，最后便跌得多痛。今时今日，有关他的一切爱和恨，围绕于他身边的众多形象，都被嵌进了“民国”这一相框，安放于各自的位置。只是无论何时，赤子般纯情的理想，哪怕实现的方式再不现实，也总能从时代烟尘中透出光亮来。

林徽因在香山休养半年之后，身体基本复原。下山那天，徐志摩、沈从文、温源宁等陪了梁思成去接她。并在北京图书馆办了一桌宴席，给林徽因接风。见徽因神采飞扬，无丝毫病容，徐志摩十分高兴。但当徽因问他近况，却只听得一声长叹。

徐志摩与陆小曼合影。

徐志摩最近颇不顺遂，前段时间母亲去世，父亲徐申言与儿子撕破了脸，也没有允许陆小曼戴孝。在北平，他只身住在米粮库胡同四号胡适的家中，也多亏了胡大哥和江冬秀的照应。他在两所大学讲课，月薪差不多有600元，仍然不够陆小曼挥霍。徐志摩为了赚更多家用，疲于奔命，身体也不好了，不是感冒就是闹肚子。只顾着挣钱，一些朋友也疏远了。当时，陆小曼在上海开支不够，正巧徐志摩的朋友蒋百里要卖掉一间大屋，让他来上海在契约上签个字，做个中介，可以分得一笔“中佣钱”贴补家用。这些斯文扫地的铜臭俗事，怎么好跟林徽因提起呢。

宴席结束的时候，一群朋友拉上他们去看京戏，徐志摩对林徽因说：“过几天我回上海一趟，如果走前没有时间再来看你，今天就算给你辞行了。”

林徽因说：“11月19日晚上，我在协和小礼堂，给外国使节讲中国建筑艺术。”

“那太好了，”徐志摩高兴地说，“我一定如期赶回来，做你的忠实听众。”

11月19日晚上，协和小礼堂灯火通明，座无虚席。十几个国家的驻华使节和专业人员济济一堂，听林徽因开设的中国古典建筑美学讲座。林徽因身着珍珠白色毛衣、深咖啡色呢裙款款走上讲台。在场的人纷纷惊叹起这位中国第一代女建筑学家的年轻和美丽。

林徽因上台后，下意识地环视了一下全场，没有看到那张期待中的面孔。上午她曾接到徐志摩由南京打来的电报，讲他将搭乘“济南号”飞机到北平，下午3点派辆汽车到南苑机场去接他。梁思成租了一辆汽车去南苑机场，结果等到4点半，人仍未到，汽车只好又开了回来。来协和礼堂之前，她跟梁思成说：“志摩这人向来不失信，他说要赶回来听我的讲座，一定会来的。”

11月11日，徐志摩回到上海，一进家就和陆小曼吵了一架。这次回来，他给小曼带来不少画册、字帖、宣纸、笔墨，满心指望小曼能够改掉恶习，沉浸在艺术氛围中，造就一番事业，没想到小曼一如故我。志摩不想把关系弄僵，只好探访故友，消愁解闷。

第二天早晨，徐志摩去拜访好友刘海粟，中午在罗隆基家吃了午餐。15日，他的学生何家槐又来看他，两人兴奋地谈了一天。因他一心想着赶回北平，听林徽因的讲座，感到无论如何也要在17日离开上海。

徐志摩临走前，陆小曼问他：“你准备怎么走呢？”

“坐车。”徐志摩回答。

陆小曼说：“你到南京还要看朋友，怕19日赶不到北平。”

徐志摩说：“如果实在来不及，我就只好坐飞机了。”

陆小曼央求道：“不要坐飞机罢。坐火车，权当省费用。”

“你知道我多么喜欢飞啊，你看人家雪莱，死得多么风流。”

其实小曼不知道，坐飞机反而比坐火车省钱。徐志摩的朋友保君健在航空公司当财务主任，常常给他免费机票。

“你不要瞎说。”小曼不知怎的有点害怕。

“你怕我死吗？”

“怕什么！你死了大不了我做风流寡妇。”

18 日凌晨，徐志摩提着箱子匆匆出门了。他要乘早车到南京去。

在火车上，徐志摩买了一张报纸，报纸上正好登载着北平戒严的消息。他担心赶不上林徽因的演讲，又因为张学良在南京，便决定也许可以搭乘他的“福特”专机去北平。于是下车后他先到张歆海家去问情况。

当徐志摩赶到张歆海家时，张歆海夫妇和朋友到明孝陵灵谷寺去玩了。于是他便去金陵咖啡馆吃茶，然后到在硖石长大的同窗好友何竞武家闲坐。何竞武跟他说，张学良现在还在北平，他的飞机一时半会儿到不了南京。徐志摩着急了，手伸进衣兜里，突然触到一张硬纸片，他这才想起原来手上还有一张保君健送他的免费机票。他说：“我明天搭乘邮件飞机，当天准能赶到北平。”

何竞武说：“邮件飞机明早八点起飞，我家离飞机场很近，今晚你就睡在这里吧。”

晚上九点钟，徐志摩又去了张歆海家一趟。等到十点多夫妇二人回来了，老朋友们开心地拥抱问候。韩湘眉注意到徐志摩穿着一件又短又小、腰间破着一个洞的西装裤子，徐志摩转过来转过去想寻一根腰带，引得大家大笑，他自我解嘲地说，那是临行仓促中不管好歹抓来穿上的。又说了一阵笑话，韩湘眉忽然问：“Suppose Something Happens Tomorrow？”

徐志摩伸出手，笑说：“我的生命线可长呢！”

韩湘眉又说：“志摩，说正经话，总是当心一点好，驾机的是中国人，还是外国人？”

“不知道，没关系，I always want to fly.”徐志摩不在意地回答。

韩湘眉又问：“你这次乘飞机，小曼说什么没有？”

“她说我要出了事，她做风流寡妇！”

“All widows are dissolute.” 杨杏佛打趣说。

老友们都被逗笑了。他们谈论着朋友，谈起国事和文化界的轶事，谈起徐志摩在北平的生活，一直到深夜才依依惜别。

11 月 19 日上午 8 点之前，徐志摩同何竞武一起吃过早点，又拍了封简短的电报给林徽因，便登上了由南京飞往北平的“济南号”飞机。这是一架司汀逊式 6 座单叶 9 汽缸飞机，1929 年由宁沪航空公司管理处从美国购入，马力 350 匹，速率每小时 90 英里，在两个月前刚刚换了新机器。飞机师王贯一是个文学爱好者，徐志摩搭乘他的飞机，他非常高兴，说：“早就仰慕徐先生大名，这回咱们可有机会在路上好好聊一聊了。”

副机师叫梁璧堂，他跟王贯一都是 36 岁，与徐志摩同龄。

飞机起飞时，蓝天白云，一派万里晴空，看样子是个好兆头。

徐志摩感到惬意。他特别喜欢坐飞机，飞在空中，他觉得自己像挂在夜空中闪亮的星星一样。不再是一个地球上的凡人，万物众生，悲欢离合都是那么的渺小。在这样的时刻，灵魂能飞离闹市，飞过高山大湖，就像徐志摩在《想飞》中写的那样：

是人没有不想飞的，老是在这地面上爬着够多厌烦，不说别的。飞出这圈子，飞出这圈子！到云端里去，到云端里去！哪个心里不成天千百遍的这么想？飞上天空去浮着，看地球这弹丸在太空里滚着，从陆地看到海，从海再看回陆地。凌空去看一个明白——这才是做人的趣味，做人的权威，做人的交代。这皮囊要是太重挪不动，就掷了它，可能的话，飞出这圈子，飞出这圈子！

10 点 10 分，飞机降落在徐州机场。徐志摩忽然感到疼得厉害，他在机场写了封信给陆小曼，不拟再飞。10 点 20 分，飞机又将起飞，他看看天气晴朗，心想再坚持一下，便能赶到北平，如约去听林徽因的讲座，他又转身钻进了机舱。

11 月 19 日，林徽因直到演讲结束也没有等到徐志摩。回到家中，梁思成告诉她徐志摩未回到北平。他已给胡适打过电话，胡适也很着急，他也怀疑途中有变故。

1931年11月20日《北京晨报》刊发了一条消息：

京平北上机肇祸，昨在济南坠落！

机身全焚，乘客司机均烧死，天雨雾大误触开山。

济南十九日专电：十九日午后二时中国航空公司飞机由京飞平，飞行至济南城南州里党家庄，因天雨雾大，误触开山山顶，当即坠落山下。本报记者亲往调查，见机身全焚毁，仅余空架，乘客一人、司机二人全被烧死，血肉焦黑，莫可辨认。邮件被焚后，邮票灰仿佛可见，惨状不忍睹……

林徽因和梁思成赶到胡适家中，胡适声音嘶哑地说："我这就到中国航空公司去一趟，请他们发电问问南京公司，看是不是志摩搭乘的飞机出事了。"

中午时，张奚若、陈雪屏、孙大雨、钱端升、张慰慈、饶孟侃等人都来到胡适家中打听情况，电话铃声响个不停。

胡适回来了。他带来的消息打碎了大伙儿最后一丝侥幸。南京公司已回电，证实出事的是徐志摩搭乘的"济南号"飞机，南京公司今天早晨已派美籍飞行师安利生赶往出事地点，调查事实真相。

林徽因被钉在椅子上，全身的血液从头顶倾泻到脚底，又从脚底倒灌回天灵盖。她两眼一黑，失掉了知觉。

醒来之后，她感觉眼前是一团闪动的火光，脑中翻搅着徐志摩的《想飞》中的那几句话："同时天上那一点子黑的已经迫近在我的头顶，形成了一架鸟形的机器，忽的机沿一侧，一球光直往下注，砰的一声炸响——炸碎了我在飞行中的幻想，青天里平添了几堆破碎的浮云。"

是早有预感吗？预感到自己会这般幻灭，不声不响，连一个招呼都不打地走了？

下午，《北京晨报》又发布了一篇号外：

《诗人徐志摩惨祸》济南二十日五时四十分本报专电：京平航空驻济办事所主任朱风藻，二十日派机械员白相臣赴党家庄开山，将遇难飞机师王贯一、机械员梁壁堂、乘客徐志摩三人尸体洗净，运至党家庄，函省府拨车一辆运济，以便入棺后运平，至烧毁飞机为济南号，即由党家庄运京，徐为中国著名文学家，其友人胡适由北平来电托教育厅长何思源代办善后，但何在京出席四全会未回。

雨滴冷冷的，敲打在福缘庵的青瓦上，零星地唱着挽歌。这座小庵原来是个卖窑器的店铺，院子里堆放着大大小小的坛坛罐罐。徐志摩的遗体就放在庵内入门左边贴墙的一侧。负责整理遗容的是在济南中国银行工作的一位姓陈的办事人。徐志摩穿着当地传统的蓝色的绸布长袍，上罩一件黑马褂，头戴红顶黑绸小帽。左额角一个李子大小的洞露了出来，这是他的致命伤。他的眼睛微微张开，鼻子略微发肿，门牙已脱落，静静地躺着。这是那个为爱、为理想燃烧灵魂，永远渴望自由飞翔的诗人徐志摩。

梁思成、金岳霖、张奚若 3 人，11 月 22 日上午 9 时半赶到济南，在齐鲁大学会同乘夜车到济的沈从文、闻一多、梁实秋、赵太侔等人，一起赶到福缘庵。梁思成带来一个希腊风格的小花环，这是林徽因亲手编织的，徐志摩的照片嵌在中间。照片上是徐志摩年轻的面孔，一双明亮的眼睛好像随时要诉说着情怀。人生渺茫，人如沧海一粟，只能在命运的波浪中摇摆，不知何时才能靠岸。而这场凄风苦雨，更让人感到无限悲凉。

徐志摩与陆小曼婚后居所。

下午5时，徐志摩的长子徐积锴和张幼仪的哥哥张嘉铸，从上海赶到济南，朱经农夫妇也来了，晚8时半，灵柩装上了一辆敞篷车，将由徐积锴、张嘉铸、郭有守等人，护送回沪。徐志摩的灵柩运到上海万国殡仪馆，上海文艺界在静安寺设奠，举行追悼仪式。前来吊唁的人络绎不绝，大多是青年学生，他们排着队来瞻仰这位中国的拜伦。

北平的公祭设在北大二院大礼堂，由林徽因主持安排，胡适、周作人、杨振声等到会致哀。文化界的名人、故交纷纷题写挽联、挽诗和祭文。

蔡元培题挽联曰：谈话是诗，举动是诗，毕生行径都是诗，诗的意味渗透了，随遇自有乐土。乘船可死，驱车可死，斗室生卧也可死，死于飞机偶然者，不必视为畏途。

这大概算是对徐志摩一生最好的概括。

徐志摩去世以后，林徽因卧室中央墙上多了一块焦黑的飞机残骸。这是梁思成捡来的。他按照林徽因的嘱托，从事故现场捡来了这块“济南号”飞机残骸的一块小木板。这是徐志摩留给林徽因最后的念想。

朋友们都爱徐志摩，因着他的单纯、浪漫的理想。在那样一个纷乱的年代，他的浪漫和理想带给世人一个关于爱、自由、信仰的美梦。他的朋友们用各种各样的方式纪念他，称颂他，但就是这样一群朋友，在陆小曼说想要收集徐志摩的作品出版时，竟没有人愿意帮她。他们不回应，不是因为他们不爱徐志摩，或许仅仅是因为发起人是陆小曼。

朋友中的很多人都认为徐志摩的死和陆小曼脱不了干系。陆小曼的挥霍无度和任性令徐志摩的生活和精神状态都陷入危机，他不得不在北京上海乘飞机两地奔波，最终横死于飞机失事。所以陆小曼在徐志摩死后遭受到冷眼和指责。这样的女人要给徐志摩出文集，朋友们解不开心中的芥蒂。甚至，徐志摩的乡亲们也没有原谅陆小曼，他们不让她和自己的丈夫合葬。最终，她的一生光艳风流沉寂在苏州，与埋在硖石的徐志摩离得很远。

再别康桥

轻轻的我走了，
正如我轻轻的来；
我轻轻的招手，
作别西天的云彩。
那河畔的金柳，
是夕阳中的新娘；
波光里的艳影，
在我的心头荡漾。
软泥上的青荇，
油油的在水底招摇；
在康河的柔波里，
我甘心做一条水草！
那榆荫下的一潭，
不是清泉，是天上的虹
揉碎在浮藻间，
沉淀着彩虹似的梦。
寻梦？撑一支长篙，
向青草更青处漫溯，
满载一船星辉，
在星辉斑斓里放歌。
但我不能放歌，
悄悄是别离的笙箫；
夏虫也为我沉默，

徐志摩笔下的康桥。

沉默是今晚的康桥！

悄悄的我走了，

正如我悄悄的来；

我挥一挥衣袖，

不带走一片云彩。

徐志摩写下这首《再别康桥》，几年后，他真的如诗中所写，挥一挥衣袖，不带走一片云彩。并非所有人都相信命运，只是人生之不测，有时让人连分秒的挣扎都无从。人生有太多意外是我们无法预测、无力把握的，无法占卜未来，就只有默默承受苦楚。

不喜欢林徽因的人，因徐志摩的死，又多了一条罪名给她。倘若不参加她的演讲，又怎会发生这样的意外？也有更多的人，愿意把徐志摩的死当作一场惊心动魄纵身情海的殉身。仿佛只有这样，才足够回报他一生的多情，为他浪漫诗意的一生留下深情的绝笔。

徐志摩的一生，热烈而短暂，也似乎正应了那句天妒英才。三十多岁，留几段感情给后人评说，创一个文学流派供世人景仰，但他的墓碑上只刻着“诗人徐志摩”。诗人，是徐志摩一生的理想和全部的热情的灵魂所在，无须更多的解释，短短五字，已经给他的一生做了最浪漫的注脚。

硖石之伤

沉寂的黑暗，被昏黄的灯光切开一道伤口。月光温柔地悄悄滴落下来，想要为独自饮泣的夜晚止痛。

但是尚未愈合的伤再次被撕裂。火车喘息着穿过夜色，在一座小站稍作休整。

列车员喊一声：硖石！硖石到了，请到站的旅客下车。

林徽因从卧铺上跳下来，打开车窗。车窗外只有远山的黑影和近处的灯火。

硖石？徐志摩的硖石？

1934 年 10 月，林徽因、梁思成应浙江省建设厅的邀请，商议了杭州六和塔的重修计划，之后他们又去浙南武义宣平镇，考察了元代的延福寺，还在金华天宁寺发现一处元代的建筑，他们从延福寺月梁、棱柱和柱质等做法上考察，鉴定出它是元泰定三年（1326 年）的作品。

从梁思成的第二任妻子林洙的回忆录中可以看到林徽因缘木梯而上延福寺梁柱

徐志摩出生地——浙江海宁硖石镇。

的神情非常兴奋。梁思成和林徽因拍摄的延福寺中厅的照片风格古朴，这些资料对建立国宝人文档案非常重要。

他们都没有想到，在返回上海的途中会经过这么一个小站。

夜凉如水，小镇安静地伏在睡梦中。

梁思成拉了拉林徽因的手，轻声说："下去走走吧，有三分钟呢。"

站台上冷冷清清的。远处山影朦胧，黑的天幕上几颗星星孤独地明明灭灭，看起来像是相隔很近的样子，殊不知宇宙中隔着无数的光年。

镇子吝啬地不愿举出一盏灯光，只有稀稀落落的犬吠声和偶尔响起的更夫的梆子声，温暖着悠长的梦境。

也许你就睡在对面的山坡上，我的朋友，没有诗歌，没有音乐，你就那么睡在冷冷的夜里。你家乡的山水怜惜你，会在清晨为你捧上一缕晨光，小鸟也会为你唱一首歌。可是，我却等不到。在这个小站，火车只有三分钟的停留。也许你不知道，生命里的这三分钟，于我是多么残酷，它无意中把我推近了你，又粗暴地把我拉开，甚至来不及给你道一声问候。

但是你那么善良，那么热情，定然不会计较。你这不是来迎接我们了吗？那星子是你的眼睛，你的问候，也托给晚风捎来了。

伤逝是人类一种最复杂的情感。如果逝者的身后仍然是笼罩着被曲解、被误解的阴影，对于活着的朋友没有比这更让人伤心的了。

徐志摩去世三年，曲解和责难仍然围绕着他。一些人不知道，被他们有意无意伤害的，是一位一如既往对这个世界付出全部真诚和爱的诗人，不知道他的诗篇将会永远辉耀在中国的星空，他们总是习惯以自己认定的价值观去规范别人，不管是死去的，还是活着的，不管是陌生人，还是熟朋友。

在徐志摩遇难四周年的时候，林徽因写下《纪念志摩去世四周年》的散文发表在《大公报》上，为她的挚友鸣不平：

但是我却要告诉你，虽然4年了你脱离去我们这共同活动的世界，可是谁也不能否认，你仍立在我们烟涛渺茫的背景里。间接的是一种力量，尤其是在文艺创造的努力和信仰方面。间接地你任凭自然的音韵、颜色，不时的风轻月白，人的无定律的一切情感，悠断悠续地仍然在我们中间继续着生，仍然于我们共同交织着这生的纠纷，继续着生的理想。你并不离我们太远，你的身影永远挂在这里那里，同你生前一样的飘忽，爱在人家不经意时莅至，带来勇气的笑声也总是那么嘹亮，还有，经过你热情或焦心苦吟的那些诗，一首一首仍串着许多人的心旋转。

这四年中，说来叫人难受，我还未曾读到一篇中肯或诚实的评论，虽然对你的赞美和攻讦由你去世后一两周间，就纷纷开始了。但是他们每人手里拿的都不像纯文艺的天秤；有的喜欢你的为人，有的疑问你私人的道德；有的单单尊崇你诗中所表现的思想哲学，有的仅喜欢那些软弱的细致的句子，有的每发议论必须牵扯到你的个人生活之合乎规矩方圆，或断言你是轻薄，或引证你是浮奢豪侈！朋友，我知道你从不介意过这些，许多人的浅陋老实或刻薄处你早就领略过一堆，你不止未曾生过气，并且常常表现怜悯同原谅；你的心情永远是那么洁净；头老抬得那么高；胸中老是那么完整的诚挚；臂上老有那么许多不折不挠的勇气。

但是现在的情形与以前却有稍稍不同，你自己既已不在这里，做你朋友的，眼看着你被误解、曲解，乃至谩骂，有时真忍不住替你不平。

但你可别误会我心眼儿窄，把不相干的看成重要，我也知道误解、曲解、谩骂，都是不相干的，但是朋友，我们谁都需要有人了解我们的时候，真了解了我们，即使痛下针砭，骂着了我们的弱处、错处，那整个的我们却因而更增添了意义，一个作家文艺的总成绩更需要一种就文论文，就艺术论艺术的和平判断。

这篇散文不仅肯定了徐志摩的文学成就，也是林徽因作为一个心灵的认同者发出的赞赏和对外界的曲解的回击。

我承认写诗是惨淡经营，孤立在人中挣扎的勾当，但是因为我知道得太清楚了，你在这上面单纯的信仰和诚恳尝试，为同业者奋斗，维护他们的情感的愚诚，称扬他们艺术的创造，自己从未曾求过虚荣，我觉得你始终是很逍遥舒畅的。如你自己所说，"满头血水"的你"仍不曾低头"，你自己相信"一点性灵还在那里挣扎"，"还想在实际生活的重重压迫下透出一些声响来"。

简单地说，朋友，你这写诗的动机是坦白不由自主的，你写诗的态度是实诚、勇敢而倔强的。这在讨论你诗的时候，谁都先得明了的。

徐志摩位于海宁的故居。

我们的作品会不会再长存下去，就看它们会不会活在那一些我们从来不认识的人，我们作品的读者，散在各时、各处互不认识的孤单的人的心里的，这种事它自己有自己的定律，并不需要我们的关心的。你的诗据我所知道的，它们仍旧在这里浮沉流落，你的影子也就浓淡参差地系在那些诗句中，另一端印在许多不相识人的心里。朋友，你不要过于看轻这种间接的生存，许多热情的人他们会为着你的存在，而增加了生的意识的。

伤心的仅是那些你最亲热的朋友们和同兴趣的努力者，你不在他们中间的事实，将要永远是个不能填补的空虚。

作为诗人的徐志摩的一生，在林徽因的心中处处充满着诗意，诗意地活在这个世界上，爱、自由和美是他全部的灵魂，对诗歌的真诚和对世界的真诚，是徐志摩作为诗人的基本品格，而这种品格，正需要有人将之传承。

你走后大家就提议，要为你设立一个“志摩奖金”，来继续你鼓励人家努力诗文的素志，勉励象征你那种对于文艺创造拥护的热心，使不及认得你的青年人永远对你保存着亲热。如果这事你不觉到太寒冷不够热气，我希望你原谅你这些朋友们的苦心，在冥冥之中笑着给我们勇气来做这一些蠢诚的事吧。

诗人的心永远是一只方舟。他头顶上即使戴着花冠，也是用荆棘编织的。在他的全部生命中，他需要清算的不是别人的恶行，只是他自己的灵魂。

一声长鸣，火车驶离了硖石站。

黑夜再一次沉睡。那纯真的灵魂，再不会有谁来惊扰。

车轮震荡着铁轨，发出的“咣当咣当”的声响，在林徽因的耳朵里，全都是诗人热烈的诵读：火车擒住轨，在黑夜里奔：过山，过水，过陈死人的坟；就凭那精窄的两道，算是轨，驮着这份重，梦一般累坠。

生者和死者，就如同平行的铁轨，永不相交。

梁思成为林徽因披上一件外衣。她向丈夫投来一个感激的微笑。

忽然想起，今天竟然是11月19日，是徐志摩遇难三周年的忌日。正如生命里一切相同，人生中也有那么多偶然。一个偶然的机会，一个偶然的日子，又永远地留下一个偶然的相逢，尽管这相逢是匆匆的一瞥。

火车呼啸着在苍茫间奔腾。撞碎了又扑过来的，只是这沉沉的夜。等林徽因再次醒来，火车已经抵达上海站。

来接站的是留美的老同学陈植一帮人。久别重逢，他们十分高兴。在下榻处，竟日盘旋。以往谈笑风生、滔滔不绝的林徽因，这次却一反常态，默默无语。

陈植终于忍不住问：“徽姐这是怎么啦，怎么不讲话啦？”

林徽因说：“你以为我乃女人家，总是说个不停吗？”

梁思成说：“我们来时火车路过了硖石。”

于是大家都沉默了。

飞往天堂的战机

为了躲避战火，1937 年 8 月，林徽因一家离开北平前往天津，后辗转至昆明。林徽因就是在这里多了 8 个“弟弟”，她和这群“弟弟”的结识也颇具戏剧性。

从长沙前往昆明时，车行至湖南与贵州交界处的晃县，林徽因忽然得了肺炎，高烧不退，梁思成左扶着虚弱的妻子，右搀着岳母，还要照应着 9 岁的女儿和 6 岁的儿子，忙乱不堪，急需一个小旅馆安顿休整。但他们踏着泥泞走了几条街，也没能找到一个床位。好几班旅客滞留在这里，所有的旅馆都满员了。

林徽因烧到四十度，直打寒战，走到一间茶馆再也走不动了。但是茶馆老板嫌占了他的地方，又怕晦气，连打个地铺都不准，连连赶他们走。梁思成急得一个头两个大，小儿子又困又乏，已经倒在行李上睡着了。

正在梁思成急得团团转的时候，一阵优雅的小提琴声隐约飘入耳际。梁思成差点以为自己着急得幻听了，在这个偏僻之地，谁会演奏这么高雅的乐器呢？他侧耳细听，这次听清楚了，真的是小提琴！这拉琴的定是来自大城市，受过高等教育的文化人。也许他会发发善心帮他们一把也说不定。

梁思成怀抱着最后的希望，冒雨循着琴音，贸然敲开了传出琴声的旅馆的房门。优美的演奏戛然而止，梁思

成惊讶地看着眼前一群穿着空军学员制服的年轻人，一双双明亮的眼睛正流露着疑问的神色。梁思成硬着头皮说明了来意。青年们出乎意料地热情，立刻给他们腾出一个房间。交谈之下梁思成知道了他们二十来号人是中国空军杭州笕桥航校第七期的学员。在往昆明撤退的途中被阻在晃县，已经好几天了。

等林徽因一家子在昆明安顿下来后，这些意外结识的古道热肠的飞行学员也成了朋友聚会的座上宾。而且，作为航空学校第十期学员的林恒也奉命撤往昆明。这些年轻人在昆明都没什么亲戚，热心健谈的林徽因在他们看来就像姐姐一样。他们向她讲德国教官严酷的训练方式，倾诉他们对沦陷区的亲友的思念，分享在西南联大交到女友的快乐。

航校毕业的时间到了，梁思成和林徽因收到了一张请柬。这些学生的家人都在沦陷区，第七期毕业的八名飞行员的家长没有一个在昆明，因此校方邀请两人做他们的名誉家长，参加“孩子们”的毕业典礼。

那一天，夫妇俩早早就到了学校。梁思成坐在主席台上致辞，然后颁发了毕业证书，毕业生们还驾着战机做了飞行表演。林徽因看着这一张张兴奋年轻的面孔，默默地祈祷着，祈求战争永远不要带走她的弟弟们，这些鲜活的热情的生命。

然而祈祷是没有用的，战争的残酷不会饶过善良的人们。从1940年，梁思成和林徽因成为这八名学员的“名誉家长”以来，噩耗就像商量好了似的接踵而至。

1938年昆明巡津街9号，左起：金岳霖、王一鹏夫人、空军学员黄栋全、林徽因（跪姿）、联大学生何梅生及同学。

参加完毕业典礼，作为“家长”的梁氏夫妇等来的不是胜利的捷报，而是接二连三的阵亡通知书。

那位在雨夜拉小提琴的男孩叫黄栋全，可以说是林徽因的救命恩人了。他是学员中牺牲较早的一位，阵亡在昆明的战斗中。黄栋全死得特别惨，被击落后，尸体都找不全，梁思成去一块骨头一块肉地寻找拼凑尸体。他是名誉家长，学员一牺牲，阵亡通知书就都寄到家里去了。一封一封的阵亡通知书压得梁家人喘不过气。他们还未来得及为上一个“孩子”多洒几滴眼泪，后面的死讯又劈了下来。他们的心碎了又碎，直到成为粉末。

除了心碎，更多的是愤怒、屈辱和焦虑。因为，这些年轻的生命根本就是懦弱无能的政府的陪葬。当时国内的空军装备严重落后，远不能和日本侵略者相抗衡。空军作战使用的主要还是20世纪初的古董，一种帆布蒙皮，敞着驾驶舱的双翼战机，飞行员称这种飞机为“老道格拉斯”，又笨又慢，火力也很弱，和日军的飞机性能天差地别。空战中高度是制胜点，日军战机能一下子拉高，“老道格拉斯”就只能一圈一圈往上爬。如果侥幸占了优势而一次俯冲射击不中的话，就很难再有攻击机会，只能等着挨打。可悲的是，即使是这样，一些后勤部门的官员居然发国难财，盗卖零件汽油，使地勤工作全无保证，飞机经常故障。

淞沪抗战爆发以来，中国空军能参战的飞机已经所剩无几，飞行员甚至只能驾驶由民用飞机改装的战机，许多年轻的飞行员还来不及还击敌人就献出了生命。据说那时候空军由航校毕业到战死，通常寿命只有半年。

林徽因的9个飞行员弟弟中，最后一个牺牲的是林耀（林恒阵亡于1941年3月）。1943年的一个黄昏，第九封死亡通知书飞进了林家，林耀在衡阳保卫战中被敌机击落。由于中国军队仓促撤退，他的飞机和遗体都没能找到。一个那么明亮鲜活的生命，就这样消失了，就像从未来过。林徽因在病榻上翻看着这些孩子的遗照和日记，度过一个个被泪水浸透的漫漫长夜。

因为林徽因一家和这群飞行员特殊的情谊，每年的七七事变纪念日中午十二点，梁思成都要带领全家，在饭桌旁起立默哀三分钟，悼念所有认识和素不相识的抗日英魂。这三分钟是全家最肃穆的时刻。多年后，林徽因的儿子梁从诫数次写文章，专门回忆和悼念这几位飞行员烈士。

哭三弟恒

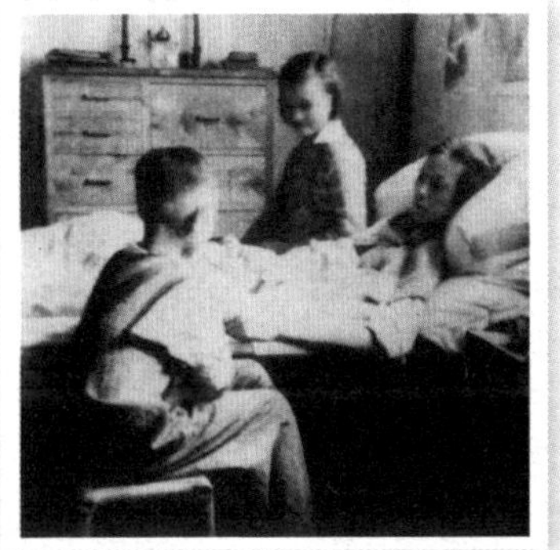

病榻上的林徽因与子女合影。

1941年3月，林徽因弟弟林恒阵亡于成都上空。那天，由于后方防空警戒系统的无能，大批敌机已经飞临成都上空，空军仅有的几架驱逐机才得到命令，仓促起飞应战。林恒驾驶的飞机刚刚飞离跑道，还未来得及拉起来就被日军击落在离跑道尽头只有几百米的地方。他没能参加一次正式的战斗，就献出了自己年轻的生命。

当时，林徽因正是重病，梁思成匆匆从重庆赶到成都收殓了林恒的遗体，掩埋于一处无名墓地。一套军礼服，一把刻有蒋介石名字的毕业纪念佩剑，这就是林恒全部的遗物。梁思成把东西包在一个黑色包袱里带回了李庄。病弱的林徽因默默地咽着这杯苦酒。

3年后，林徽因的最后一个飞行员弟弟战死。日夜的祈祷，换来九封阵亡通知书。

山雨滂沱，是老天在恸哭这些无辜的生命吗？

林徽因坐在窗前，凝视着在雨中颤抖的夜晚。闪电在空中挥舞着猩红的血光，整个世界在恐怖的夜雨中睡得平稳而安详。

一首长诗刚刚写罢，这是一首写给三弟林恒的诗。

悲伤到深处，一切华丽的语言都是虚无，只有悲痛和呐喊力透纸背。这声声呼喊不仅是为了自己至亲的弟弟（他已经去世三周年了！），也是为了航校那八个，不，是无数个年轻蓬勃的早早凋零的生命！

弟弟， 我没有适合时代的语言
来哀悼你的死；
它是时代向你的要求，
简单的，你给了。
这冷酷简单的壮烈是时代的诗
这沉默的光荣是你。
假使在这不可免的真实上
多给了悲哀，我想呼喊，
那是——你自己也明了——
因为你走得太早，
太早了，弟弟，难为你的勇敢，
机械的落伍，你的机会太惨！
三年了，你阵亡在成都上空，
这三年的时间所做成的不同，
如果我向你说来，你别悲伤，
因为多半不是我们老国，
而是他人在时代中辗动，
我们灵魂流血，炸成了窟窿。
我们已有了盟友，物资同军火，
正是你所曾经希望过。
我记得，记得当时我怎样同你
讨论又讨论，点算又点算，
每一天你是那样耐性的等着
每天却空的过去，慢得像骆驼！
现在驱逐机已非当日你最理想

驾驶的“老鹰式七五”那样——
那样笨，那样慢，啊，弟弟不要伤心，
你已做到你们能做的，
别说是谁误了你，是时代无法衡量，
中国还要上前，黑夜在等天亮。
弟弟，我已用掉这许多不美丽言语
算是诗来追悼你，
要相信我的心多苦，喉咙多哑，
你永不会回来了，我知道，
青年的热血做了科学的代替；
中国的悲怆永沉在我的心底。
啊，你别难过，难过了我给不出安慰。
我曾每日那样想过几回：
你已给了你所有的，同你去的弟兄
也是一样，献出你们的生命；
已有的一切，将来还有的机会，
可能的壮年工作，老年智慧；
可能的情爱，家庭，儿女，及那所有

1936年林徽因与母亲何雪媛、三弟林恒等在香山。

生的权利，喜悦，及生的纠纷！
你们给的真多，都为了谁？你相信
今后中国多少人的幸福要在
你的前头，比自己要紧，那不朽
中国的历史，还需要在世上永久。
你相信，你也做了，最后一切你交出。
我既完全明白，为何我还为着你哭？
只因你是个孩子却没有留什么给自己，
小时我盼着你的幸福，战时你的安全，
今天你没有儿女牵挂需要抚恤同安慰，
而万千国人像已忘掉，你死是为了谁！

这是1944年凄冷的秋，三弟已经逝去整3年了。时间这个万能的医生，也有治愈不了的伤口。3年了，一切历历在目，新鲜如初的伤，不经意一碰，就会鲜血奔涌。

那天梁思成自重庆回来，面如土色。林徽因注视着丈夫欲言又止的的表情，就知道不用问什么了。他们已有3个月未收到林恒的信，一颗心被吊着，现在啪的一声掉下来摔个粉碎，是不是也是一种解脱？3个月来，孩子们日日望着天空发愣，不知道哪一朵云上有舅舅驾驶战斗机的英姿。一种不祥的预感罩住了林徽因，父亲去世时，这种令人坐立难安的心绪每天缠绕着她，这感觉很熟悉，代表着希望的破灭的不幸的消息。她徒劳地祈祷着，何雪媛也似乎预感到什么，每天的话题都离不开林恒，还偷偷去庙里烧香为儿子祈福。

当看到林恒的遗物时，何雪媛昏倒了，孩子们哭作一团。而林徽因早已流干了眼泪。林徽因的目光穿过黑沉沉的雨雾，好像看到弟弟驾驶着他的“老鹰七五式”冲上云霄，舷窗外是燃烧着的彩云，整个天空在雷与火之中翻滚着。机翼下面是一座安然的城市，人们忙着自己的琐事，对外界的一切毫不知晓。而年轻的飞行员只听到云的嘶吼，敌机机身上火红的“太阳”，刺痛了他的眼睛。

林家的孩子，从童年就读懂了死亡，读懂了战争。林长民在战争中的遇难好像是一个楔子。办完丧事，三弟把几个兄弟召集到一起，将军一样宣布，要组织童子军，杀到关外去，给爹爹报仇。几个孩子趁着夜色悄悄离开家，被母亲发现哭着给拖了回来。林恒就是从那时候开始变的，原本是兄弟中最活泼的一个，都不怎么爱说话了。他的沉默与 8 岁的年纪是那么不协调。

中学毕业后，林恒想要报考清华机械系，将来实业救国。然而，1935 年 12 月的那场运动彻底改变了他的抉择。走在游行的学生队伍最前面的林恒遭到宪兵的暴打。那天他失踪了，梁思成跑遍北平所有接收受伤学生的医院，林徽因寸步不离地守着电话，直到半夜才有三弟的消息。林徽因把林恒接回家，林恒的伤还没有痊愈就放弃了进清华的设想，转而报考空军学院。弃文从武，家人谁也拦不住他。

战争爆发后林恒随学院南迁，1939 年夏到达昆明。1940 年春，林恒以优异成绩毕业，在同班 100 多名学生中排名第二。可是，就是这样一位优秀的学员，还未来得及参加一次像样的战斗，就随着那架笨拙的铁鸟燃烧在满目疮痍的重庆。

除了巍巍的峨眉山，除了奔腾的岷江水，谁会记得这个英俊的年轻飞行员的牺牲呢？

战争，原本是让女人走开的，但林徽因却一步步走进了它，战争夺去了她的至亲。

男人和女人

受男人欢迎的女人，很难与女人相处。

这话是绝对了，并非真理，但有证可循。

亦不是嫉妒那么简单。有道是谈笑有鸿儒，往来无白丁。若是让白丁鸿儒共处一室，实在很难融洽地谈天说地。正所谓：道不同，不相为谋。

林徽因的生活就是如此。

北京总布胡同三号，一群优秀的男宾众星捧月，以他们的才智和热忱，成就了一位光彩照人、名满京华的沙龙女主人。

林徽因之所以为林徽因，不是陆小曼，也不是冰心，也许和父亲林长民有关。其他的民国名媛不是没有受到好的教育，亦不乏欧美教育。但她们没有像林徽因这样，少年时代跟随父亲游历，青年时代和未婚夫一道求学。她人生中最重要的成长期都是和优秀的男性在一块儿的。林长民对这个长女的期望，不是做一个温婉贤良的顾家妻子，他期望她像男性一样有独立的职业，独立的见解和独立的精神，而徽因也确实做到了。

人艳如花，又有多方面的才情，直爽甚至急躁的脾性，高傲的眼界。男人有多欣赏林徽因，女人就有多排斥林徽因。

邂逅

1932年，梁思成、林徽因与费慰梅合影。

在梁思成、林徽因留下的书信中，与两位朋友的通信和其他人颇有不同。他们不是中国人，来自大洋彼岸的美利坚合众国，却有味道十足的中文名字。他们就是后来成为著名社会学家、汉学家的费正清（费尔班克约翰金）和费慰梅（威尔玛）夫妇。

当时，费正清和费慰梅都是刚刚大学毕业的学生，费正清来自南达科他，费慰梅则来自马萨诸塞州的剑桥，这一对如痴如狂的喜欢中国的人文历史和艺术的年轻人，就是在那里相遇并相爱的。因为共同的追求，他们到古老的北平结了婚。

在北平东城一座漂亮的四合院里，这一对来自异国的年轻夫妇怀着一腔新奇，过起了老北京人的日子。他们的早餐是胡同口的豆浆油条，挎篮子吆喝“萝卜赛梨”的小贩，也引起他们极大的兴趣。夫妇俩最爱做的一件事儿莫过于坐上人力拉车，串北平的街道和胡同，那种古老的文化氤氲，让他们进入了一个古典的东方梦境。

费正清夫妇找了中文老师从头学习中文，神秘的方块字有一种别样的魅力。课余时间，他们便去紫禁城或香山的佛教寺庙里考察，但对他们更具吸引力的却是北平的门楼和城墙，尽管这大墙内外上演着的一幕幕话剧，对于他们还是那样陌生。

费正清和费慰梅是在结婚后两个月遇见梁思成夫妇的，四个人的友情维系了一生。晚年的费慰梅回忆起他们相识时的感受说：

当时他们和我们都不曾想到这个友谊今后会持续多年，但它的头一年就把我们都迷住了。他们很年轻，相互倾慕着，同时又很愿回报我们喜欢和他们做伴的感情。徽——她为外国的亲密朋友给自己起的短名——是特别的美丽活泼。思成则比较沉稳些。他既有礼貌而又反应敏捷，偶尔还表现出一种古怪的才智，两人都会两国语言，通晓东西方文化。徽以她滔滔不绝的言语和笑声平衡着她丈夫的拘谨。通过交换美国大学生活的故事，她很快就知道我们夫妇俩都在哈佛念过书，而正清是在牛津大学当研究生时来到北京的。

这两对夫妇的邂逅并不是什么奇遇。他们在一次聚会上认识，并互相吸引，一交谈，才知两家居然是相距不远的近邻，这使他们喜不自胜。

费正清、费慰梅的中文名字就是梁思成夫妇取的。后来抗战时费正清以美国情报局官员身份来华，曾改名字为“范邦国”，梁思成却颇不以为然，说：“范邦国这三个字听起来像番邦之国，也像藩子绑票国，而正清乃是象征正直、清朗，又接近John King的发音，是个典型的中国名字。”从此，费正清的中文名字就没有变过。

这份上天赐予的新的友谊给林徽因的生活注入了阳光。当时她和梁思成刚刚由沈阳迁回北平，开始在中国营造学社的工作，事业还未走上正轨，又有家务琐事缠身，让本就急性子的林徽因心烦意乱。费慰梅怀念这段日子时记叙道：

那时徽因正在经历着她可能是生平第一次操持家务的苦难，并不是她没有仆人，而是她的家人，包括小女儿、新生的儿子，以及可能是最麻烦的、一个感情上完全依附于她的、头脑同她的双脚一样被裹得紧紧的母亲。中国的传统要求照顾她的母亲、丈夫和孩子们，她是被要求担任家庭“经理”的角色，这些责任要消耗掉她在家里的大部分时间和精力。

费慰梅作为一个来自不同文化环境的女性，对林徽因的感知是深层次的，她在中西方文化的穴结点上，一下子找到了她的中国朋友全部痛苦的症结，费慰梅说：

林徽因当然是过渡一代的一员，对约定俗成的限制是反抗的。她不仅在英国和美国，而且早年在中国读小学时都是受的西方教育。她在国外过的是大学生的自由生活，在沈阳和思成共同设计的也是这种生活。可是此刻在家里一切都像要使她铩羽而归。

她在书桌或画报前没有一刻安宁，可以不受孩子、仆人或母亲的干扰。她实际上是这十个人的囚犯，他们每件事都要找她做决定。当然这部分是她自己的错。在她关心的各种事情当中，对人和他们的问题的关心是压倒一切的。她讨厌在画建筑的草图或者写一首诗的当中被打扰，但是她不仅不抗争，反而把注意力转向解决紧迫的人间问题。

费正清 1946 年回到哈佛历史系教书，专注于学术研究，开创了费正清学派，建立哈佛东亚研究中心，把费氏夫妇深爱的中国文化传播向全世界。回国后，他们的友谊只能靠书信传达。梁家被战争困在李庄时，生活极端拮据，连信纸都只能用剪开的小纸片，邮费也够一家人生活一阵子。即使是这样，他们的联系也没有中断。

1993 年，费慰梅完成书稿《梁思成和林徽因：一对探索中国建筑的伴侣》，1995 年由宾州大学出版，以纪念二人曾在宾夕法尼亚大学求学的渊源。费慰梅于 2002 年 4 月 4 日逝世，享年 92 岁，与林徽因的忌日只差三天。她的名气虽然不如丈夫费正清大，但她对中国艺术的深深热爱，和中国才女林徽因至死不渝的情谊，写下了中美知识分子交流史上的动人诗篇。

至　交

林徽因多才多艺，幽默活泼，人又心直口快，想什么说什么，批评起人来毫不留情面。费慰梅曾经这样形容她的犀利言谈：“她的谈话同她的著作一样充满了创造性。话题从诙谐的轶事到敏锐的分析，从明智的忠告到突发的愤怒，从发狂的热情到深刻的蔑视，几乎无所不包。”照理说，这么一个牙尖嘴利的女性，长得再漂亮，恐怕也会让人敬而远之。但林徽因和梁思成却有许多共同的朋友，他们是一生的挚友和知己。

费正清、费慰梅夫妇在这一群朋友中，因为是外国人而有些特殊。但参加了几次聚会，就和大家都成了谈得来的老朋友，他们的中文水平也就在这样的聚会中飞快地提高。

不欢迎费氏夫妇的似乎只有林徽因的母亲和仆人们，老太太总是用一双疑惑的眼睛直盯着这一对黄头发、蓝眼睛的外国人。每当费氏夫妇叩响梁家的门环，开门的仆人总是只把大门打开一道缝，从上到下把他们打量一会儿，然后才把他们放进院子，而老太太却踮着小脚一直把他们追到客厅里，每次都是徽因把她的母亲推着送回她自己的屋里。

有时候林徽因心情不好，费氏夫妇就拉上她去郊外骑马，将城市里的尘嚣远远地隔在灰色的城墙和灰色的心情之外。林徽因很有骑师的天赋，她坐在马背上的身姿看上去棒极了，连号称美利坚骑士的费正清也啧啧称赞。因为经常去骑马，林徽因索性买了一对马鞍、一套马裤，穿上这身装束，她俨然成了一位英姿勃发的巾帼骑师。

那段日子是林徽因一生中最值得留恋的一段时光之一。费氏夫妇回国后，她在信中对往事的回顾，依然是那样神采飞扬：

林徽因与费氏夫妇到朝阳门外骑马归来，摄于1935年。

自从你们两人在我们周围出现，并把新的活力和对生活、未来的憧憬分给我以来，我已变得年轻活泼和精神抖擞得多了。每当我回想到今冬我所做的一切，我都十分感激和惊奇。

你看，我是在两种文化教养下长大的，不容否认，两种文化的接触和活动对我来说是必不可少的。在你们真正出现在我们（北总布胡同）三号的生活中之前，我总感到有些茫然若失，有一种缺少点什么的感觉，觉得有一种需要填补的精神贫乏。而你们的“蓝色通知”恰恰适合这种需要。另一个问题，我在北京的朋友年龄都比较大也比较严肃。他们自己不仅不能给我们什么乐趣，而且还要找思成和我要灵感或让我们把事情搞活泼些。我是多少次感到精疲力竭了啊！

今秋或不如说是初冬的野餐和骑马（以及到山西的旅行）使整个世界对我来说都变了。想一想假如没有这一切，我怎么能够经得住我们频繁的民族危机所带来的所有的激动、慌乱和忧郁！那骑马也是很具象征意义的。出了西华门，过去那里对我来说只是日本人和他们的猎物，现在我能看到小径、无边的冬季平原风景、细细的银色树枝、静静的小寺院和人们能够抱着传奇式的自豪感跨越的小桥。

费氏夫妇在中国时最先熟悉起来的除梁氏夫妇，就是逻辑学家金岳霖了。大家都叫他“老金”。看上去他似乎是梁家的一个成员，住在梁家院后一座小房子里，梁氏夫妇住宅的一扇小门，便和老金的院落相通。每次聚会，老金总是第一个来。有时候，这样的聚会也在老金家进行。作为一个逻辑学家，老金的幽默是独特的。林徽因和梁思成免不了拌嘴，闻声而来的老金从不问青红皂白，而是大讲特讲其生活与哲学的关系，却总能迅速让两口子“熄火”。

老金和梁家的关系有些特殊，因为不少人都认为他和林徽因有一段情缘。至于事实的真相早已不可考，老金也从未承认过他和林徽因之间有过爱情。但老金和梁家的确是莫逆之交。他可不是只在安逸的年代才陪在你身边高谈阔论的朋友。梁家困顿李庄时，老金从昆明赶了过去，像在北平时一样陪伴在他们身边。为了给病重的林徽因滋补身体，他从自己微薄的薪水中拿出一部分，到镇上买了十几只鸡饲养，盼望着早日生蛋。老金养鸡很厉害，在北总布胡同时就养着几只大斗鸡。据梁从诫说，在李庄的时候“金爸在的时候老是坐在屋里写呀写的。不写的时候就在院子里用玉米喂他的一大群鸡。有一次说是鸡闹病了，他就把大蒜整瓣地塞进鸡口里，它们吞的时候总是伸长脖子，眼睛瞪得老大，我觉得很可怜。”这十几只鸡，长势很快，一只都没生病，后来还下蛋了，所有人都特别开心。

至于老金自己，他对生活的艰难和通货膨胀总是用哲学家的观点对待，他对梁思成和林徽因说：“在这艰难的岁月里，最重要的是，要想一想自己拥有的东西，它们是多么有价值，有时你就会觉得自己很富有。同时，人最好尽可能不要去想那些非买不可的东西。”老金的“金口玉言”使处在艰难困苦中的朋友们得到了精神上的宽慰。

林徽因是典型的“刀子嘴，豆腐心”，但是了解她的亲友们都不会计较。林徽因和二姑子梁思庄的关系并不“符合”很多人理解的那种姑嫂之间必处不来的“定律”，梁思庄的女儿吴荔明女士回忆道：

我的妈妈，一直和二舅妈相处得很好，他们还在十几岁的时候就相识了，后来又一起在国外留学。由于共同接受了西方教育，使他们有很多共同语言，亲如姐妹。妈妈说二舅妈林徽因是“刀子嘴，豆腐心”，别看她嘴巴很厉害，但心眼好。她喜怒形于色，绝对真实。正因为妈妈对二舅妈的性格为人有这样深刻的认识，才能使她们姑嫂两人始终是好朋友。

1936年1月，丧夫的梁思庄带着女儿从广州回到北平，初到北平时住在梁家，林徽因还写信给费慰梅唠叨了一番——事实上，林徽因面对琐碎的家务事，经常会发牢骚。但是牢骚归牢骚，林徽因当时对母女俩特别好，即使在外地考察也要特意写信，询问她们是否安顿好了。新中国成立后，林徽因和梁思庄联系也很频繁，吴荔明小时候爱吃雪糕，夏天的时候林徽因去梁思庄家，总是用一个小广口暖瓶装着满满的雪糕给孩子。梁思庄见到林徽因第一句话总是“Are you all right？”林徽因身体不好，梁思庄一直放心不下。

林洙在《梁思成、林徽因与我》中提到一件事，林洙以“同乡”身份到清华先修班学习，被介绍给林徽因，林徽因主动热心地给她补习英文；后来，林洙要和在清华任教的男友结婚，但经济困窘。林徽因知道后找到她，告诉她营造学社有一笔款项专门用来资助青年学生，让她先用。看到对方一脸窘迫，立刻安慰说：“不要紧的，你可以先借用，以后再还。”不由分说把存折塞给了她，还送了一套青花瓷杯盘做贺礼。后来林洙想还这笔钱，却被林徽因“严厉”地退了回来。

“林徽因式”的热诚，包裹着尖锐的刺。如果你不能接受这些尖利的表象，就无法触及她的真心的柔软。好在林徽因的朋友们都能宽容她最“坏”的那一面。因为他们知道，这个美丽的嘴上不饶人的女学者，“好”的那面是值得结交一生的。

妇女的敌人

林徽因是一个混合体，她是建筑师，这个即使是在现在也充满男性气息的职业，需要科学严谨的精神去考察，更要吃得风餐露宿的苦；她是诗人，清丽的诗句中流露出细腻复杂的情感。面对徐志摩和金岳霖的追求、守护，她表现出令女性惊异的理智，选择了志同道合的梁思成做丈夫，但同时她对他们有深刻的了解。她的性格和外表也是矛盾的。貌美如花的表象之下隐藏的是男人气的豪爽，爱骑马，也能吸烟喝酒，颇有几分当下备受追捧的“爷”的气派。她直爽甚至是急躁，但又心思缜密，对亲友的关照事无巨细。

林徽因就是这样一个奇怪又矛盾的混合体，她把科学和艺术、理智和情感、男性化和女性化这些看似对立的特质完美地结合于一处。

晚年的梁思成这样评价她的这位“万人迷”妻子：

林徽因是个很特别的人，她的才华是多方面的。不管是文学、艺术、建筑乃至哲学她都有很深的修养。她能作为一个严谨的科学工作者，和我一同到村野僻壤去调查古建筑，测量平面和爬梁上柱，做精确的分析比较；又能和徐志摩一起，用英语探讨英国古典文学或我国新诗创作。她具有哲学家的思维和高度概括事物的能力。所以做她的丈夫很不容易。中国有句俗话：“文章是自己的好，老婆是人家的好。”可是对我来说，老婆是自己的好，文章是老婆的好。我不否认和林徽因在一起有时很累，因为她的思想太活跃，和她在一起必须和她同样地反应敏捷才行，不然就跟不上她。（林洙《梁思成、林徽因与我》）

林徽因的儿子梁从诫先生认为母亲能够把多方面知识才能汇集于一身，是一位有着“文艺复兴色彩”的知识分子。费慰梅则是这么分析林徽因的敏锐和复杂：

在国内补照的结婚照（1930年）

当我回顾那些久已消失的往事时，她那种广博而深邃的敏锐性仍然使我惊叹不已。她的神经犹如一架大钢琴的复杂的音弦。对于琴键的每一触，不论是高音还是低音，重击还是轻弹，它都会做出反应。或者是继承自她那诗人的父亲，在她身上有着艺术家的全部气质。她能够以其精致的洞察力为任何一门艺术留下自己的印痕。

年轻的时候，戏剧曾强烈地吸引过她，后来，在她的一生中，视觉艺术设计也曾间或使她着迷。然而，她的真正热情还在于文字艺术，不论表现为语言还是写作。它们才是她最新的表达手段。

梁思成与林徽因在国内补照的结婚照。

一个无可争议的才女，在建筑、文学上都有其贡献，凑巧，又生得美丽，个性呢，又不是传统的小鸟依人。这样的林徽因，对于20世纪30年代的大部分的中国女性来说，确实是一个不可想象的存在。文学家李健吾这样说林徽因：“绝顶聪明，又是一副赤热的心肠，口快，性子直，好强，几乎妇女全把她当作仇敌。”

林徽因才华过人，事业心又很强，交往的都是当时文化界的精英，比如经济学家陈岱孙，政治学家张奚若，逻辑学家金岳霖，物理学家周培源，文学界的有胡适、徐志摩、朱光潜、沈从文等，全都是各自领域的鼎鼎大名的人物。

受男性欢迎的女性本就不容易被同性认可，况且林徽因心气又高，不通世故，不屑于与她们周旋敷衍，同性的误解甚至嫉妒就可想而知了。这其中也包括林徽因的大姑子，梁思成大姐梁思顺。

1936 年，林徽因写信给费慰梅说：

对我来说，三月是一个多事的月份……主要是由于小姑大姑们。我真羡慕慰梅嫁给一个独子（何况又是正清）……我的一个小姑（燕京学生示威领袖）面临被捕，我只好用各种巧妙办法把她藏起来和送她去南方。另一个姑姑带着孩子和一个广东老妈子来了，要长期住下去。必须从我们已经很挤的住宅里分给他们房子。还得从我已经无可再挤的时间里找出大量时间来！到处都是喧闹声和乱七八糟。第三位是我最年长的大姑，她半夜里来要把她在燕京读书的女儿带走，她全然出于嫉妒心，尽说些不三不四话，而那女儿则一直在哭。她抱怨说女儿在学生政治形势紧张的时候也不跟她说就从学校跑到城里来，“她这么喜欢出来找她舅舅和舅妈，那她干嘛不让他们给她出学费”等等。当她走的时候，又扔出最后的炸弹来。她不喜欢她的女儿从他舅舅和舅妈的朋友那里染上那种激进的恋爱婚姻观，这个朋友激进到连婚姻都不相信——指的是老金！

这里提到的“小姑”，是梁启超的三女儿梁思懿，后来加入共产党，成为著名社会活动家；“另一个姑姑”自然是梁思庄，后来成为图书馆学家，当时她的丈夫刚去世，带着年幼的吴荔明从广州来到北平。“最年长的大姑”就是梁思顺了，善诗词，曾编写了一本《艺蘅馆词选》，但其思想，总的来说还是传统的中国妇女那一套，性格也有些怪，不容人。在正式成为梁家的媳妇之前，这个大姐就和林徽因“道不同不相为谋”，后来经过梁启超的调解才有所修复。现在，大姐眼看着自己的女儿居然如此喜欢这个自己极其不满的二舅母，怎能没有怨气？

和林徽因有过有名的“康桥日记之争”的凌淑华，晚年时曾这样评价这位“妇女的仇敌”：“可惜因为人长得漂亮又能说话，被男朋友们宠得很难再进步。”——这里面的“男朋友”当是一种泛指。林徽因的男性朋友始终多于女性，她一生都没能学会絮絮叨叨的“女性特质”。她最亲密的女性朋友是外国人，她超前于那个时代，自然不能被同时代的女性所理解了。

太太客厅和慈慧殿三号

无论林徽因是成为煮饭浣纱的凡俗妇人，抑或是风云不尽的女建筑学家，那些仰慕她才情的人，还是愿意把她定格在人间四月，在每个姹紫嫣红的季节都会不由自主地想起她，那不曾被岁月埋没的伶俐的话语，像是被种植在流年里，已然无法擦去。

梁氏夫妇搬到北总布胡同的四合院以后，由于梁思成、林徽因所具有的渊博学识和人格魅力，他们身边很快聚集了一批当时中国文化界的精英。这些学者和文化精英，经常在星期六下午陆续来到梁家聚会。大家一起吃茶聊天，谈论天下事。女主人林徽因思维敏捷，擅长引起话题，极具亲和力和感染力。他们的话题既有思想深度，又有社会广度，既有学术理论高度，又有强烈的针对现实性，可谓谈古论今皆成学问。慢慢地，梁家的这个聚会的名气越来越大，渐成气候，形成了 20 世纪 30 年代北平最出名的文化沙龙，时人称之为“太太的客厅”。这个具有国际俱乐部特色的“客厅”，曾引起过许多知识分子特别是文学青年的心驰神往。

有个在燕京大学读书的文学青年就是其中之一。

林徽因在北总布胡同三号寓所客厅。

那天林徽因被一阵急促中带着怯意的敲门声唤出来，开了门，两张年轻的脸庞出现在面前。一个是沈从文，他是常客，已是蜚声全国文坛的青年作家；另一个是个陌生的男孩子，大约二十出头年纪，微微泛红的脸上，还带着点稚气，他穿着一件洗得干干净净的蓝布大褂，一双刚刚打了油的旧皮鞋。

沈从文介绍说："这是萧乾，燕京大学新闻系三年级学生。"

"啊，原来是《蚕》的作者。快进屋吧。"林徽因利落地把两人让进来，然后给他们倒上热茶。

萧乾听沈从文说，林徽因的肺病已相当严重，本以为她会躺在床上见客，没想到林徽因却穿了一套骑马装，十分潇洒，她的脸上还带一点病容，精神却很饱满。

"喝茶，不要客气，越随便越好。"林徽因招呼着拘谨的萧乾，又说道，"你的《蚕》我读了几遍，刚写小说就有这样的成绩，真不简单！你喜不喜欢唯美主义的作品，你小说中的语言和色彩，很有唯美主义味道。"

林徽因在屋子里来回走动着，脸庞因为兴奋而微微潮红。

多年后萧乾这样讲起那次会面的缘由和感触：

几天后，接到沈先生的信（这信连同所有我心爱的一切，一直保存到1966年8月），大意是说，一位聪明绝顶的小姐看上了你那篇《蚕》，要请你去她家吃茶。星期六下午你可来我这里，咱们一道去。那几天我喜得真是有些坐立不安。……那是我第一次见到林徽因。如今回忆起自己那份窘促而又激动的心境和拘谨的神态，仍觉得十分可笑。然而那次茶会就像在刚起步的马驹子后腿上，亲切的抽了那么一鞭。

慈慧殿三号是朱光潜和梁宗岱在景山后面的寓所，也是与"太太的客厅"同样有影响的文化沙龙。沙龙每月集会一次，朗诵中外诗歌和散文，因此又称"读诗会"。林徽因也是这里的主要参加者。

这个沙龙实际上是20年代闻一多西单辟才胡同沙龙的继续。冰心、凌淑华、朱自清、梁宗岱、冯至、郑振铎、孙大雨、周作人、沈从文、卞之琳、何其芳、萧乾，还有英国旅居中国的诗人尤连伯罗、阿立通等人都是沙龙的成员。

沙龙主持人是朱光潜，他是香港大学文科毕业生，20年代中期先后留学英法，也游历过德国和意大利。1933 年 7 月回国，应胡适之聘，出任北京大学西语系教授，主讲西方名著选读和文学批评史，同时还在北大中文系、清华大学、辅仁大学、女子文理学院和中央艺术研究院主讲文艺心理学和诗论。

读诗会聚会形式轻松活泼，大家畅所欲言，时有“争论”发生。林徽因总是辩论中的核心人物，她言辞犀利，从不给对方留面子。有一回，她就和梁宗岱为了一首诗的翻译争执得面红耳赤。

梁宗岱在那天的聚会上朗诵了一首由他翻译的瓦雷里的《水仙辞》，朗诵完毕，林徽因第一个发言，一点台阶也没给大诗人留：“宗岱，你别得意，你的老瓦这首诗我真不想恭维。‘哥啊，惨淡的白莲，我愁思着美艳，/把我赤裸裸地浸在你溶溶的清泉。/而向着你，女神，女神，水的女神啊，/我来这百静中呈献我无端的泪点。’这首诗的起句不错，但以后意象就全部散乱了，好像一串珠子给粗暴地扯断了线。我想起法国作家戈蒂耶的《莫班小姐》序言里的一段话——谁见过在哪桌宴席上会把一头母猪同 12 头小猪崽子统统放在一盘菜里呢？有谁吃过海鳝、七鳃鳗炒人肉杂烩？你们真的相信布里亚萨瓦兰使阿波西斯的技术变得更完美了吗？胖子维特尤斯是在什维食品店里用野鸡、凤凰的脑，红鹳的舌头和鸟的肝填满他那著名的‘米纳夫盾’的吗？”

梁宗岱在法国上学时可是做过瓦雷里的学生的，他亲耳听过瓦雷里讲授这首诗，这也是他最喜欢的一首诗。他马上站起来，高声回敬道：“我觉得林小姐对这首诗是一种误读，作为后期象征主义的主要代表，瓦雷里的诗，是人类情绪的一种方程式，这首《水仙辞》是浑然一体的通体象征，它离生命的本质最近，我想你没有读

懂这样的句子：‘这就是我水中的月与露的身，顺从着我两重心愿的娟娟倩形！/我摇曳的银臂的姿势是何等澄清！/黄金里我迟缓的手已倦了邀请。’瓦雷里的作品，忽视外在的实际，注重表现内心的真实，赋予抽象观念以有声有色的物质形式，我想林小姐恰恰是忽视了这点。”

林徽因毫不让步，也不自觉地提高了嗓门：“恰恰是你错了。我们所争论的不是后期象征主义的艺术特点，而是这一首诗，一千个读者，可以有一千个哈姆雷特。我觉得，道义的一些格言，真理的一些教训，都不可被介绍到诗里，因为他们可以用不同的方法，服务于作品的一般目的。但是，真正的诗人，要经常设法冲淡它们，使它们服从于诗的气氛和诗的真正要素——美。”

梁宗岱涨红了脸，急急地说：“林小姐，你应该注意到，诗人在作品中所注重的，是感性与理性、变化与永恒、肉体与灵魂、生存与死亡冲突的哲理，这才是美的真谛。我认为美，不应该是唯美，一个诗人，他感受到思想，就像立刻闻到一朵玫瑰花的芬芳一样。”

林徽因也站起身回击道：“我想提醒梁诗人，诗歌是诉诸灵魂的，而灵魂既可以是肉体的囚徒，也可以是心灵的囚徒。一个人当然不可以有偏见，一位伟大的法国人，在一百年以前就指出过，一个人的偏爱，完全是他自己的事，而一旦有所偏见，就不再是公正的了。”

朋友们没有一个去“拉架”，反而津津有味地听着他们“打嘴仗”。

萧乾头一回参加这个沙龙活动，被这火药味儿十足的讨论吓了一跳，悄声问带他来的沈从文：“他们吵得这么热闹，脸红脖子粗的，你怎么不劝劝？”

沈从文摆摆手：“在这儿吵，很正常，你不要管他，让他们尽兴地吵，越热闹越好。”

林徽因重新坐回沙发上，平静地进行结案陈词道：“每个诗人都可以从日出日落受到启发，那是心灵的一种颤动。梁诗人说过，‘诗人要到自然中去，到爱人的怀抱里去，到你自己的灵魂里去，如果你觉得有三头六臂，就一起去。’只是别去钻‘象征’的牛角尖儿。”

梁宗岱心服口服地笑起来，朋友们也哈哈大笑。

笑得最响最轻快的，当然是“得理不饶人”的林徽因。

与冰心的龃龉

林徽因（右）与冰心在美国康奈尔大学绮色佳风景区野炊，拍于1925年。

李健吾和林徽因是在1934年年初认识的。当时林徽因在《文学季刊》上读到李健吾关于《包法利夫人》的论文，极为赞赏，就写信给李健吾邀请他来“太太客厅”参加聚会。李健吾比林徽因小两岁，与其过从甚密，因此对林徽因的性格为人看得也很透彻：

她（林徽因）缺乏妇女的幽娴的品德。她对于任何问题（都）感到兴趣，特别是文学和艺术，具有本能的、直接的感悟。生长富贵，命运坎坷，修养让她把热情藏在里面，热情却是她生活的支柱。喜好和人辩论——因为她热爱真理，但是孤独、寂寞、抑郁，永远用诗句表达她的哀愁。

李健吾在《林徽因》这篇散文里，说林徽因和另一位女诗人冰心的关系是“既是朋友，同时又是仇敌”。林徽因亲口对他讲起过一件趣事：冰心写了一篇小说《我们太太的客厅》讽刺她，因为每到星期六下午，便有若干朋友以她为中心谈论各种现象和问题。林徽因恰好由山西调查庙宇回到北平，带了一坛又香又陈的山西醋，立即叫人送给冰心吃用。

这篇小说从1933年10月27日开始在天津《大公报》文艺副刊连载。小说一开头就单刀直入地描述道：

时间是一个最理想的北平春天的下午，温煦而光明。地点是我们太太的客厅。所谓太太的客厅，当然指着我们的先生也有他的客厅，不过客人们少在那时聚会，从略。

我们的太太自己以为，她的客人们也以为她是当时当地的一个“沙龙”的主人。当时当地的艺术家、诗人，以及一切人等，每逢清闲的下午，想喝一杯浓茶，或咖啡，想抽几根好烟，想坐坐温软的沙发，想见见朋友，想有一个明眸皓齿能说会道的人儿，陪着他们谈笑，便不需思索地拿起帽子和手杖，走路或坐车，把自己送到我们的太太的客厅里来。在这里，各自都能得到他们所向往的一切。

按冰心小说中的描述：“我们的太太是当时社交界的一朵名花，十六七岁时候尤其嫩艳……我们的先生（的照片）自然不能同太太摆在一起，他在客人的眼中，至少是猥琐，是世俗。谁能看见我们的太太不叹一口惊慕的气，谁又能看见我们的先生，不抽一口厌烦的气？”“我们的太太自己虽是个女性，却并不喜欢女人。她觉得中国的女人特别的守旧，特别的琐碎，特别的小方。”接着还详细描写了一位诗人的外貌：“还有一位‘白袷临风，天然瘦削’的诗人。此诗人头发光溜溜地两边平分着，白净的脸，高高的鼻子，薄薄的嘴唇，态度潇洒，顾盼含情，是天生的一个‘女人的男子’。”但见那诗人：

微俯着身，捧着我们太太的指尖，轻轻地亲了一下，说：“太太，无论哪时看见你，都如同一片光明的彩云……”我们的太太微微地一笑，抽出手来，又和后面一位文学教授把握。

教授约有四十上下年纪，两道短须，春风满面，连连地说：“好久不见了，太太，你好！”

哲学家背着手，俯身细看书架上的书，抽出叔本华《妇女论》的译本来，正在翻着，诗人悄悄过去，把他肩膀猛然一拍，他才笑着合上卷，回过身来。他是一个瘦瘦高高的人，深目高额，两肩下垂，脸色微黄，不认得他的人，总以为是个烟鬼。

……诗人笑了，走到太太椅旁坐下，抚着太太的肩，说："美，让我今晚跟你听戏去！"我们的太太推着诗人的手，站了起来，说："这可不能，那边还有人等我吃饭，而且……而且六国饭店也有人等你吃饭，还有西班牙跳舞，多么曼妙的西班牙跳舞！" 诗人也站了起来，挨到太太跟前说："美，你晓得，她是约着大家，我怎好说一个人不去，当时只是含糊答应而已，我不去他们也未必会想到我。还是你带我去听戏罢，你娘那边我又不是第一次去，那些等你的人，不过是你那班表姊妹们，我也不是第一次会见。美，你知道我只愿意永远在你的左右。"

我们的太太不言语，只用纤指托着桌上瓶中的黄寿丹，轻轻地举到脸上闻着，眉梢渐有笑意。

这帮上层人士聚集在"我们太太的客厅"指点江山，激扬文字，尽情挥洒各自的情感之后星散而去。太太满身疲惫、神情萎靡并有些窝囊的先生回来了，那位一直等到最后渴望与"我们的太太"携手并肩外出看戏的白脸薄唇高鼻子诗人只好无趣地告别"客厅"，悄然消失在门外逼人的夜色中。整个太太客厅的故事到此结束。

小说对人物做了诸多模糊处理，和林徽因的文化沙龙完全不同，但影射的痕迹仍然明显。特别是对于诗人、哲学家的外貌描写，一看就是以徐志摩和金岳霖为原型。是人说的"太太，无论哪时看见你，都如同一片光明的彩云……"更是让人马

上联想到徐志摩的诗歌。

《我们太太的客厅》发表以后，引起平津乃至全国文化界的高度关注。小说中塑造的“我们的太太”、诗人、哲学家、画家、科学家、风流的外国寡妇，都有一种明显的虚伪、虚荣与虚幻的鲜明色彩，这“三虚”人物的出现，对社会、对爱情、对己、对人都是一股颓废情调和萎缩的浊流。冰心以温婉又不失调侃的笔调，对此做了深刻的讽刺与抨击。金岳霖后来曾说过：这篇小说“也有别的意思，这个别的意思好像是30年代的中国少奶奶们似乎有一种‘不知亡国恨’的毛病”。

冰心的先生吴文藻与梁思成同为清华学校1923年级毕业生，且二人在清华同一间宿舍，是真正的同窗；林徽因与冰心是福建同乡。这两对夫妇曾先后留学美国，曾在绮色佳有过愉快的交往。只是时间过于短暂，至少在1933年晚秋这篇明显带有影射意味的小说完成并发表，林徽因派人送给冰心一坛子山西陈醋之后，二人便很难再作为“朋友”相处了。

1938年之后，林徽因与冰心同在昆明居住了近三年，且早期的住处相隔很近（冰心先后住螺蜂街与维新街，林住巡津街），步行只需十几分钟，但从双方留下的文字和他人的耳闻口传中，从未发现二人有交往的经历。

两位女性都受过西方教育，是同乡，又都是女诗人，可惜相似点再多，到底扛不住一句道不同不相为谋。

徐志摩因飞机失事死亡后，冰心给老友梁实秋写信说：

志摩死了，利用聪明，在一场不人道、不光明的行为之下，仍得到社会一班人的欢迎的人，得到一个归宿了！我仍是这么一句话，上天生一个天才，真是万难，而聪明人自己的糟蹋，看了使我心痛。志摩的诗，魄力甚好，而情调则处处趋向一个毁灭的结局。看他《自剖》时的散文《飞》等等，仿佛就是他将死未绝时的情感，诗中尤其看得出，我不是信预兆，是说他十年心理的酝酿，与无形中心灵的绝望与寂寥，所形成的必然的结果！人死了什么话都太晚，他生前我对着他没有说过一句好话，最后一句话，他对我说的：“我的心肝五脏都坏了，要到你那里圣洁的地方去忏悔！”我没说什么，我和他从来就不是朋友，如今倒怜惜他了，她真辜负了他

林徽因在北京北总布胡同三号家中，拍于1934年。

的一股子劲！谈到女人，究竟是“女人误他？”还是“他误女人？”也很难说。志摩是蝴蝶，而不是蜜蜂，女人的好处就得不着，女人的坏处就使他牺牲了。到这里，我打住不说了！

很显然，这封信的爆发点落在“女人的坏处就使他牺牲”上面，这是一句颇有些意气用事且很重的话，冰心所暗示的“女人”是谁呢？从文字上看似泛指，实为特指，想来冰心与梁实秋心里都心照不宣，不过世人也不糊涂。在徐志摩“于茫茫人海中访我唯一灵魂之伴侣”的鼎盛时期，与他走得最近的有三个女人，即陆小曼、林徽因、凌淑华。而最终的结局是，陆小曼嫁给了徐志摩，林徽因嫁给了梁思成，凌淑华嫁给了北大教授陈西滢。

冰心为徐志摩鸣不平，认为女人利用了他，牺牲了他，这其中大概也包括林徽因。徐志摩几次追求林徽因人尽皆知，为了赶林徽因的讲座在大雾中乘飞机，在当时也流传甚广。梁从诫承认：“徐志摩遇难后，舆论对林徽因有过不小的压力。”

有意思的是，即使收到了一坛山西陈醋，冰心在晚年却不承认《我们太太的客厅》是影射林徽因，在公众场合提起林徽因，也是一团和气。1987年，冰心在谈到自

“五四”以来的中国女作家时提到了林徽因，说：“1925年我在美国绮色佳会见了林徽因，那时她是我的男朋友吴文藻的好友梁思成的未婚妻，也是我所见到的女作家中最俏美灵秀的一个。后来，我常在《新月》上看她的诗文，真是文如其人。”

1992年6月中国作协的张树英和舒乙曾拜访冰心，在交谈中，冰心忽然提到，《我们太太的客厅》，萧乾认为是写林徽因，其实是陆小曼。

于是有研究者认为，冰心与林徽因并没什么龃龉，两人是关系不错的朋友。冰心的小说讽刺的不是林徽因，而是陆小曼。

其实，只要稍微留心阅读就会发现，小说中的“我们的太太”和陆小曼实在没什么瓜葛。冰心晚年不过是使用了个“障眼法”罢了。大概是小说讽刺林徽因的说法流传太广，不好跟林的后人交代，不如推给陆小曼，反正陆早已作古，又没什么后代，岂不省去很多麻烦？大抵是冰心老人大事化小小事化了的中国式的圆滑聪明吧。

冰心可谓人寿多福，一直活到1999年，以99岁中国文坛祖母的身份与声誉撒手人寰，差一点横跨三纪，益寿齐彭。林徽因比冰心小四岁，然而命运多舛，天不假年，却早早地于1955年51岁时乘鹤西去，徒给世间留下了一串悲叹。

年轻时的林徽因提起冰心总有些愤愤，曾在写给费慰梅的信中这样说：

朋友“Icy Heart”却将飞往重庆去做官（再没有比这更无聊更无用的事了），她全家将乘飞机，家当将由一辆靠拉关系弄来的注册卡车全部运走，而时下成百有真正重要职务的人却因为汽油受限而不得旅行。她对我们国家一定是太有价值了？！

翻译这封信的是梁从诫，他没有将英文中带有贬义的“Icy Heart”直译为“冰心”，而是保留了奇怪的原称谓。后来，一个研究林徽因的学者提到梁从诫谈起冰心时“怨气溢于言表”，还透露说：“柯灵极为赞赏林徽因，他主编一套‘民国女作家小说经典’丛书，计划收入林徽因一卷。但多时不得如愿，原因就在出版社聘了冰心为丛书名誉主编，梁从诫为此不肯授予版权。”果真如此，看来林徽因的率性固执、不通圆滑也遗传到了她的后人身上。

橡树旁的木棉

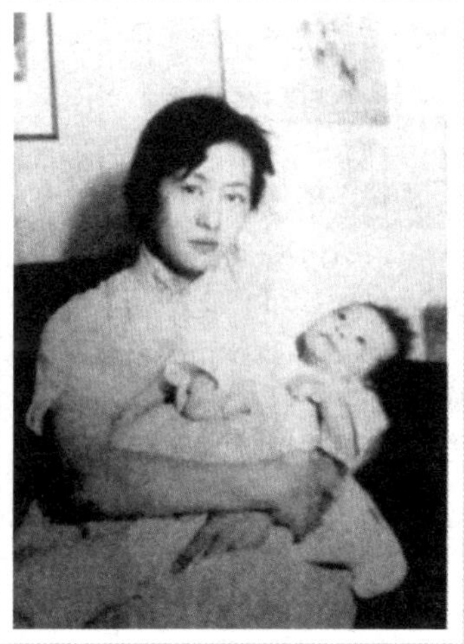

1932年，林徽因的儿子出生，为了纪念建筑师李诫，取名“从诫”。

走出京城的“太太客厅”，她是和一帮男人一样风餐露宿，坐三等车厢，睡鸡毛小店的古建筑学家。

她不是凌霄花，不是鸟儿，不是泉源。她是一株木棉。她和她的丈夫站在一起，平等的，相互映衬着彼此的光芒，为中国建筑学的历史添上了浓墨重彩的一笔。

自古以来，红颜多是陪衬，红袖添香多少有些低人一等的意味。若无有价值的遗产，又何以让人书写铭记。红颜却又总是跟着祸水，要获得赞许，更是难上加难。任你生前风情万种，死后亦只留无人问津的骸骨，谁还能辨认出当年的绝代容姿？又有谁知晓他们曾经有过的风华故事？

但终究有人没被禁锢，被记住了。

林徽因便是如此。

中国营造学社

尽管肺病的阴影一直挥之不去，但对林徽因来说，20 世纪 30 年代仍然是一生中最好的时光——丰沛的物质生活，志同道合的朋友，体贴的丈夫，可爱伶俐的女儿。对于一个女性来说最珍贵的东西她都拥有了。

但林徽因并不是一个只能养尊处优地坐在客厅里高谈阔论、不事生产的“太太”。1932 ~ 1935 年间，只要一有机会，林徽因就和梁思成还有一帮营造学社的同仁们一起进行野外勘察，考察中国古建筑。

中国营造学社是一个私立机构，费慰梅将之形容为“一个有钱人业余爱好的副产品”。创始人朱启钤曾在北洋政府担任交通总长、内政总长、国务总理，他下野后，创办了营造学社，专门研究中国古代建筑。

1931 年，梁氏夫妇离开东北大学回到北平，加盟中国营造学社，梁思成任研究部主任，林徽因担任校理。截止到抗战爆发，营造学社先后考察了全国 137 个县市的古建筑殿堂房舍 1823 处，其中详细测绘的有 206 组，完成测绘图稿 1898 张。他们在春夏外出考察，秋冬两季用来整理照片和测稿，撰写考察报告。他们编撰了《中国营造学社汇刊》，在上面接连刊登最新的发现，在当时的欧美和日本都有读者。人们由此知道了中国的古建筑并不只有日本人在研究。他们针对急需抢救的古建筑制定出相应的保护修葺的方案，提交给当地政府和中央古物保护文员会。

虽然林徽因的职位仅仅是校理，但这些成就也倾注了她许多心血。

营造学社的考察，从 1932 年夏天开始，他们的第一个目标是平郊的古建筑。同年，梁思成在《中国营造学社汇刊》发表第一篇科考报告——《蓟县独乐寺观音阁山门考》，在中国考古界乃至国际考古界都引起了轰动。

1932年6月11日，梁思成带着营造学社一个年轻社员和一个随从前往这野外调查的第二站——宝坻的广济寺。他在《宝坻县广济寺三大殿》中记录了这次考察的收获：

抬头一看，殿上部并没有天花板，《营造法式》里所称“彻上露明造”的。梁枋结构的精巧，在后世建筑物里还没有看见过，当初的失望，到此立刻消失。这先抑后扬的高兴，趣味尤富。在发现蓟县独乐寺几个月后，又得见一个辽构，实是一个奢侈的幸福。

可惜的是，作为妻子的林徽因没有办法和丈夫共同体验这种幸福，因为她这时候是一个大腹便便的孕妇，还有两个月，他们的儿子就要出生了。

虽然不能跟随丈夫去实地考察，但林徽因还可以用另一种方式参与、扶持梁思成的事业——撰写建筑论文或著作。夫妇俩于1932年共同撰写了《平郊建筑杂录》。林徽因在开篇写道：

这些美的存在，在建筑审美者的眼里，都能引起特异的感觉，在“诗意”“画意”之外，还使人感到一种“建筑意”的愉快。这也许是个狂妄的说法——但是，什么叫做“建筑意”？我们很可以找出一个比较近理的含义或解释来。

顽石会不会点头，我们不敢有所争辩，那问题怕要牵涉到物理学家，但经过大匠之手艺，年代之磋磨，有一些石头的确会蕴含生气的。天然的材料经人的聪明建造，再受时间的洗礼，成美术与历史地理之和，使它不能不引起赏鉴者一种特殊的性灵的融会，神志的感触，这话或者可以算是说得通。

无论哪一个巍峨的古城楼，或一角倾颓的殿基的灵魂里，无形中都在诉说，乃至于歌唱，时间上漫不可信的变迁；由温雅的儿女佳话，到流血成渠的杀戮。他们所给的“意”的确是“诗”与“画”的。但是建筑师要郑重地声明，那里面还有超出这“诗”“画”以外的“意”的存在。眼睛在接触人的智力和生活所产生的一个结构，在光影可人中，和谐的轮廓，披着风露所赐与的层层生动的色彩；潜意识里更有“眼看他起高楼，眼看他楼塌了”凭吊与兴衰的感慨；偶然更发现一片，只要一片，极精致的雕纹，一位不知名匠师的手笔，请问那时锐感，即不叫他做“建筑意”，我们也得要临时给他制造个同样狂妄的名词，是不？

以优美的文笔和富有创造性的文思对枯燥的古建筑进行委婉的描述，把科学考察报告写得像散文一样具有可读性，这是林徽因对于丈夫最好的帮助，也是她作为一个建筑学者的独特贡献。

同年，林徽因又发表了《论中国建筑之几个特征》：

因为后代的中国建筑，即达到结构和艺术上极复杂精美的程度，外表上却仍呈现出一种单纯简朴的气象，一般人常误会中国建筑根本简陋无甚发展，较诸别系建筑低劣幼稚。这种错误观念最初自然是起于西人对东方文化的粗忽观察，常作浮躁轻率的结论，以致影响到中国人自己对本国艺术发生极过当的怀疑乃至于鄙薄。外人论著关于中国建筑的，尚极少好的贡献，许多地方尚待我们建筑家今后急起直追，搜寻材料考据，作有价值的研究探讨，更正外人的许多隔膜和谬解处。

林徽因的论述也解释了为什么她和梁思成不利用自己的专业去做工程做设计，轻松快速地赚钱（当时北平只有两家中国人开办的建筑事务所，以梁林两人的留学背景，做这样的事情轻而易举），而是选择了冷门的中国古建筑作为研究对象。

1932 年 8 月，梁家的第二个孩子出生了，是个男孩。夫妇俩给孩子命名为“从诫“，意在纪念宋代建筑学家李诫。

日子一天天过去，孩子们慢慢长大，可以经受与母亲短暂的离别了。林徽因迫不及待地加入营造学社的考察队伍，和丈夫一起跋山涉水，风餐露宿，辗转于穷乡僻壤、荒郊野外，对中国的古建筑进行详细的考察。

1934 年，梁思成的《清式营造则例》由中国营造学社出版，林徽因为该书写了《绪论》。

石窟与塔的旋律

从北平开来的火车停在了大同站。一下车，梁思成、林徽因还有营造学社的同事都愣住了，这就是辽、金两代的陪都西京吗？

从火车站广场上望出去，没有几座像样的楼房，大都是些窑洞式的平房，满目败舍残墙。大街上没有一棵树，尘土飞扬直迷眼睛。

车站广场上聚集着许多驼帮。林徽因头一回看到大群大群的骆驼，成百上千的骆驼一队队涌进来。这些傲岸而沉默的生物的影子，被九月的夕阳拉得长长的，驼铃苍凉地震响了干燥的空气。这大群的骆驼总是让人想起远古与深邃，想起大漠孤烟与长河落日，这情景，仿佛是从遥远年代飘来的古歌。

林徽因、梁思成加上刘敦桢和莫宗江一行四人，沿着尘土飞扬的街道搜寻旅馆，强烈的骆驼粪尿气味熏得他们捂着鼻子直咳嗽。偌大一个大同城，竟然找不到一家能够栖身的旅馆。街上全是大车店一类的简陋的旅社，穿着羊皮服的骆驼客成帮结

林徽因（左二）、梁思成、刘敦桢和莫宗江赴云冈考察途中。

伙蹲踞在铺面的门口，呼噜呼噜喝着盛在粗瓷蓝花大碗里的玉茭稀粥，剃得精光的头顶冒着热气。

林徽因走到哪里，就在哪里引起一片骆驼客的骚动。刘敦桢打趣道："真是耕者忘其犁，锄者忘其锄，来归相怨怒，但坐观罗敷啊！"

可是很快他们就高兴不起来了。

跑了大半个城，天都快黑了，也没找到可容身的住处，四个人只好又折回火车站。本来身体就有旧伤的梁思成，这一折腾腰酸背痛，连连讨饶："看来只有蹲火车站啦！"

大家认命地进了候车室。还没安顿好，突然有谁喊了一声："这不是梁思成？"

梁、林二人惊诧地转过身，一位穿着铁路制服的大汉站在他们面前。两个人一起惊喜地喊起来："刘大个子，你怎么到这儿了？"

刘大个子说："这话该我问你们啊。"

梁思成说："我们来考察古建筑，跑遍了大同城，连个住处都找不下。"

林徽因高兴地跟刘敦桢和莫宗江介绍："这是我们在宾大的同学老刘，他是学铁路的。看样子我们今晚不用蹲车站了。"

老刘朗声笑道："我这个站长还能让你们蹲车站？走，到我家去。"

老刘用莜麦片炒山药蛋和黄糕做晚餐招待他们。莫宗江吃多了，肚子胀得像鼓一样，跑了好几次厕所。林徽因说："莜麦片吃多了就这样，真忘记告诉你了。"

翌日一大早，老刘开着弄来的敞篷吉普车陪同他们去云冈。

出大同城西 30 多里，便是云冈石窟。石窟依武周山北崖开凿，面朝武烈河，50 多座洞窟一字排开。这座石窟开凿于北魏文成帝和平初年（460 年），与中原北方地区的洛阳龙门石窟和西北高原的敦煌莫高窟为中外知名的三大石窟。《魏书释老志》有记载，北魏和平年间（460 ~ 465 年），高僧昙曜主持在京城郊武周塞开凿了五所石窟，即云冈 16 ~ 20 窟，后人称"昙曜五窟"。 它是云冈石窟群中最早的五窟。其他各洞窟完成于北魏太和十九年（495 年）迁都洛阳之前。其主要洞窟大约在四十年间建成。北魏地理学家郦道元在《水经注漯水》中写道："凿石开山，因岩结构，真容巨状，世法所希。山堂水殿，烟寺相望，林渊锦镜，缀目新眺。"使后人可窥当时之盛况。

1934年夏，林徽因在山西汾阳小杨村考察。

营造学社的一行人完全被这石窟的壮美镇住了。云冈石窟的开凿，不凭借天然洞窟，完全以人工劈山凿洞。昙曜五窟，平面呈马蹄形，弯窿顶是苦行僧结茅为庐的草庐形状，主佛占据洞窟的绝大部分空间，四面石壁雕以千佛，使朝拜者一进洞窟必须仰视，才得窥见真容。这五尊佛像，是昙曜和尚为了取悦当时的统治者，模拟北魏王朝五位皇帝的真容而雕凿的。主佛像高大威严，充满尊贵神圣的气息。

《华严经》响起来了，排箫、琵琶、长笛奏出的美妙的仙乐缭绕在耳畔。这穿越了1500年时光的声音没有丝毫的消损，仍然轰轰烈烈地震荡着现代人的灵魂。在这里，活着的不是释迦牟尼，活着的是石头一样顽强的历史，是把这历史雕凿在侏罗纪云冈统砂岩上的无名的太史公们。远在西方雕塑之父米开朗琪罗没有诞生之前，这些无名艺术家的生命便活在这云冈统砂岩上了，便活在这有血有肉的石头里了。石头的灵魂是永远醒着的，他们要把一个个梦境千年万年地守护下去。

林徽因怔怔地聆听着这乐声，泪流满面而不自知。

他们用三天的时间考察了云冈石窟，搞了许多素描和拓片。接着他们又考察辽、金时代的巨刹华严寺和善化寺。这项工作结束以后，梁思成和莫宗江要去应县考察木塔，林徽因和刘敦桢返回北平，整理资料。

1934年夏天，梁氏夫妇继去年9月云冈石窟考察之后，又来到山西吕梁山区的汾阳。

他们原本计划到北戴河度假，临行时费正清和夫人费慰梅告诉他们，美国传教士朋友汉莫在山西汾阳城外买了一座别墅，梁思成原来也想到洪洞考察，两地相距很近，于是便一同前往。

这是他们第二次山西之行。虽名为消暑避夏，怎奈夫妇二人一看到古建筑就迈不开腿，又把度假变成了工作，还请了两个免费的外国帮工。费正清回忆道：

菲利斯（林徽因英文名）穿着白裤子，蓝衬衫，与穿着卡其布的思成相比更显得清爽整洁。每到一座庙宇，思成便用他的莱卡照相机从各个方位把它拍摄下来，我们则帮助菲利斯进行测量，并按比例绘图，工作往往需要整整一天，只是中午暂停下来吃一顿野餐。思成虽然脚有点跛，但他仍然能爬上屋顶和屋椽拍照或测量。

梁思成、林徽因在费氏夫妇的协助下，对太原、文水、汾阳、孝义、介休、灵石、霍县、赵城一带汾河流域的古代寺庙进行了一系列的考察，发现古建筑 40 余处。这次调查最有价值的发现，莫过于赵城的广胜寺和太原的晋祠。1935 年 3 月，林徽因与梁思成把这次山西之行的成果写成了《晋汾古建筑预查纪略》。

“我们夜宿廊下，仰首静观檐底黑影，看凉月出没云底，星斗时现时隐，人工自然，悠然溶合入梦，滋味深长。”

“后二十里积渐坡斜，直上高冈，盘绕上下，既可前望山峦屏嶂，俯瞰田陇农舍，乃又穿行几处山庄村落，中间小庙城楼，街巷里井，均极幽雅有画意。”

“小殿向着东门，在田野中间镇座，好像乡间新娘，满头花钿，正要回门的神气。”

《晋汾古建筑预查纪略》是梁、林二人合写的。那文字中的俏皮、生动，和诗情画意，应该就是这位聪明绝顶的女诗人留给山西的印记吧。

林徽因走到哪里，就在哪里引起一片骚动。

与宁公遇对话

林徽因测绘佛光寺经幢。

1936 年 5 月 28 日，梁氏夫妇和营造学社的同事去河南洛阳龙门石窟、开封及山东历城、章丘、泰安、济宁等处作古建筑考察，林徽因在写给梁思庄的信中透露了旅途的艰苦：

“思庄，出来已两周，我总觉得该回去了，什么怪时候赶什么怪车都愿意，只要能省时候。每去一处都是汗流浃背的跋涉，走路工作的时候又总是早八至晚六最热的时间里，这三天来可真是累得不亦乐乎，吃得也不好，天太热也吃不大下，因此种种，我们比上星期的精神差多了。整天被跳蚤咬得慌，坐在三等火车中又不好意思伸手在身上各处乱抓，结果浑身是包！”

考察中国古建筑，必定是一项艰苦的工作，舟车劳顿只是其中的一部分。对发现的古建筑进行拍照、测量、绘图、整理，也远非容易的事情。到了 1937 年，梁思成已经带着营造学社的学员几乎跑遍了整个华北地区。虽然有很多惊喜发现，但仍然有一个令人揪心的事实摆在眼前：迄今为止发现的所有木结构建筑都是宋辽以后的遗存。日本学者曾经断言，中国已经不存在唐代以前的木构建筑，只有在奈良才能看到真正的唐代建筑。营造学社的努力似乎也印证了这一尴尬的现实。

但是梁思成和林徽因一直没有放弃希望，他们以科学家的敏感相信着在中国某一个偏僻的角落，一定还存有真正的唐代建筑。眼下战争形势越来越紧迫，时间不多了，梁思成和林徽因加紧了野外考察的步伐。

1937年6月，他们上路了，先坐火车到太原，而后转乘汽车抵达五台县，再从那里骑乘骡轿，在崎岖陡峭的山路上走了整整两天终于到达了佛光寺。考察这座寺庙的契机很偶然。梁思成和林徽因无意间在法国汉学家伯希和的《敦煌石窟》一书中，发现了两幅描绘佛教圣地五台山全景的唐代壁画，壁画描绘了五台山的山川与寺庙，并标注了寺庙的名称。这燃起了他们内心深处残存的希望。他们决定立刻前往大山深处，看看能否找到一点儿唐代木结构建筑的残迹。

眼前的佛光寺业已失去往昔的光彩。推开沉重的殿门，黑暗的屋顶藻井是一间黑暗的阁楼，厚厚的尘土在藻井上累积了千年。成千上万只黑色的蝙蝠倒挂在屋檩上，尘土中还堆积着许多蝙蝠的死尸。蝙蝠聚集在黑暗的角落，三角形的翅膀扇动着令人窒息的尘土和秽气。藻井里到处爬满了臭虫，它们以吸食蝙蝠血为生。

这光景真是恐怖又凄凉。

梁思成和林徽因连忙戴上口罩。惊起的蝙蝠在他们身边飞来撞去，他们只顾得不停地测量、记录和拍照，在呛人的尘土和难耐的秽气中一待就是几个小时。

林徽因、梁思成考察古建筑途中。

身上和背包里爬满了臭虫，浑身奇痒难耐。

在殿堂工作了三天，他们的眼睛已适应了屋顶昏暗的光线。林徽因发现大殿的一根主梁上有模糊的刻字。于是他们在佛像的间隙搭起了脚手架，清除梁上的灰尘以看清题字。林徽因从各个角度仔细辨认着，庆幸自己是个远视眼。那些隐隐约约的字迹中有人名，有长长的官职称谓。她断断续续地读出了几个字：“女弟子宁公遇”。忽然灵光一闪：大殿外的经幢上好像看到过类似的名字！她急忙跑出去核实，果然，经幢上刻着“佛殿主女弟子宁公遇”。

林徽因马上向大家报告了这个喜悦的发现，原来，他们先前看到的、大殿中那尊身着便装、面目谦恭的女人坐像，并不是寺僧所说的“武后”塑像，而是这座寺庙的女施主宁公遇夫人。

一行人在佛光寺整整工作了一个星期，对整座寺院做了详细的考察记录。这座寺庙已经有超过1000年的历史，是思成他们历年搜寻考察中所找到的唯一一座唐代木结构建筑，比他们以前发现的最古老的建筑还要早一百多年。不仅如此，他们在这里还发现了唐代的壁画、书法、雕塑。

那一个星期是他们从事野外考察工作以来最高兴的日子，这份巨大的快乐把所有的疲倦都冲去了。

离开之前，梁思成特别给山西省政府写了报告，请求他们保护好这一处珍贵的建筑遗存。

林徽因恋恋不舍地向这座在他们的学术生涯中意义重大的古建筑告别。梁思成帮她和“女弟子宁公遇”的塑像拍了一张合影。她面对着宁公遇塑像仁蔼丰满的面容，遥想着这位女性的生平和性行，这是怎样一位女性呢？她为了信念捐出了家产修筑这座寺院，当寺院落成时，她把自己也永远地留在了这里，日日倾听着暮鼓晨钟和诵经声，谦卑地守护着缭绕的香火和青灯黄卷。

几千年过去了，和佛光寺的宁公遇四目相对，林徽因默默无言，只想自己也化为一尊塑像，在肃穆中盘腿坐上一千年。

英文版《亚洲杂志》1941 年 7 月发表了梁思成的《中国最古老的木构建筑》，其中特别提到：“佛殿是由一位妇女捐献的！而我们这个年轻建筑学家，一位妇女，将成为第一个发现中国最难得的古庙的人，这显然不是一个巧合。”

没错，这不是一个巧合，而是一场注定的缘分。几千年过去了，女建筑学家林徽因和佛光寺的宁公遇四目相对，她们都是有坚韧信念的女性，为了心中的理想和信念，她付出了什么？她又付出了什么？宁公遇谦卑地沉默着。林徽因默默无言，只想自己也化为一尊塑像，让“女弟子林徽因”永远陪伴这位虔诚的唐朝妇女，在肃穆中再盘腿坐上一千年。

1937 年 7 月的五台山佛光寺考察是中国建筑史上最伟大的发现。另外还有唐代塑像 30 余尊和一小幅珍贵的唐代壁画与大殿一同被发现。这是除敦煌以外，梁思成所知道的中国本土唯一现存的唐代壁画。从那以后日本人再也不敢说要看唐代木结构建筑只能去日本这样的话了。

第一部中国人的建筑史

李庄营造学社工作室内景。

1939年，中央博物院筹备处聘请梁思成担任建筑史料编纂委员会主任，梁思成和林徽因开始了中国建筑史的构思。这是他们夫妇十几年的一桩心事。

工作开始没多久，1941年，他们得到一个不幸的消息，因为天津发大水，银行的地下室被淹，他们战前存放在那里的建筑考察资料几乎全部被毁。战前无数个日日夜夜的辛苦成果毁于一旦，林徽因和梁思成禁不住抱头痛哭。

哭过了，还是要振作精神重来。夜长梦多是他们最不愿看到的，当时正在李庄的夫妇俩决定就随身携带的资料，和营造学社的同事们一起全面系统地总结整理他们的调查成果，着手撰写《中国建筑史》。同时，用英文撰写说明并绘制一部《图像中国建筑史》，这是梁思成和林徽因从留学美国时就埋在心底的夙愿。

但梁思成的身体状况已经不允许他如此超负荷地工作。他的脊椎病复发了，写作的时候，身体支不住，只好拿一只玻璃瓶垫住下巴。

林徽因这时身体也已经不好，时常大口大口地咯血，大部分时间只能在床上靠着被子半躺半坐。即使是这样，她仍然为《中国建筑史》倾注了大量心血。她翻译了一批英国建筑学期刊上的学术论文，让丈夫从史语所给她借回来许多书，通读二十四史中关于建筑的部分，帮助丈夫研究汉阙、岩墓。

用金岳霖的话说，林徽因那段时间“全身都浸泡在汉朝里了，不管提及任何事物，她都会立刻扯到那个遥远的朝代去，而靠她自己是永远回不来的”。

梁思成在这段时间给费正清写的信当中也提到了这件事情：

梁思成与林徽因对古建筑的考察充满了热情，他们的足迹遍及全国190个县市，对考察路途上的艰辛和测绘工作的辛劳丝毫没有怨言。

徽因这些日子里，她对汉代的历史入了迷。有人来看她时，无论谈到什么话题，她都能联系到那个遥远的朝代去。她讲起汉代的一个个帝王将相、皇后嫔妃，就像在讲自己最要好的朋友一样熟悉。她把汉代的政治经济、礼仪习俗、服饰宴乐与建筑壁画结合在一起进行研究，做了大量的摘录和笔记。她甚至想就这段历史写一部剧本。

战时经济困难，梁思成的中国营造学社已经“挂靠”到中央研究院，纳入正式编制，学社的同事有了固定的工资，一些资助也陆续到位。林徽因特别高兴，她写信给费慰梅，难掩喜悦之情：

思成的营造学社已经从我们开始创建它时的战时混乱和民族灾难声中的悲惨日子和无力挣扎中走了出来，达到了一种全新的状态。它终于又像个样子了。同时我也告别了创作的旧习惯，失去了同那些诗人作家朋友们的联系，并且放弃了在我所喜爱的并且可能有某些才能和颖悟的新戏剧方面工作的一切机会。

费正清夫妇与梁思成、林徽因夫妇合影。

林徽因和梁思成在艰苦的环境中忘我地工作着。梁思成给费正清写信说：

很难向你描述也是你很难想象的：在菜油灯下做着孩子的布鞋，购买和烹调便宜的粗食，我们过着我们父辈在他们十几岁时过的生活但又做着现代的工作。有时候读着外国杂志看着现代化设施的彩色缤纷的广告真像面对奇迹一样。我的薪水只够我家吃的，但我们为能过这样的日子而很满意。我的迷人的病妻因为我们仍能不动摇地干我们的工作而感到高兴。

1942年年底，从李庄回到重庆的费正清，给夫人写信讲述了梁氏夫妇撰写中国建筑史的情况：

思成的体重只有四十七公斤，每天和徽因工作到夜半，写完十一万字的中国建筑史，他已透支过度。但他和往常一样精力充沛和雄心勃勃，并维持着在任何情况下都像贵族一样的高贵和斯文。

肺病缠身的林徽因全然忘我的投入在工作中，承担了中国建筑史全部书稿的校阅，并执笔写了书中的第七章 五代、宋、辽、金部分。这一章是全书的主干，共有七节，分别为：五代汴梁之建设；北宋之宫殿苑囿寺观都市；辽之都市及宫殿；金之都市宫殿佛寺；南宋之临安；五代、宋、辽、金之实物；宋、辽、金建筑特征之分析。她介绍了宋、辽、金时代，中国宫室建筑的特点和制式，以及宗教建筑艺术，中国塔的建筑风格，辽、金桥梁建设，乃至城市布局和民居考证。仅是中国的塔，她就列举了苏州虎丘塔、应县木塔、灵岩寺辟支塔、开封祐国寺铁色琉璃塔、涿县北塔及南塔、泰宁寺舍利塔、临济寺青塔、白马寺塔、广惠寺华塔、晋江双石塔、玉泉寺铁塔等数百种。细心地研究了它们各自的建筑风格、特点、宗教意义，成为集中国塔之大成的第一部专著。

另外，林徽因还以翔实的资料，分析了中国佛教殿宇的建筑艺术，对正定县文庙大成殿、山西榆次永寿寺雨华宫、辽宁义县大奉国寺大殿、山西五台佛光寺文殊殿、正定龙兴寺摩尼殿和转轮藏殿、宝坻广济寺三大士殿、山西大同华严寺薄伽教藏及海会殿、善化寺大雄宝殿、河北易县开元寺毗卢观音药师三殿、少林寺初祖庵大殿、山西应县净土寺大雄宝殿、河南济源奉仙观殿、江苏吴县玄妙观三清殿等殿宇的建成年代、廊柱风格、斗拱结构、转角铺作诸方面进行了论证与分析。这些都是前人没有做过的事情。

尽管身体承受着痛苦，但梁思成和林徽因在工作中得到了极大的快慰，投入在创作中的时候，他们早就忘记了病痛，忘记了时间和空间。

他们梦想着，等仗打完了，等病好了，能再去全国各地考察。梁思成对妻子描述着他的憧憬："我做梦都想着去上一趟敦煌呢！如果上帝肯给我健康，就是一步一磕头，也要磕到敦煌去！"林徽因则说她最向往去考察江南民居，在江南待了这许多年，没来得及实地考察实在是个遗憾。

《中国建筑史》成书于1944年，它的问世，结束了没有中国人写的《中国建筑史》的缺憾，纠正了西方人对中国建筑艺术的偏见和无知。

这部划时代的著作的作者署名是梁思成。是的，没有林徽因。她收集资料、提供灵感、执笔写作、文字加工，到最后校对书稿，亲自用钢板和蜡纸刻印。但是她却不曾署名！

对林徽因存有偏见的人，认为她的文学造诣比不上谁谁谁，在建筑学上，又沾了丈夫的光。他们忽略了，诗歌也好，小说也好，散文也罢，并不是林徽因刻意为之。写诗，是她耳濡目染，有感而发，只不过灵气浑然天成，恰好在现代文学中留了一笔。建筑，她倾心热爱，一生不悔。也许对她来说，这已经不仅仅是一项事业，更是与梁思成爱情的见证和根基。那时候她不过是营造学社的一个小校理，又凭着对文学的热爱和朋友的邀请做了一些诗或者有关的事情。她一生中的大部分时间仅仅是梁思成的妻子，林家的长女，一个跟肺病耗了半生的弱女子。

林徽因深深爱着建筑，在做那些忙不完的家事时，她的心也放在建筑上。她在给费慰梅的信上说：

每当我做些家务活时，我总觉得太可惜了，觉得我是在冷落了一些素昧平生但更有意思、更为重要的人们。于是，我赶快干完手边的活儿，以便去同他们谈心，倘若家务活儿老干不完，并且一桩桩地不断添新的，我就会烦躁起来，所以我一向搞不好家务，因为我的心总一半在旁处。

虽然林徽因在当时是个反传统的女性，但她还是跟现在的职业女性不同，顶多算一个“准职业女性”吧。她在大学教书，在营造学社也有职位，但永远在丈夫之后。这是那个时代决定的。任凭你再怎么“异端”，也改变不了这有些无奈的事实。那让人眼前一亮的清丽诗句，第一代女建筑学家的头衔，都是从“梁太太”和“肺病患者”的间隙当中偷来的。这样来看林徽因的成就，会不会有另外一番感慨呢？

这也许是林徽因没有在《中国建筑史》上署名的原因吧？到底是梁思成成就了林徽因，还是林徽因成就了梁思成？对于已经不分彼此的他们，不必说，也早已说不清楚了。

诗的笑，画的笑

想起“黑夜给了我黑色的眼睛，我却用它寻找光明”，就会想到顾城；念起“我有一所房子，面朝大海，春暖花开”，就会唏嘘那个车轮下的亡灵；一谈到徐志摩就会吟诵“我挥一挥衣袖，不带走一片云彩”。

同样的，知道林徽因的人，不会不记得“我说你是那人间的四月天，笑响点亮了四面风；轻灵，在春的光艳中交舞着变”。

每个能称得上诗人的人，一生都能留下若干或让人流泪或让人幸福微笑，抑或深沉思考的名言佳句，只是有幸让人记住并流传甚广的真是不多。有些人必定要以死来配得上曾经留下的瑰丽，或许谁也不能明白，到底怎样的人生才算是无憾。

如果说建筑事业是林徽因一生都不能放下的信念，文字大约是她对美好情怀的一种寄托和誓约。她有称得上秀丽外表的诗情才气。小小一片落叶，或是一阵清风，她的心中就会撩拨起无限感思，或许每个文人骨子里都留有这番情结。林徽因纵不算文人，亦没有刻意留下些什么，但那随着心意流淌出的文字，已足以在那个才子才女辈出的时代留得一席之地。

京派文学的精神领袖

通常认为所谓的“京派文学”，是20世纪30年代中期北平的一个文学流派，由活跃在北平和天津等北方城市的自由主义作家群组成。这个定义带有时间和地域性，也有政治倾向性。这一文学派系的“命名”跟20世纪30年代初发生于上海与北京两个城市作家之间的一场争论直接相关，当时双方互相攻击的主要人物是北京的沈从文和上海的苏汶，后来又加进了鲁迅等人。1933年10月，沈从文发表《文学者的态度》一文，批评了那些主要在上海的新派的作家，指责他们对创作缺乏尊严感，有“玩票白相”的习气。稍后在《论海派》一文中，他对上海某些文人作风提出了更为尖锐的批评，以轻蔑的口气指责他们是“名士才情”加上“商业竟卖”，并且把“旧礼拜六派”和所谓“感情主义的左倾”，统统都捆在一起，斥为“妨碍新文学健康发展”的“海派”。与此同时，沈从文又标榜北京作家的“诚实与质朴”，主张要张扬文坛正气，破除“海派”的歪风。

北伐战争胜利后，革命中心南移，北平文坛因大批作家转战南方而落入沉寂。留居北平的文人们陆续聚集起来，接手《大公报》文艺副刊，并先后创办杂志《文学》《水星》《文学杂志》，将这四本刊物作为创作园地，开创与南方革命气势迥异的京派文学。

这些人大多是京城的教授和大学生，有的已经是享誉文坛的名家，有的是刚刚起步的明日之星。而林徽因似乎介于两者之间，比新秀有些资格，比起名家，又少了些像样的建树。

现在普遍认为，沈从文是京派作家第一人，他使小说诗化、散文化，现实主义而又带有浪漫主义气息。但按照萧乾的说法，京派初期的“盟主”是周作人，但周作人的前辈身份和消极思想已经与年青一代的文人产生代沟。林徽因文学素养不俗，人也生得美丽，又善言谈，自然而然成了“当时京派的一股凝结力量”。

这一时期，林徽因在《新月》《大公报文艺副刊》《文学》和《文学杂志》上发表了许多诗歌、小说、戏剧和文艺评论，同时还积极扶植新人，选编集结，设计封面，为发展“京派文学”作了不少贡献。

1936 年 9 月，在上海筹办《大公报》沪版的萧乾回到北平，为了纪念《大公报文艺副刊》接办十周年，举办了全国性文艺作品征文，请一些在文坛享有盛名的作家担任评委，有叶圣陶、巴金、杨振声、朱自清、朱光潜、靳以、李健吾、林徽因、沈从文、凌淑华。这些评委主要是京沪两地的作家，平时靠萧乾写信协调意见。

林徽因选编的《大公报文艺丛刊小说选》这个时候到了最后审定阶段。这部小说选是林徽因受萧乾之托编辑的。萧乾到《大公报》之后，林徽因一直是他的热情支持者，每个月萧乾回到北平，总要在“来今雨轩”举行茶会，邀来一二十个朋友，一边聊天，一边品茶，谈文学，谈人生，萧乾的许多稿子都是在这样的茶会上征得的。林徽因每请必到，每到必有一番宏论，语惊四座，成为茶会上令人瞩目的人物。萧乾早就钦佩林徽因的艺术鉴赏能力，在那年春天就把这件事委托给了她。

《大公报文艺丛刊小说选》编选了三十篇作品，有沈从文、杨振声、李健吾、凌淑华、老舍、张天翼、沙汀这些已经出名的作家的，也有些文坛上陌生的面孔，如徐转蓬、李辉英、寒谷、威深、程万孚等人的作品。林徽因为作品集写了序。在这篇序言中，她不仅概述了对入选作品的看法，而且直接阐述了她的文学观：

在北总布胡同三号居所客厅，摄于 1936 年。

在这些作品中，在题材的选择上似乎有个很偏的倾向：那就是趋向农村或少受教育分子，或劳力者的生活描写。这倾向并不偶然，说好一点，是我们这个时代对于他们——农人与劳力者——有浓重的同情和关心；说坏一点，是一种盲从趋时的现象。但最公平地说，还是上面的两个原因都有一点关系。描写劳工社会，乡村色彩已成一种风气，且在文艺界也已有一点成绩。初起的作家，或个性不强烈的作家，就容易不自觉的，因袭种种已有眉目的格调下笔。尤其是在我们这时代，青年作家都很难过自己在物质上享用，优越于一般少受教育的民众，便很自然的要认识乡村的穷苦，对偏僻的内地发生兴趣，反倒撇开自己所熟识的生活不写。拿单篇来讲，许多都写得好，还有些特别写得精彩的。但以创造界全盘试验来看，这种倾向表示贫弱，缺乏创造力量。并且为良心的动机而写作，那作品的艺术成分便会发生疑问。我们希望选集在这一点上可以显露出这种创造力的缺乏，或艺术性的不纯真，刺激作家们自己更有个性，更热诚的来刻画这多面错综复杂的人生，不拘泥于任何一个角度。

作品最主要处是诚实。诚实的重要还在题材的新鲜，结构的完整，文字的流丽之上。即是作品需诚实于作者客观所明吒、主观所体验的生活。小说的情景即使整个是虚构的，内容的情感却全得藉力于逼真的、体验过的情感，毫不能用空洞虚假来支持着伤感的“情节”！所谓诚实并不是作者必需实际的经过在作品中所提到的生活，而是凡在作品中所提到的生活，的确都是作者在理智上所极明吒，在感情上极能体验得出的情景或人性。许多人因是自疚生活方式不新鲜，而故意地选择了一些特殊浪漫，而自己并不熟识的生活来做题材，然后敲诈自己有限的幻想力去铺张出自己所没有的情感，来骗取读者的同情。这种创造即浪费文字来夸张虚伪的情景和伤感，那些认真的读者，要从文艺里充实生活认识人生的，自然要感到十分的不耐烦和失望的。

所以一个作者，在运用文字的技术学问外，必须是能立在生活上面，能在主观与客观之间，感觉和了解之间，理智上进退有余，感情上横溢奔放，记忆与幻想交错相辅，到了真即是假，假即是真的程度，他的笔下才现着活力真诚。他的作品才会充实伟大，不受题材或文字的影响，而能持久普遍的动人。

小说集由上海良友图书公司出版，受到读者的欢迎，很快售罄。这本《大公报文艺丛刊小说选》不但体现了林徽因的艺术眼光，也充分显示了她的编辑才能和艺术。

林徽因还与梁思成合作，为《大公报文艺副刊》设计了若干幅插图。其中一幅叫“犄角”的插图，是在北戴河冒着暑热赶制出来的。林徽因附信说：“现在图案是画好了，十之八九是思成的手笔。在选材及布局上，我们轮流草稿讨论。说来惭愧，小小的一张东西，我们竟做了三天才算成功。好在趣味还好，并且是汉刻，纯粹中国创造艺术的最高造诣，用来对于创作前途有点吉利。”

萧乾接到插图非常高兴，在使用时还特意加了评语，说这幅“美丽的图案”，“壮丽典雅”，是这期副刊“精彩的犄角”！

梁从诫在《倏忽人间四月天——回忆我的母亲林徽因》一文中谈道：

母亲文学活动的另一特点，是热心于扶植比她更年轻的新人。她参加了几个文学刊物或副刊的编辑工作，总是尽量为青年人发表作品提供机会；她还热衷于同他们交谈、鼓励他们创作。她为之铺过路的青年中，有些人后来成了著名作家。关于这些，认识她的文学前辈们大概还能记得。

萧乾 1984 年写了一篇纪念林徽因的长文《一代才女林徽因》，就提到了林徽因对自己的提携，以及著名的“太太客厅”的聚会。

林徽因诗歌写得好，散文、小说、戏剧、杂评的水准也颇为不俗，赢得了北平作家们的钦佩和喜爱。她经常发表关于文学的精辟见解，语惊四座。所以萧乾说：“她又写、又编、又评，又鼓励大家。我甚至觉得她是京派的灵魂。”

作为一名建筑学家，林徽因也许无意在文学领域做出多大成绩，但是她过人的艺术涵养和文学天赋，真诚热情的心肠，机敏的思维和言辞，再加上个人魅力，还是在不知不觉之间把她推向了“京派文学的精神领袖”这样一个角色。

自然与心灵的契合

我说你是人间的四月天；
笑响点亮了四面风；
轻灵在春的光艳中交舞着变。
你是四月早天里的云烟，
黄昏吹着风的软，
星子在无意中闪，细雨点洒在花前。
那轻，那娉婷，你是，
鲜妍百花的冠冕你戴着，
你是天真，庄严，你是夜夜的月圆。
雪化后那片鹅黄，你像；
新鲜初放芽的绿，你是；
柔嫩喜悦水光浮动着你梦期待中的白莲。
你是一树一树的花开，
是燕在梁间呢喃，——你是爱，是暖，
是希望， 你是人间的四月天！

作为诗人的林徽因，这首《你是人间的四月天——一句爱的赞颂》是她最广为人知的作品。本诗发表于1934年5月的《文学》杂志第一期第一卷。对于这首诗的写作对象，有两种观点。有人认为是写给已故诗人徐志摩的情诗，有人认为是写给儿子梁从诫的赞歌。在这里笔者倾向于后一种说法。因为梁从诫亲口承认过这一事实，说是梁思成告诉他，这是林徽因写给他的诗。再者，从文学角度来分析，春光、星星、百花、圆月、鹅黄、嫩芽、花开、春燕……这些美丽纯净的意象，充满了喜悦、希望、爱的光辉，看得出作者是怀着对一个新生的生命的爱怜，有感而发。这样看来，《你是人间的四月天》确实是一个母亲对自己两岁上下的孩子的赞颂，认之为悼亡诗，实在不大合时宜。

林徽因的诗歌创作在京派文学的活动中逐渐走上巅峰，这一时期除了《你是人间的四月天》以外，她发表的主要诗作有：《雨后天》《秋天，这秋天》《忆》《年关》《吊玮德》《灵感》《城楼上》《深笑》《风筝》《记忆》《静院》《无题》《题剔空菩提叶》《黄昏过泰山》《昼梦》《八月的忧愁》《过杨柳》《冥思》《空想》《你来了》《“九一八”闲走》《藤花前》《旅途中》《静坐》《红叶里的信念》《十月独行》《时间》《古城春景》《前后》《去春》等。

是谁笑得那样甜，那样深，
那样圆转？一串一串明珠
大小闪着光亮，迸出天真！
清泉底浮动，泛流到水面上，

灿烂，
分散！
是谁笑得好花儿开了一朵？
那样轻盈，不惊起谁。
细香无意中，随着风过，
拂在短墙，丝丝在斜阳前
挂着
留恋。
是谁笑成这百层塔高耸，
让不知名鸟雀来盘旋？
是谁笑成这万千个风铃的转动，
从每一层琉璃的檐边
摇上
云天？

这首《深笑》可以说代表了林徽因当时诗歌风格的转变，笔调变得清丽明快。同时也可以看出林徽因一个时期内的总体上的美学追求，清新、细腻、纯净，仿佛每一个句子都有很高的透明度，同时又很讲究韵律美、建筑美、音乐美。

还有她的《藤花前——独过静心斋》：

紫藤花开了
轻轻的放着香，
没有人知道……
紫藤花开了
轻轻的放着香，
没有人知道。
楼不管，曲廊不做声
蓝天里白云行去，

池子一脉静；
水面散着浮萍，
水底下挂着倒影。
紫藤花开了
没有人知道！
蓝天里白云行去，
小院，
无意中我走到花前。
轻香，风吹过
花心，
风吹过我，——
望着无语，紫色点。

用独特的意象，全新的审美角度，像工匠用彩瓦砌造钟楼一样，她用语言营造着一个全美的艺术建构，仿佛在心的背面，也照耀着春日明媚的阳光。

古典主义的理性与典雅，浪漫主义的热情与明朗，象征主义的含蓄与隐秘，这三者在她诗中的统一，以及古典主义风格的托物寄情与现代主义的意象表情的对立统一，共同构成了这个时期的艺术风格。

但林徽因的诗歌才华并不是这时候才被人认可的。早在她在香山养病期间，就已经写下了不少水准不俗的作品。1931 年 4 月的《诗刊》第二期，发表了林徽因的三首爱情诗《那一晚》《谁爱这不息的变幻》《仍然》。当时她的笔名是尺棰。到了香山后，春日的香山更引发了她的诗兴，她便如痴如醉地写起诗来。她的每一首诗都与自然和生命息息相关。她的诗歌受到英国唯美派诗人的影响。在早期体现得更加明显。

笑

笑的是她的眼睛，口唇，
和唇边浑圆的漩涡。
艳丽如同露珠，
朵朵的笑向
贝齿的闪光里躲。
那是笑——神的笑，美的笑：
水的映影，风的轻歌。
笑的是她惺忪的鬈发，
散乱的挨着她耳朵。
轻软如同花影，
痒痒的甜蜜
涌进了你的心窝。
那是笑——诗的笑，画的笑：
云的留痕，浪的柔波。

这首诗足可以代表林徽因早期作品的艺术风格。那轻轻地笑的“云的留痕，浪的柔波”，是从眼神、口唇边泛起的酒窝，那整齐洁白如编贝启唇而露的玉齿，在闪光之间的具象，描绘了一个灿烂无比、甜美绝伦的笑，——诗的笑，画的笑，是那样甜蜜，痒痒地涌进了人的心窝。细致入微的生动的体察。真挚的情感和精准的感觉，描绘出触手可及的具象。上下两节对称严谨，用词有很强的透明感，诗行中流露出的是对至纯至美的赞颂。

林徽因对于诗歌创作好像有天生的独到慧眼，如这首《深夜里听到乐声》

这一定又是你的手指，
轻弹着，
在这深夜，稠密的悲思。
我不禁颊边泛上了红，
静听着，
这深夜里弦子的生动。
一声听从我心底穿过，
忒凄凉
我懂得，但我怎能应和？
生命早描定她的式样，
太薄弱
是人们的美丽的想象。
除非在梦里有这么一天，
你和我
同来攀动那根希望的弦。

这乐声，仿佛是一种感召，又像是一段回忆。轻柔细腻中蕴含着热烈和真挚，这是来自性灵深处的诗情。在艺术形象的建构上，这首诗也更多地体现了音律美和建筑美，那意象细微的弹跳，好像赋格曲中最轻柔的音符，那旋律，让你心头荡漾，心弦颤动，又余音袅袅；在句式建构上，两长一短的三段式，抑扬适度，如一曲回

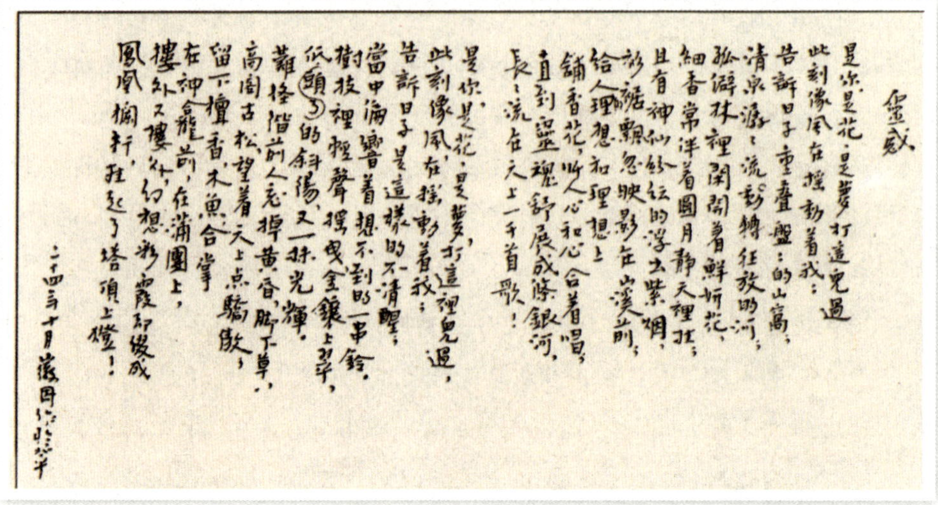

靈感

是你，是花，是夢，打這兒過
此刻像風在搖動着我；
告訴日子重疊盤盤的山窩；
清泉潺潺流動轉狂放的河；
孤僻林裡閑開着鮮妍花，
細香常伴着圓月靜天裡掛；
且有神仙紛紛的浮出紫煙，
衫裾飄忽映影在山溪前；
給人理想和理想上
鋪香花，叫人心和心合着唱，
直到靈魂舒展成條銀河，
長長流在天上一千首歌！

是你，是花，是夢，打這兒過，
此刻像風在搖動着我；
告訴日子是這樣的不清醒；
當中偏響着想不到的一串鈴。
樹枝裡輕聲搖曳金鑲上翠，
低了頭的斜陽，又一抹光輝。
難怪階前人忘掉黃昏，腳下草，
高閣古松，望着天上點驕傲，
留下檀香，木魚，合掌
在神龕前，在蒲團上，
樓外又樓外，幻想彩霞却綴成
鳳凰闌干，狂起了塔頂上燈！

二十四年十月 徽因 北平

林徽因诗稿墨迹（1935年）。

廊，往还复沓，曲径通幽，构成了深邃的意境，又渲染了那种悲思和凄婉的意味；在韵律上，流畅而不单调，和谐又复自然。

这段日子里，林徽因还创作了《一首桃花》《激昂》《莲灯》《情愿》《中夜钟声》《山中一个夏夜》等诗歌。这是她写诗最多的一年。这个时期的作品，传达出她对生活和生命的挚爱，感情纤细，构思巧妙，以独特的想象，创造了一个内心情感和思想的诗性世界，具有音乐、绘画和建筑美。从这个花季始，她走上了诗歌创作的漫长旅程。

纸背的底蕴

在香山养病期间，林徽因创作了她的小说处女作《窘》，发表于《新月》月刊第三卷第九期。这篇12000多字的小说，叙述的是一个刚刚进入中年的知识分子维杉，处在现实生活中的经济窘迫和精神压抑所带来的双重尴尬的境况中。

维杉在大学里做教授，学校放暑假时感到无聊之极。在朋友少朗家，他同少朗的几个儿女在一起，觉得自己已经突然苍老了，似乎自己还未来得及享受人生，时光就把他粗暴地推入另一个边缘。他感到自己正在变成一个落魄的四不像。

小说一开篇，维杉就陷入了这样一个境地：

拿做事当作消遣也许是堕落，中年人特有的堕落。“但是”，维杉狠命地划一下火柴“中年了又怎样？”他又点上他的烟卷连抽了几口。朋友到暑假里，好不容易找，都跑了，回南的不少，几个年轻的，不用说，更是忙得可以。当然脱不了为女性着忙，有的远赶到北戴河去。只剩下少朗和老晋几个永远不动的金刚，那又是因为他们有很好的房子，有太太、有孩子，真正过老牌子的中年生活，谁都不像他维杉的四不像的落魄。

维杉好像在长起来的孩子和他自己面前划了一条分界线，分明地分成两组，他自己自然是前辈的那一边。他羡慕那些只是一味的老气，或是一味的年轻的人。他虽然是分了界限的，仍觉得四不像，他处处感到“窘——真窘极了”。

在这篇小说中，林徽因首次提出“代沟”的概念：这道沟是有形的，它无处不在，处处让人感到一种生存的压迫；它又是无形的，仿佛两个永恒之间一道看不见

在外考察古建筑的林徽因，摄于1936年。

的深壑。

林徽因以细致入微的心理描写手法，刻画出维杉这种无处不在的“窘”：

——他不痛快极了，挺起腰来健步到旁边小路上，表示不耐烦。不耐烦的脸本来与他最相宜的，他一失掉了“不耐烦”的神情，他便好像丢掉了好朋友，心里便不自在，懂得吧？他绕到后边，隔岸看一看白塔，它是自在得很，永远带些不耐烦的脸站着——还是坐着？——它不懂得什么年轻，老，这一些无聊的日月，它只是站着不动，脚底下自有湖水，亭榭松柏，杨柳，人，——老的小的——忙着他们更换的纠纷！

“要活着就别想”，维杉不得不这样安慰自己。维杉感觉到这世界和自己之间隔着深深的一道沟壑。“桥是搭得过去的，不过深沟仍是深沟，你搭多少桥，沟是仍然不会消灭的。”这是一代人的悲剧，作为知识分子的维杉，只不过是比别人更早地体味到了这一点：

维杉心里说：“对了，出去，出去，将来，将来，年轻！荒唐的年轻！他们只想出去飞！飞！叫你怎不觉得自己落伍，老，无聊，无聊！”他说不出的难过，说老，他还没有老，但是年轻？他看着烟卷没有话说。芝看着他不说话也不敢再开口。

故事的最后，少朗的女儿芝请维杉写一封介绍信给她去美国的同学，少朗问：“你还在和碧谛通信吗？还有雷茵娜？”“很少……”维杉又觉得窘到极点了。过去那点有色彩的生活，也被这“代沟”给分隔开了，甚至没有回望生活的权利。

生活状态的窘迫，是心理状态窘迫的投射。这篇小说的主题，其深刻之处在于创作出了整整一代人的生存尴尬，这里面有社会的、历史的、道德的、观念的因素，但最本质的还是那道看不见、摸不着，却又无处不在的鸿沟。

林徽因的另一部重要的小说是《九十九度中》，在叶公超主编的《学文》杂志创刊号发表后，立刻引起了较大的反响和同代作家的注意。

这是一个充满象征和寓意的故事。李健吾先生早在1935年就慧眼独具，给予林徽因的小说《九十九度中》以很高的评价。他说：“一件作品或者因为材料，或者因为技巧，或者兼而有之，必须有以自立。一个基本的起点，便是作者对于人生看法的不同。由于看法的不同，一件作品可以极其富有传统性，也可以极其富有现代性。”“在我们过去短篇小说的制作中，尽有气质更伟大的，材料更事实的，然而却只有这样一篇，最有现代性；唯其这里包含着一个个别的特殊的看法，把人生看作一根合抱不来的木料，《九十九度中》正是一个人生的横切面。在这样一个北平，作者把一天的形形色色披露在我们眼前，没有组织，却有组织；没有条理，却有条理；没有故事，却有故事，而且有那样多的故事；没有技巧，却处处透露匠心。……一个女性细密而蕴藉的情感，一场在这里轻轻地弹起共鸣，却又和粼粼水波一样轻轻地滑开。”

《九十九度中》以一幅全景式的北平平民生活的民俗风情画，多角度呈现了市民阶层一个生活的横断面。小说中处处洋溢着一个“热”字，有钱的人热热闹闹地祝寿，热热闹闹地过生日，热热闹闹地娶媳妇；生活在下层社会里的挑夫、洋车夫忙忙碌碌地为生活奔波，一切都是混乱的、无序的，仿佛这世界就是一只热气腾腾的开水锅，所有的面孔都在这生活的蒸汽里迷离着。

这家人在忙着祝寿：

喜棚底下圆桌面就有七八张，方凳更是成叠地堆在一边；几个夫役持着鸡毛帚，忙了半早上才排好五桌。小孩子又多，什么孙少爷，侄孙少爷，姑太太们带来的那几位都够淘气的。李贵这边排好几张，那边小爷们又扯走了排火车玩。天热得厉害，苍蝇是免不了多，点心干果都不敢先往桌子上摆。冰化得也快，篓子底下冰水化了满地！汽水瓶子挤满了厢房的廊上，五少奶看见了只嚷不行，全要冰起来。

那户在忙着娶亲：

喜燕堂门口挂着彩，几个乐队里人穿着红色制服，坐在门口喝茶——他们把大铜鼓搁在一旁，铜喇叭夹在两膝中间。杨三知道这又是哪一家办喜事。反正一礼拜短不了有两天好日子，就在这喜燕堂，哪一个礼拜没有一辆花马车，里面搀出花溜溜的新娘？今天的花车还停在一旁……

这沸沸扬扬的闹热，的确已达到了九十九度，人生就像一台戏，总是由锣鼓声伴着开场的。然而：

此刻那三个粗蠢的挑夫蹲在外院槐树荫下，用黯黑的毛巾擦他们的脑袋，等候着他们这满身淋汗的代价。一个探首到里院，偷偷看院内华丽的景象。

这些生活最热情的参与者，最无奈的旁观者。小说通篇没有一个“冷”字，连冰菜肴的冰块都“热”得要溶化了，却字字句句透着逼人的寒气：

七十年的穿插，已经卷在历史的章页里，在今天的院里能呈露出多少，谁也不敢说。事实是今天，将有很多打扮得极体面的男女来庆祝，庆祝能够维持这样长久寿命的女人，并且为这一庆祝，饭庄里已将许多生物的寿命裁削了，拿它们的肌肉来补充这庆祝者的肠胃。

又有什么正隐藏在热闹的婚礼的背面呢？

理论和实际似乎永不发生关系；理论说婚姻得怎样又怎样，今天阿淑都记不得那许多了。实际呢，只要她点一次头，让一个陌生的，异姓的，异性的人坐在她家里，乃至于她旁边，吃一顿饭的手续，父亲和母亲这两三年——竟许已是五六年——来的难题便突然地，在他们是觉得极文明地解决了。

她没有勇气说什么，她哭了一会，妈也流了眼泪，后来妈说：阿淑你这几天瘦了，别哭了，做娘的也只是一份心。……现在一鞠躬，一鞠躬地和幸福作别，事情已经晚得没有办法了。

一幅多么发人深省的人生的冷风景！

林徽因以九十九度来比照生命的零度，以哲学的关照俯瞰人生，就好比《红楼梦》中翻看“风月鉴”，美人的另一面便是骷髅。

这是人生真正的残酷所在。

在这乱哄哄的热闹中，谁也没注意到，坐在喜棚门外的小丫头，肚子饿得咕咕叫，一早眼睛所接触的大都是可口的食品，但是她仍然饿着肚子，坐在老太太门槛上等候呼唤；没有谁注意到，给祝寿的人家送宴席的挑夫，因中了霍乱，跑遍全城竟找不到一粒暑药，只好眼睁睁地死去。

小说的结尾颇有深意：

报馆到这时候积渐热闹，排字工人流着汗在机器房里忙着。编辑坐到公事桌上面批阅新闻。本市新闻由各区里送到；编辑略略将张宅名伶送戏一节细细看了看，想到方才同太太在市场吃冰淇淋后，遇到街上的打架，又看看那段厮打的新闻，于是很自然地写着“西四牌楼三条胡同庐宅车夫杨三……”新闻里将杨三王康的争斗形容得非常动听，一直到了“扭区成讼”。

再看一些零碎，他不禁注意到挑夫霍乱数小时毙命一节，感到白天去吃冰淇凌是件不聪明的事。

果然是一幅鞭辟入里的“冷热金针”，准确无误地针砭到了社会的痛点。那滚沸的油锅底下，原来是一块万年不化的坚冰。人世炎凉，岂止是小说家一幅笔墨了得？这篇小说，真正给予读者的，是纸的背面的那些底蕴。

《吉公》也是林徽因有名的短篇小说，描写了一个身份卑微却灵魂高贵的小人物。吉公本是作者笔下“外曾祖母抱来的儿子”，因此在家中的地位十分尴尬，介乎于食客和下人之间，但却聪明绝顶。他喜欢摆弄小机械，房间像一个神秘的作坊，他能修理手表，自称大上海的手表修理匠还比他不过，他会照相，这在当时很是了不起，因此总能得到许多女人的青睐。还有一回：

我那喜欢兵器、武艺的祖父，拿了许多所谓“洋枪”到吉公那里，请他给揩擦上油。两人坐在廊下谈天，小孩子们也围上去。吉公开一瓶橄榄油，扯点破布，来回地把玩那些我们认为颇神秘的洋枪，一边议论着洋船，洋炮，及其他洋人做的事。

吉公所懂得的均是具体知识，他把枪支在手里，开开这里，动动那里，演讲一般指手画脚讲到机器的巧妙，由枪到炮，由炮到船，由船到火车，一件一件。祖父感到惊讶了，这已经相信维新的老人听到吉公这许多话，相当地敬服起来，微笑凝神地在那里点头领教。大点的孩子也都闻所未闻地睁大了眼睛；我最深的印象便是那次是祖父对吉公非常愉悦的脸色。

但吉公最终离开了，入赘到一个女人家里当上门女婿去了。这实在有损一个大家族的脸面，于是：

忽然突兀的他把婚事决定了，也不得我祖母的同意，便把吉期选好，预备去入赘。祖母生气到默不作声，只退到女人家的眼泪里去，呜咽她对于这个弟弟的一切失望。家里人看到舅爷很不体面地，到外省人家去入赘，带着一点箱笼什物，自然也有许多与祖母表同情的。但吉公则终于离开那所浪漫的楼屋，去另找他的生活了。

吉公的行为既是叛离亲族，在旧家庭里许多人就不能容忍这种不自尊。他婚后的行动，除了带着新娘来拜过祖母外，其他事情便不听到有人提起！似乎过了不久的时候，他也就到上海去，多少且与火轮船有关系。有一次我曾大胆地问过祖父，他似乎对于吉公是否在火轮船做事没有多大兴趣，完全忘掉他们一次很融洽的谈话。在祖母生前，吉公也还有来信，但到她死后，就完全地渺然消失，不通音问了。

这是一曲高亢的灵魂自由之歌。

生命最本质的生存形态——对生命意志的张扬和灵魂对自由的渴求，从一个独到的艺术视角被揭示出来。他不需要别人恩赐他的生活，他要凭着自己的生命去奋斗去追求。

这是对本真的赞美与呼唤。

这篇小说只有 5000 字，却有丰富的艺术含量和浓厚的人文主义色彩。

“京派文学”活跃的时期，是作为文学家的林徽因创作生命最辉煌的时期。她的艺术风格亦在此时确立，作品锋芒已露端倪并日臻完美。虽然这个时期很短暂，但林徽因的作品重在“少而精”，是现代中国文学一笔重要的财富。

《梅真同他们》

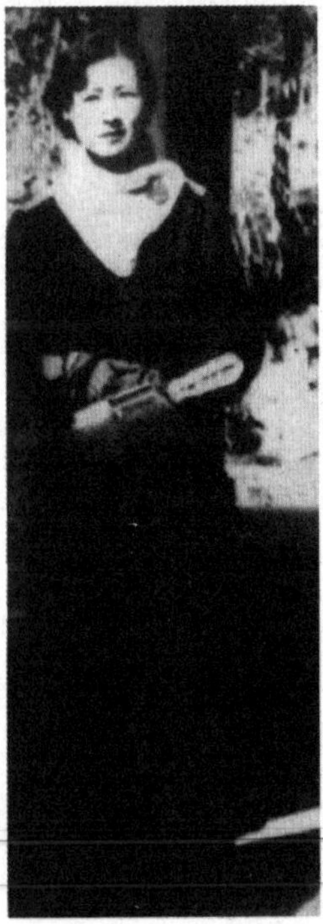

1935 年的林徽因。

燕京剧社的小剧场，一场名为《梅真同他们》的话剧正在彩排。虽然是彩排，但剧社还是印了精致漂亮的请柬，上面有话剧的剧情简介。这出剧的作者是林徽因女士。请柬上还引了黄山谷一首咏梅的诗：梅蕊触人意，冒寒开雪花。遥怜水风晚，片片点汀沙。

舞台上已经搭起了布景：三间比较精致的厢房是女孩子们的书房。书房里的家居摆设都不新，但不知从书桌的哪一处，书架上、椅子上、睡榻上乃至地板上，都显然透露出青年女生宿舍的气氛。

被请来观看彩排的有剧作家赵太侔、丁西林、余上沅，作家沈从文、杨振声，当然还有作者林徽因。这几位名家大都是林徽因留美期间中华戏剧改进社的成员。

这部话剧描写的是一个大户人家的丫头梅真，在思想启蒙运动作用下的社会环境里，所经历的独特的人生际遇，以及由此带来的情感危机与爱情悲剧。

梅真是李家的丫鬟，天资聪慧，性情活泼，很讨李家二太太李琼的喜欢。二太太将之视如己出，安排她与自己的女儿们一起上学读书，这使心胸狭窄的李家长房太太大为不满，也令前妻所生的大小姐文娟又妒又恨，因此常寻机会奚落梅真。四小姐文琪却与梅真交好，亲如姐妹。这天李家二少爷要从外地回来了，大家商量着为二少爷办一个家庭舞会。李家的小姐们忙碌起来，第一件事情是要把这间书房改装成未来派的休息室。

文琪（李家四小姐）：……你看，咱们后天请客，什么也没有准备呢？

梅真（李家丫头）："咱们"请客？我可没这福气！

文琪：梅真你看！你什么都好，就是有时这酸劲儿的不好，我告诉你，人就不要酸，多好的人要酸了，也就没有意思了……我也知道你为难……

梅真：你知道就行了，管我酸了臭了！

文琪：可是你不能太没有勇气，你得往好处希望着，别尽管灰心。你知道酸就是一方面承认失败，一方面又要反抗，倒反抗不反抗的……你想那么多没有意思？

梅真：好吧，我记住你这将来小说家的至理名言，可是你忘了世界上还有一种酸，本来是一种忌妒心发了酵变成的，那么一股子气味——可是我不说了……

文琪：别说吧，回头……

梅真：好，我不说，现在我也告诉你正经话，请客的事，我早想过了……

文琪：我早知道你一定有鬼主意……

梅真：你把人家的好意你叫做鬼主意！其实我尽可不管你们的事的！话不又说回来了么，到底一个丫头的职务是什么呀？

文琪：管它呢？我正经劝你把这丫头的事忘了它，你——你就当在这里做……做个朋友。

梅真：朋友？谁的朋友。

文琪：帮忙的……

梅真：帮忙的？为什么帮忙？

文琪：远亲……一个远房的小亲戚……

梅真：得了吧，别替我想出好听的名字了，回头把你宝贝小脑袋给挤破了！丫头就是丫头，这个倒霉事就没有法子办，谁的好心也没有法子怎样的，除非……除非哪一天我走了，不在你们家！别说了，我们还是讲你们请客的事吧。

才看到这儿，大家就忍不住开始叫好。赵太侔赞道："开场就不错，台词写得真漂亮，人物性格全出来了。”

沈从文说：“以前没看过燕京剧社的演出，还真有味道，演梅真的这姑娘会出戏。”

这时候，留洋回来的唐元澜来李家拜访，与大小姐文娟不期而遇。他俩虽被外人糊里糊涂地认作未婚夫妻，但彼此无话可说，相处并不和谐。而唐元澜是爱着梅真的。

时间到了第二天早上，在同一间书房里，家具一切全移动了一些位置，秩序显然纷乱，所谓未来派的吃烟室，尚在创造之中。地上有各种东西，墙边放着小木梯，小圆桌被推到舞台另一边，上面摆有几副铜烛台，插着些红蜡烛。一扇大屏风上画了一些颜色鲜浓而题材不甚明了的新派画，沙发上堆着各种靠背，前面也放着一张画，同样怪诞的新派作品。

大幕拉开，首先出场的是正在安装电灯的电料行小掌柜宋雄。他早对梅真有情，趁着这个机会，他再次向梅真求婚，希望这个识文断字的丫头，能成为他柜台上的老板娘，但被梅真回绝了。

四小姐文琪请来了研究史学、喜欢绘画的青年学生黄仲维，为舞台画了许多幅现代派的绘画，两个年轻人很快就坠入了爱河：

黄仲维：……立体画最重要的贡献，大概是发现了新角度！这新角度的透视真把我们本来四方八正的世界——也可以说是宇宙——推广了变大了好几倍。

文琪：你讲些什么呀？

黄仲维（笑）：我在讲角度的透视。它把我们日常的世界推广了好几倍！你知道的，现代的画——乃至于现代的照相——都是由这新角度出发！一个东西，不止可以从一面正正的看它，你也可以从上，从下，斜着，躺着或是倒着，看它！

文琪：你倒底说的什么呀？

黄仲维：我就说这个！新角度的透视。为了这新角度，我们的世界，乃至宇宙，忽然扩大了，变成许多世界，许多宇宙。

房间另一角，唐元澜也抓住机会，当面向梅真告白。他说他之所以常来李家，只是钟情于梅真，而并非是为了文娟。这样的表白却令梅真感到痛苦。她只得坦白，自己心里一直爱着二少爷文靖，但又总是有意躲避着他。因此她陷入了感情的苦恼与危机之中。

梅真：因为我——我只是没有出息丫头，值不得你，你的……爱……你的好奇！

唐元澜：别那样子说，你弄得我感到惭愧！现在我只等着二少爷回来把那误会的婚约弄清。你答应我，让我先帮助你离开这儿，你要不信我，你尽可让我做个朋友……我们等着二少爷。

梅真：你别，你别说了，唐先生！你千万别跟二少爷提到我！好，我的事没有人能帮助我的！你别同二少爷说。

唐元澜：为什么？为什么别跟二少爷提到你？你不知道他是一个很能了解人情的细心人？他们家里的事有他就有了办法吗？

梅真：我不知道，你别问我！你就别跟二少爷提到我就行了。你要同大小姐退婚，自己快去办好了！那事我很同情你的，不信问四小姐。

丁西林对沈从文说："从文，你该写篇文章，就叫《梅真的悲剧同悲剧中的梅真》。"

沈从文说："这可是一篇大文章，梅真的悲剧，在于她清醒地认识到了自己的悲剧角色，而且这个悲剧角色是不可以改变的，人并不是赤条条地来到这个世界上，他一落生就穿了一件衣服，一开始是什么，终究也会是什么。如果这篇文章让徽因自己写，那可就太生动了。"

林徽因说："我写梅真的时候就像在写我的一个朋友，我喜欢她却无法改变她，她自身的聪慧和所受的有限的教育，不仅不能帮助她摆脱现实的困苦与烦恼，反而加深了她内在心理的不平衡。这不是靠别人的施舍能够改变的。"

赵太侔赞同道："是啊，没有什么可以超越命运的力量，剧中的人物也应该是这样。"

交流间，剧情已经进入高潮。李太太深知梅真内心的痛苦和不平，她决定让梅真以客人的身份，而不是以丫鬟的身份参加女儿们的舞会。文娟对此大为不满，扬言如果梅真参加舞会，她就决不参加。此时迟迟不归的二少爷文靖终于在家中出现了。

同一间屋子已经不复早上的纷乱，一切收拾停当。房间被梅真和文琪布置成所谓未来派的吃烟室，墙上挂着新派画，旁边有一个怪诞的新画屏风，矮凳同其他沙发、椅子分成几组，每组有它中心的小茶几，高的、矮的，有红木的、有雕漆的，有圆的、有方的，书架上，窗子前，都有一种小小的点缀，最醒目的是并排的红蜡烛。

文靖：我怕见梅真……

文琪：为什么，二哥？

文靖：因为我感到关于梅真，我会使妈妈很为难，我不如早点躲开点，我决定我不要常见到梅真倒好。

文琪：二哥！你这话怎么讲？

文靖：老四，你不……不同情我么？有时我觉得很苦痛——或者是我不够能干。

文琪：二哥，你可以告诉我吗？我想……我能够完全同情你的，梅真实在能叫人爱她……现在你说了，我才明白我这个人有多糊涂！我真奇怪我怎么没想到，我早该看出你喜欢她……可是有一时你似乎喜欢璨璨——你记得璨璨吗？我今晚还请了她。

文靖：做妹妹的似乎比做姐姐的糊涂多了。大姐早就疑心我，处处盯着我，有一时我非常地难为情。她也知道我这弱点，更使得我没有主意，窘透了，所以故意老同璨璨在一起，老四，我不知道你怎样想……

文琪：我？我……怎样想？

文靖：我的意思是，我不知道你是不是也感到如果我同梅真好，这事情很要使妈妈痛苦，我就怕人家拿我的事去奚落她，说她儿子没有出息，爱上了丫头。我觉得那个说法太难堪；社会上一般毁谤人家的话，太使我浑身起毛栗。就说如果我真的同梅真结婚，那更糟蹋了，我可以听到所有难听的话，把梅真给糟坏了……并且妈妈拿我这个儿子看得那么重，我不能给人机会说她儿子没有骨气，我不甘心让大伯嬷那类人得意的有所藉口，你知道么？老四！

文琪：现在我才完全明白了！……怪不得你老那样极力的躲避着梅真。

文靖：我早就喜欢她，我告诉你！可是我始终感到我对她好只给她痛苦的，还要给妈妈个难题，叫她为我听话受气，所以我就始终避免着，不让人知道我心里的事儿，只算是给自己一点点苦痛。

文琪：梅真她不知道吗？

文靖：就怕她有点疑心！或许我已经给了她许多苦痛也说不定。

林徽因说：写梅真的时候就像在写她的一个朋友，她喜欢她却无法改变她。

文靖是爱着梅真的，但惧于家族的反对和外界的嘲笑，内心矛盾重重，总想逃避现实。

舞会马上开始，文琪将就此宣布，她与黄仲维订婚。文娟依旧不肯露面，而梅真则心绪烦乱地坐在角落里，暗自饮泣。走进来的文靖对此视而不见，原是他误信浮言，以为唐元澜与梅真要好，故意对梅真疏远、冷淡，在说了一通莫名其妙的话之后，他毅然决定撇下梅真独自离去，梅真的希望和爱情彻底破灭了。

文琪：我问你梅真，元哥同你怎么啦？今早上你们是不是在这屋子里说话？

梅真：今早上？唉，可是你怎么知道，四小姐？

文琪：原来真有这么一回事！张爱珠告诉我的，二哥也听见了。爱珠说大姊亲眼见到你同元哥……同元哥……

梅真：可是，可是我没有同唐先生怎么样呀！是他说，他，他……对我……

文琪：那不是一样么？

梅真：不一样么！不一样么！因为我告诉他，我爱另一个人，我只知道那么一个人好……

文琪：谁？那是谁？

梅真：就是，就是你这二哥！

文琪：二哥？

梅真：可是，四小姐你用不着急，那没有关系的，我明天就可以答应小宋……去做他那电料行的掌柜娘！那样子谁都可以省心了……我不要紧……

文琪：梅真！你不能……

梅真：我怎么不能，四小姐？你看着吧！你看……看着吧！

文琪：梅真！你别……你……

幕布急急地拉上了。

梅真终于在清醒的悲哀中屈服了现实。她最终无法改变丫头的身份，作为一个受奴役者的代名词，她的命运似乎被打上了卑贱的烙印，也永远被排斥在上层社会之外。

文靖的心理障碍与梅真不同，是社会角色造成了他的懦弱。每个人都站在一定的社会台阶上，每个台阶上的人都扣着思想的枷锁。这无形的枷锁，绝不仅仅是梅真的悲哀。

演员们走出来谢幕了，台下的客人却忘记了鼓掌。他们还沉浸在梅真的命运里，还在想着她以后会怎么样呢……

颠沛流离

是谁说过，人生定要起伏有致方可平安，太过顺畅反而不得长久。

林徽因的好日子，其实是太短了。

那个年代自有他的浪漫热血，那时的知识分子，跃马横刀，在这个古老而命数坎坷的国家遭遇大变故时，挥动他们犀利的笔刀。但，纸上谈兵的危险，怎能敌得上战火中的奔逃？

动乱年代，无论你多么想要安稳，都免不了颠沛流离的奔走。这一路上，任何落脚之处都是人生驿站。我们可以把这驿站当作灵魂的故乡，却永不能当作安身立命的归宿。人这一生，只有当结束的那一瞬间，才是真正的归宿。不，甚至你还不知道你的骸骨将要被放置于何处。

这是昆明，这里有最美的云，最轻柔的风，最艳的花。可是因了战争和病痛，一想起来，尽是酸楚。

知道她为了建筑事业奔波田野都市，但她的人生中，还有这么多坎坷。人在漂泊的时候，总会感到自己力量的薄弱，许多时候，我们无力填平人生的沟渠，就只能任由流水东逝。

到底怎样才能全然不怕伤痛，怎样才能求得一时平稳？

可还是有人，始终不愿向岁月低头。

九死一生

如水岁月如水光阴，本该柔软多情，而它偏生是一把锋利的刀，雕刻着容颜，削薄了青春，剔去残存的一点梦想，只留下支离破碎的记忆。这散乱无章的前尘过往，还能拼凑出一个完整的故事吗？

1937 年 7 月，梁思成和林徽因正与营造学社的同仁们在山西考察，12 号到达代县，他们就听到了“卢沟桥事变”的消息。一路上发现佛光寺的兴奋，立刻被当头浇下一桶冷水。想到九一八事变之前，日寇在沈阳的种种暴行，大家的心情沉重无比。山中一日，世上千年，他们在深山僻壤中辛勤工作的时候，外界已经发生了翻天覆地的变化。梁思成不禁一声长叹，道：“事不宜迟，还是快点回北平吧。”

刚回到北平，浓烈的火药味即刻扑面而来。宋哲元二十九军的兵车从大街上呼啸着开过，卷起的尘土像不祥的狼烟。回到总布胡同，又见士兵们在门口挖起了堑壕，好像要打一场大仗的样子。朋友们听说梁氏夫妇考察归来，便相约来到总布胡同。那时北平人心惶惶，大家都用实际行动支持宋哲元，梁思成、林徽因和刘敦桢一起，在北平教授致政府要求抗日的呼吁书上签了字。

战云压城，营造学社的工作无法继续，大家最担心

1937 年，林徽因在山西榆次考察。

的就是这几年积累下来的资料落入敌手，他们决定把这些资料转移到天津英租界英资银行保险库中存放。

战争烧到了太太客厅门口，但“我们的太太”却没有惊慌失措，她给女儿梁再冰写信，沉着地说：

如果日本人要来占北平，我们都愿意打仗！那时候你就跟着大姑姑那边，我们就守在北平，等到打胜了仗再说。我觉得现在我们做中国人应该要顶勇敢，什么都不怕，什么都顶有决定才好。

林徽因什么都不怕，但不久之后，他们听到了守军撤兵的消息。看着满街的太阳旗，一种强烈的耻辱感涌上林徽因和梁思成的心头。

有一天，夫妇俩收到署名为“大东亚共荣协会”的请柬，邀请他们参加一个会议，林徽因愤怒地把请柬撕碎了，他们决定举家南迁。

1937 年的夏末秋初，总布胡同三号的四合院里仍然像往年那样生机勃勃，矮墙边的指甲花逗引着蜜蜂蝴蝶，粉红色的夹竹桃，也正开得绚烂。丁香花散播着幽幽的香气，院落被浓郁、和平、宁静的芬芳包围着。

但林徽因却和丈夫扶老携幼，带着简单的行李，在 8 月的一个黄昏，匆匆离开了这里，在弥漫的狼烟中向天津出发。

梁氏夫妇、金岳霖和清华的两位教授，下了从北平来的火车，眼前的情景比他们想象的还糟糕。车站里到处是荷枪实弹的日军，天桥上架着机关枪，每一个过往的旅客都受到严厉的盘查。日军把他们认为可疑的人集中到角落里，用枪托在他们头上身上打着。一时间，日本兵的叫骂声，小孩惊恐的哭闹声和大人的哀求声混成一片。

临街的墙上到处刷满了“中日亲善”“东亚共荣”“建设大东亚新秩序”之类的黑色标语。街道上行人寥落，一队队巡逻的日本兵列队走过，树上的蝉也噤了声。

天津在血与火中颤抖着呻吟。

回到英租界红道路的家，还能稍微得到点安全感，但睡梦中总会被枪炮声吵醒。他们不敢久留，决定先乘船到青岛，然后南下到长沙。

之所以选择长沙，是因为他们从朋友处得到消息，国民党政府教育部指定清华大学、北京大学和南开大学三校联合，以长沙为校址组建第一临时大学。校址选在长沙，受益于清华的政治敏锐度。早在1935年，清华出于对局势动荡的考虑，就打算在长沙建立分校。他们一早就把贵重的中英文图书和精密仪器悄悄装箱，秘密运到了汉口，同时拨款在长沙岳麓山下建立新校舍，预计1938年初即可完工使用。

9月初，他们搭乘一艘英国商船，从新港出发，驶入烟波浩渺的大海。船到烟台，那里也已经战云密布，中日军队正在烟台对峙着。一行人上有老下有小，不敢在这里留宿，马上转乘去潍坊的汽车，在那里住了一夜，第二天一早，又坐上了开往济南的第一班火车。

胶东半岛已经满目疮痍。火车在胶济线上行驶，不时有日军的飞机呼啸着掠过。每当这时火车就立刻停下来拉响警报，乘客大呼小叫地跑下车。飞机飞得很低，几乎能看见机身上的“太阳”标记。小弟天真地问：“妈妈，那是舅舅的飞机吗？”

林徽因说：“不是，那是日本鬼子的飞机。”

林徽因在五台山塔院寺考察。

“那舅舅的飞机为什么不来打他们呀？”

“会来的，会来的。”林徽因摸着儿子的头，不知道是在对孩子说还是给自己打气。

火车走走停停，下午 3 点总算到了济南。

济南所有的旅店都爆满，梁思成跑到山东省教育厅，有他们帮忙，总算在大明湖边找到一间条件尚可的旅店栖身。

在济南住了两天，他们继续南下，经徐州、郑州、武汉，终于在 9 月中旬到了长沙。

9 月的长沙热得像蒸笼，下了火车，在路边摊吃了几块西瓜解暑，林徽因一家就在火车站附近租了两间房子。这是一座二层灰砖楼房，房东住在楼下，楼后有个阴暗的天井。

在担惊受怕中疲于奔命，何雪媛支撑不住第一个病倒了。梁思成、林徽因只好承担起烧饭洗衣这些家务事。好在南方暂无战事，他们可以稍微喘口气观望局势，再作打算。

林徽因的其他朋友——一些北大和清华的教授也陆续来到长沙，张奚若夫妇和梁思永一家也来了。梁氏夫妇这个刚刚安置下来的简陋的家，又成了朋友们的聚会中心。现在他们讨论的话题总是战局和国内外形势。有时晚上聊到激动处，就一起高唱抗日救亡歌曲，有时用中文唱，有时用英文唱。梁思成担任指挥。连宝宝也学会了好几首歌，天天唱着“向前走，别退后”。

11 月下旬的一个下午，天空忽然出现大批飞机。小弟在阳台上喊着：“妈妈，妈妈，舅舅的飞机来了！”梁思成跑到阳台上远远望去，还没看清楚，乌鸦一样的机群，号叫着投下了炸弹。梁思成还没反应过来，炸弹便在楼下开了花。他一把抱起小弟，林徽因抱着宝宝，搀着母亲下楼。门窗已经被震垮，到处是玻璃碎片。刚走到楼梯拐角处，又一批炸弹在天井里炸响。林徽因被气浪冲倒，顺着楼梯滚到院子里。楼房倒塌了，一家人逃到大街上。街上黑烟弥漫，好几所房子正烧着大火，四处是人们惊慌的哭叫。

清华、北大、南开挖的临时防空壕就在离他们家不远处。一家人往那里跑的时候，飞机再次俯冲，炸弹呼啸而至，其中一颗落在他们身边。林徽因和丈夫紧紧护住两个孩子，只一个瞬间，他们绝望地对视了一眼，然而这颗炸弹却没有爆炸。

飞机飞走后，他们从焦土里扒出还能找得见的几件衣物。刚刚安置好的家，又化作一堆废墟。一家五口东一家西一家在朋友那里借住了好一段日子，直到和金岳霖一起住在了长沙圣经学院。

那是日军第一次轰炸长沙，4 架飞机在长沙上空投弹 6 枚，死伤 300 余人。等国民党空军飞机起飞时，日机已经扬长而去。

林徽因在 1937 年给费慰梅写信描述了这次轰炸：

炸弹就落在我们房门口大约十五米的地方，天知道我们怎么没被炸成碎片！先听到两声稍远处的爆炸和接着传来的地狱般的垮塌声音，我们各自拎起一个孩子就往楼下冲，随即我们自己住的房子就成了碎片。你们一定担心死了，没事！如果真有不测发生，对我们来说算是从眼前这场厄运中解脱。天啊，什么日子！

有了这样的开头，长沙也不再是一片净土了。日军隔三岔五地扔炸弹，长沙城很快就满目疮痍。

沅陵梦醒

可怕的空袭越来越多，长沙已经待不下去了。有消息说临时大学会继续撤退，搬迁到云南昆明，中央研究院这样的一些研究机构也会跟随。梁氏夫妇的古建筑研究资料很多时候要依赖于这些研究机构。而且林徽因的好友大多是清华、北大的教授，他们已经习惯在逃难的时候互相照应，就像一家人一样。所以，梁思成和林徽因决定也要前往昆明。

1937 年 11 月末，梁家离开长沙，乘公共汽车，取道湘西，前往昆明。

从长沙到昆明，要经过沈从文的老家凤凰。林徽因早就在他的小说中领略过凤凰的风光了。凤凰城在湘、川、黔接壤处的山洼里，四面环山，处处可见自然造化的鬼斧神工。茂密的原始森林是这座石头城的天然屏障。沱江自贵州的铜江东北流入湖南境内，过凤凰城北，在东北向注入湘西著名的武水。一架飞桥架在沱江江面，住家的房子在桥西两侧重叠着，中间是一道自然被分割出来的青石小街。桥下游的河流拐弯处有一座万寿宫。从桥上就能欣赏到万寿宫塔的倒影。凤凰城以多泉著名，泉水从山岩的缝隙中渗出来，石壁上是人们凿出的壁炉一样的泉井，泉井四周生满了羊齿形状的植物，山岩披上了青翠的纱裙。

这新鲜生动的景色让日夜担惊受怕的一家人心情放松了一些。

沈从文人在武昌，连连写信给林徽因，邀请梁家去自己老家小住几日，还说不方便的话，自己的哥哥住在沅陵，它被称为"湘西门户"，是长沙到昆明汽车的必经之地。林徽因盛情难却，便同梁思成商量，决定路过沅陵时停留两天看看沈从文笔下的湘西，看看沈从文的家乡和亲人。

湘西是传说中土匪横行之地。一家人提心吊胆地在沅陵下了车，在官镇住了一晚，竟是出乎意料地安全平静。店家很淳朴，满目的青山绿水更是令人心情格外沉静。第二天一大早，梁思成和林徽因就带着孩子们去拜访沈从文的大哥。沈家大哥的房子盖在小山上，四周溪流淙淙，宛如世外桃源一般。

林徽因不禁对梁思成感叹道：“真是不虚此行，不来湘西，永远认为翠翠那样的人物是虚构的，来了才知道这里肯定有许多个翠翠。”

梁思成戏谑道：“嗯，说不定在沈大哥家就有一个翠翠在等着我们呢。”

他们在沈大哥家受到了热情的款待。那热情不是用语言，而是用饭桌上一道又一道美味的菜色，一碗又一碗香醇的美酒，一杯又一杯清冽的鲜茶表达出来的。晶莹饱满的米饭，风味十足的蒜苗炒腊肉，肉质鲜美的沅水鲑鱼，还有在北平亦很少有机会品尝的山鸡、野猪肉……他们太久没有享受到这样优渥的物质生活了。小弟和宝宝狼吞虎咽的吃相让林徽因有点尴尬，不断小声提醒孩子们斯文客气一些。女主人倒是善解人意，沈太太说：“没关系，孩子这是在吃长饭呢！爱吃这里的饭菜，以后一定还要来啊。”

当然，沈家没有一个翠翠让他们见，倒是意外地见到了另一个人，沈从文的三弟。他在前线打仗负了伤，回家来休养。吃了饭，他们在廊边吃茶，一边畅谈时事，不知不觉时间就过去了。

林徽因和梁思成依依不舍地告别了沈家大哥，离开了梦一样的沅陵。

在颠簸的汽车上，林徽因提笔给沈从文写信：

我们真欢喜极了，都又感到太打扰得他们（注：沈从文大哥）有点过意。虽然，有半天工夫在那楼上廊子上坐着谈天，可是我真感到有无限亲切。沅陵的风景，沅陵的城市，同沅陵的人物，在我们心里是一片很完整的记忆，我愿意再回到沅陵一次，无论什么时候，最好当然是打完仗！

说到打仗你别过于悲观，我们还许要吃苦，可是我们不能不争到一种翻身的地步。我们这种人太无用了，也许会死，会消灭。可是总有别的法子，我们中国国家进步了，弄得好一点，争出一种新的局面，不再是低着头的被压迫着，我们根据事实时有时很难乐观，但是往大处看，抓紧信心，我相信我们大家根本还是乐观的，你说对不对？

这次分别大家都怀着深忧！不知以后事如何？相见在何日？只要有着信心，我们还要再见的呢。无限亲切的感觉因为我们在你的家乡。

牧歌般的沅陵梦一般的消失了，一家子在战争的缝隙之间偷得一口气，现在又要挣扎在残酷的现实中。夫妇俩扶老携幼继续颠簸的旅途。从湖南到昆明，海拔也越来越高，山路越来越险。他们乘坐的汽车是老掉牙的铁家伙。林徽因在途中写给费慰梅的信透露了这个苟延残喘的交通工具是怎么把他们弄到目的地的：

为了能挤上车，每天凌晨一点我们就要摸黑爬起，抢着把我们少得可怜的行李和我们自己塞进汽车，一直等到十点，汽车终于开动。这是一辆没有窗户、没有点火器，实际上“什么也没有”的家伙，爬过一段平路都很困难，何况是险峻的高山。

经过晃县时，林徽因发起高烧，幸好意外遇见一群航空学校的学员，腾了一处地方给他们。梁思成又找了一位懂得中草药的女医生，给林徽因开了中药，养了半个月，才退了烧。一家人告别朝夕相处的8个学员和女医生，又继续赶路。

他们乘坐的这辆汽车，经常抛锚。有一回，车子开到一处地势险峻的大山顶上，突然停住不动了。天色已晚，大病初愈的林徽因在寒风中快被冻僵了。乘客们都很害怕，因为这里常有土匪出没，大家不停地抱怨着。

梁思成懂得机械原理，主动和司机一起修车，寻找车“罢工”的原因。他把手帕放进油箱，拿出来一看，手绢是干的，原来是汽油烧完了。这地方前不着村后不

黄果树瀑布

着店，又不能在车上过夜，梁思成召集乘客，大家一起推着车慢慢往山下走。太阳落山的时候，忽然一个村子奇迹般出现在路旁。大家都欢呼起来。

过了贵阳、安顺和镇宁，前面就是举世闻名的黄果树瀑布了。远远就听到轰鸣的水声。汽车在距离瀑布两公里的地方停下来，大家急不可待地循着水声的方向奔去。

一道宽 30 多米的水帘飞旋于万丈峭壁，凭高做浪，发出轰然巨响，跌入深深的犀牛潭。飞瀑跌落处掀起轩然大波，水雾迷蒙中，数道彩虹若隐若现，恍若仙境。

林徽因立于百丈石崖之下，出神地凝望着眼前壮美的白练，听着奔腾的仿佛具有生命的活力的水声，对站在身边的梁思成说：“思成，我感觉到世界上最强悍的是水，而不是石头，它们在没有路的绝壁上，也会直挺挺地站立起来，从这崖顶义无反顾地纵身跳下去，让石破天惊的瞬间成为永恒，让人能领悟到一种精神的落差。”

梁思成说道：“你记得爸爸生前跟我们说过的话吗？失望和沮丧，是我们生命中最可怖之敌，我们终身不许它侵入。人也需要水的这种勇敢和无畏。”

车子再一次徐徐启动，过晋安，下富源，奔曲靖，春城昆明已经遥遥在望。

那里将有一片全新的生活天地。

黄果树瀑布雷奔云泄的声音还响在耳畔，一面刚毅的白色旗帜在林徽因的心头招展着。

那不是生命向死亡投降的白旗。

昆明艰难

人活着，总要有一份信念在支撑，心里有了寄托，有了依靠，那些深处的思想和情感才得以维系。否则这磕磕绊绊的人世，早晚会将你的意志瓦解，原本清雅的不再清雅，原本端然的不再端然。

人的力量，又是多么微不足道，抵不过一寸光阴的削减。过尽流年，以为可以让自己更加深邃成熟，内心却总是面临巨大的洪荒，一刻都不能消停。

饶是这老掉牙的破车时不时就要歇口气，到底还是把一行人带到了昆明，林徽因都惊叹这不可思议的顽强“生命力”，也许是他们的父亲的在天之灵在冥冥中庇佑自己的儿女呢。

穿过陡峭的悬崖绝壁和凹凸不平的土路，1938 年 1 月，林徽因一家晃晃悠悠，奇迹般地被驼到了春城。

昆明的春天不是奢侈之物。那垂柳，好像一天就换一件新衣裳似的，永远是翠绿中透出新鲜的鹅黄。季节的变迁只从天空的色泽中才能感知一二。早春的天空，是玻璃样的青色，是画家的画板上调制不出来的那种颜色。云总是疏疏懒懒地在天空的边角挂着，如果你不在意，八成会以为那是谁挂在那儿的一张网片。

天气好的时候，那远处的金马山和碧鸡山，也带上了水的意蕴，迷蒙飘忽，云梦沼沼。两三声鹈鹕好像从水里传来，淡远了一脉苍茫的记忆。

林徽因和梁思成还算幸运，通过老朋友的关系很快找到了居所。而且环境相当不错，就在翠湖巡律街前市长的宅院里。虽然是借住，但毕竟有了一个舒适的落脚之地了。个把月的奔波，早就疲惫不堪，终于能从那破车上爬下来好好休整了。

张奚若夫妇与梁家比邻而居。出门不远，便是阮堤。散步时，穿过听莺桥，就能到海心亭去坐坐。

林徽因很喜欢海心亭。作为建筑，它倒是没什么特色，林徽因喜欢的是里面的对联：有亭翼然，占绿水十分之一；何时闲了，与明月对饮两三。

但落难的人没有太多闲情逸致。

从长沙到昆明这一个多月的长途跋涉，梁思成这个家里的顶梁柱也倒下了。脊椎病痛排山倒海地袭来，即使穿了那件从不离身的铁背心，由于背部肌肉痉挛，也难以直起身子。

痛得最厉害的时候，梁思成整夜整夜无法入睡。医生诊断说是扁桃体化脓引起的，于是切除了扁桃体，又引发了牙周炎，满口的牙也给拔了，只能躺在一张帆布床上。医生让他找点简单的事情做做，分散一些注意力，以免服用过量的镇痛剂引起中毒。

于是梁思成就只有两件事情可做，一是拆旧毛衣，二是补袜子。梁思成有一双灵巧的手，画得一手好图，他做梦也没想到，这种技能也能用来补袜子。多年之后，梁再冰还能清楚地回忆起父亲半躺在帆布床上补袜子的情景。他做得非常专心，简直把手中的破袜子当成了艺术品，细心地穿针引线，反复搭配颜色，然后用彩线把

1938年林徽因（左四）、梁思成（左二）和女儿、儿子与金岳霖（左一）等在昆明合影。

袜子织补起来。建筑学家补出来的袜子果然相当漂亮。梁思成当了大约一年的“织补匠”，身体逐渐好转，可以下地自如活动了。

家中顶梁柱倒了，老母亲卧病在床。林徽因，这个昔日“太太客厅”优雅美丽的女主人，现在是一个被肺病折磨着的女病人，必须要撑起这个家。为了赚钱，林徽因给云南大学的学生补习英语，每周六节课，每月可以挣到四十块钱的课时费。每次上课，她都得翻过四个山坡，昆明海拔高，稀薄的空气对林徽因脆弱的肺是个巨大的考验。

月底拿了钱，林徽因就去昆明城里转悠。她想买外出考察古建筑用的皮尺，这个是现在急需的工具。转了半天，终于在一间杂货店看到了皮尺。一问价钱，23块——这也太贵了！但林徽因咬咬牙买了下来。然后呢，还得给小弟和宝宝一人买一双鞋子。孩子们的旧鞋子早就开了花，天冷了，冻脚。还得去割一点肉来，家里已经几月不知肉味了。老的老，小的小，病的病，营养不能太缺……林徽因精打细算着身上的几十块钱，到后来还是所剩无几。天快黑了，她拖着疲倦的身子，回家烧饭。

一个人怎么分配手头有限的金钱,大体就能看出这一样样事物在他心里的分量。皮尺代表她钟爱的建筑事业，这份事业是她的生命，被她排在第一位。她是幸运的，那个与她相爱的人，支持着她的选择。他们开创了一片事业的新天地，他们的爱情亦开了花，结了果。

林徽因痴迷于建筑，家务活自然成了拖后腿的“元凶”。林徽因觉得没有比做家务更无聊更浪费时间的了。即使风餐露宿的野外考察，也没有比这来得更糟心。家务活，这个大部分女性无法分离的伙伴，几乎困扰了这个女学者的一辈子。她在给费慰梅的信中这样描述自己的生活：

我一起床就开始洒扫庭院和做苦工，然后是采购和做饭，然后是收拾和洗涮，然后就跟见了鬼一样，在困难的三餐中根本没有时间感知任何事物，最后我浑身痛着呻吟着上床，我奇怪自己干嘛还活着。这就是一切。

即使是偏于一隅的春城，也逃不开无处不在的战争。1938 年 9 月 28 日，日军第一次轰炸昆明。从那天开始，这个他们原本以为安全的世外桃源，也要裸露在战争的伤口中。

昆明五华山的山顶有一座铁塔，塔上挂一个灯笼，叫预行警报；挂上两个灯笼，叫空袭警报；要是挂上了三个，就是紧急警报了。预防警报一挂出来，马上就得跑。躲警报成了昆明人日常生活的一部分。到最后，大家都对它习以为常了。

最最亲爱的慰梅、正清，我恨不能有一支庞大的秘书队伍，用她们打字机的猛烈敲击声去盖过刺耳的空袭警报，过去一周以来这已经成为每日袭来的交响乐。别担心，慰梅，凡事我们总要表现得尽量平静。每次空袭后，我们总会像专家一样略作评论：“这个炸弹很一般嘛。”之后我们通常会变得异常活跃，好像是要把刚刚浪费的时间夺回来。你大概能想象到过去一年我的生活的大体内容，日子完全变了模样。我的体重一直在减，作为补偿，我的脾气一直在长，生活无所不能。（1939 年致费慰梅的信）

尽管林徽因用轻松的口吻安慰着好友，但事实可不是那样轻松，昆明的形势也越来越严峻了。1940 年 7 月，日军攻占了越南，战时中国海路运输的国际交通线被切断了。云南成为前线，昆明自然变成了日军的主要轰炸目标。五华山的警报越

林徽因在昆明。

来越频繁，警报级数也越来越高。有时候，一天就能轰炸好几次，轰炸之前活生生的一个人刚才还跟着大家一块儿逃命，等飞机离开，那个人已经在混乱中被炸弹带离了这个令人绝望的世界。

昆明的天空失去了往日的宁静，日本人的飞机不断前来骚扰。联大的教授们为了保全性命，只好拖家带口地疏散到昆明郊外各处。

当时，美国有好几所大学和博物馆聘请梁思成和林徽因到美国工作和治疗，梁思成婉言谢绝道："我的祖国正在灾难中，我不能离开她；假如我必须死在刺刀或炸弹下，我要死在祖国的土地上。"

营造学社的几位骨干陆陆续续来到昆明，于是梁思成把大家组织起来，打算恢复工作，考察西南地区的古建筑。这一阶段，后来成为营造学社起死回生的关键时期。为了尽快筹到资金，梁思成致信中华教育文化基金会董事会的周诒春，申请基金补助。周诒春回信说，只要有梁思成和刘敦桢，基金会就会承认营造学社，也会继续提供补助。正好刘敦桢从湖南新宁老家来了信，说愿意到昆明来。这样，营造学社西南小分队就组建起来了。

1938 年 10 月到 11 月间，考察组调查了圆通寺、土主庙、建水会馆、东西寺塔等 50 多处古建筑，几乎涵盖了昆明的主要古建筑。

为了躲避空袭，梁家和营造学社由傅斯年任所长的中央研究院历史语言研究所搬到了昆明市东北八公里处的龙泉镇龙头村附近的麦地村，借住在一间名为"兴国庵"的庵堂里。绘图桌与菩萨们共处一殿，只用麻布拉了一道帐子。梁思成和林徽因的家就安在大殿旁一间半泥土铺就的小屋里。由于屋内非常潮湿，他们只能把石灰撒在地上吸走潮气。

1939 年 9 月至 1940 年 2 月，梁思成率领考察队对四川西康地区 35 个县的古建筑进行了野外勘察，发现古建筑、摩崖、崖墓、石刻、汉阙等多达 730 余处。在这期间，梁思成又为西南联合大学设计了校舍。林徽因身体不好，便留在兴国庵主持日常工作，但也完成了云南大学女生宿舍“映秋院”的设计。

战争把本就遥遥无期的归期推到了完全看不见的黑暗之中。总是在庵堂住着不是办法，梁氏夫妇决定在龙头村北侧棕皮营靠近金汁河埂的一块空地为自己设计建造一座住房。

1940 年春天，梁思成和林徽因亲手设计并建造完成了这间 80 多平方米的住宅，有 3 间住房和 1 间厨房。这座小屋背靠高高的堤坝，上面是一排笔直的松树，南风习习地吹拂着，野花散发出清新的香，短暂的平静让人错觉又回到了往昔的生活。

这是梁思成、林徽因夫妇一生中唯一一次为自己设计建造住房。

后来，老金在他们住房的尽头又加了一间耳房，权当作他的居室。他每天白天去联大讲课，晚上才能赶回来，好不辛苦。钱端升等一群老友也在这里建了房子，大家都为这“乔迁之喜”自豪，这里的每一块砖，每一块木板，每一根钉子都浸透着他们的汗水。此时，北平“太太客厅”的欢乐，又得以在这里重聚了。

梁家为了建造这三间住房，花光了所有的积蓄。为了省钱，“不得不为争取每一块木板，每一块砖，乃至每根钉子而奋斗”，还得亲自运木料，做木工和泥瓦工。尽管这样，这个家也已经到了山穷水尽的地步。还好在此时，费正清、费慰梅夫妇寄来一张给林徽因治病的支票，才算付清了建房欠下的债务。

梁思成 1940 年在昆明写给费氏夫妇的信，流露出当时他们所处的窘境：

我们奇缺各种阅读和参考书籍。如果你们能间或从二手书店为我们挑选一些过期的畅销书，老金、端升、徽因、我，还有许多朋友都将无上感激。我们迫切希望阅读一些从左向右排列的西文书籍，现在手边通通都是从上到下排列的中文古书。我发现，我在给你们写信索要图书时，徽因正在给慰梅写信索要一些旧衣服，看来我们已经实实在在地沦为乞丐了。

艰难时日中的林徽因一家及金岳霖等友人。

不仅仅是梁家陷入绝境，随着国军节节败退，更多的内地难民涌入昆明，人口激增导致昆明物价节节攀升，昔日生活富足的教授、学者们全都陷入赤贫。为了贴补家用，联大的教授到中学兼职上课，闻一多打出了刻章广告，梅贻琦校长等13名教授联名为他推荐。生物系的教授发动大家开垦荒地，住地唐家花园被他们变成了菜园，梅贻琦的夫人韩永华和另外两位有名教授的夫人一起做了点心，拿到冠生园去寄卖。教授夫人们给这种点心取名“定胜糕”，寓意抗战一定能胜利。

为了糊口，一直清高的梁氏夫妇也不得不加入这场兼职大潮，给有钱人设计私人住宅，可往往得不到应得的报酬。他们也曾不情愿地出席权贵们的宴会，避不开的时候，林徽因必做声明：思成不能酒我不能牌，两人都不能烟。

没有钱，但不能没有节。他们可以接受最好的朋友的救济，可以在最好的朋友面前“沦为乞丐”，但是，对于别人，他们始终保持着知识分子的尊严，不食嗟来之食。

竹林深处

我想象我在轻轻地独语：
十一月的小村外是怎样个去处？
是这渺茫江边淡泊的天；
是这映红了叶子疏疏隔着雾；
是乡愁，是这许多说不出的寂寞；
还是这条独自转折来去的山路？
是村子迷惘了，绕出一丝丝青烟；
是那白沙一片篁竹围着的茅屋？
是枯柴爆烈着灶火的声响，
是童子缩颈落叶林中的歌唱？
是老农随着耕牛，远远过去
还是那坡边零落在吃草的牛羊？
是什么做成这十一月的心，
十一月的灵魂又是谁的病？

写下这些诗句时，橘红色的阳光正洒在窗前。林徽因的目光循着阳光里那对靛蓝色的小鸟，它们在窗外的竹梢上唱着，跳着，享受着阳光梳理着它们轻盈的羽毛。它们有时候会跳上窗台，在这个窄窄的舞台上展示自己的身姿和舞步。

孩子们在窗外笑闹着，跑动着。孩子们的快乐很简单，一朵野花、一只蝴蝶、一只田螺或是拇指大的棒棒鸟，都能让他们在甜梦中笑出声响。

林徽因、梁思成在李庄的故居。

林徽因多么羡慕窗外的世界，羡慕在窗台上舞蹈的小鸟，羡慕在窗外玩乐的孩子们。她也需要那么一丁点简单的微小的快乐。但现在她只能躺床上，能做的唯有看阳光在窗棂上涂抹着晨昏。

1940年年底，营造学社迁往更偏僻的四川李庄。这是一次无奈的迁徙。中央研究院历史语言研究所要搬到四川，营造学社靠史语所的资料生存，不得不跟着搬迁。用梁思成的话说，这次迁徙“真是令人沮丧，它意味着我们将要和一群有着十几年交情的朋友分离，去到一个远离大城市的全然陌生的地方”。

李庄位于宜宾市城区东郊长江下游19公里的南岸，梁思成当年称之为“谁都难以到达的可诅咒的小镇”。梁思成不能和妻子同行，因为营造学社经费严重短缺，已经无法维持运转。梁思成要找在重庆的教育部要一些补贴。他从昆明出发，先到重庆，再到李庄。

林徽因带着老母亲和两个孩子，坐着四面透风的敞篷卡车，走了两个星期，才从昆明到达李庄。

在营造学社同仁的协助下，林徽因拖家带口在李庄镇外的上坝村找到一间L形平砖房安顿下来。

战争的阴影尚未完全笼罩李庄，但另一个可怕的敌人毫不留情地扑向了这个本已摇摇欲坠的家庭，那就是林徽因的肺病。肺病在当时是一种痨病，没有能治愈的法子，只能靠静养。但整个中国都卷入抗战，一家人居无定所，颠沛流离之中何来静养？晃县那次长达半个月的高烧，侵蚀了林徽因的病体。现在，经过两个星期的颠簸，加之已是对肺病患者极为不利的严冬，旧疾再次疯狂反扑，击倒了林徽因。

四十几度的高烧，好几个礼拜退不下去。林徽因每天晚上躺在床上，大汗淋漓，什么也吃不下，瘦成皮包骨。何雪媛已经是个六十多岁的老太太，孩子们又太小，谁也没法子去李庄找医生。而且，李庄这个穷乡僻壤，没有西医，农民生了病只吃中药，生死在天。林徽因也跟他们一样了。她强打精神安慰着被吓坏的幼子幼女：“宝宝，小弟，妈妈没有事！”

林徽因挣扎着给丈夫写了封信，但只说她病了，盼着他早点回来，没有提到自己病成什么样子。她知道那只会给焦头烂额的梁思成徒增负担和烦恼。而全家人能做的，就只有焦急地等着一家之主的归来。

这边厢，梁思成在重庆心急如焚，但是筹不到款，妻子的病也没有办法。梁思成四处奔走，和教育部的官员们做着踢皮球的游戏。他已经下了决心，就是当了乞丐，也得多少筹一些款子回去。他身上担着妻儿老小和营造学社的生计。

直拖到 1941 年 4 月 14 日，梁思成终于赶到了李庄。一回到家，就看到病得不成人样的妻子。他的心里充满了内疚。他立即给费正清夫妇去了封信：

直到 4 月 14 日我才从重庆抵达李庄，发现徽因病得比信中告诉我的要严重许多。家徒四壁混乱不堪，徽因数月病重在床令我十分痛心……比听到文章被《国家地理》杂志拒绝还难受。不否认给他们投稿的目的是为了挣一些额外的报酬。在通货膨胀中，一些外币的确可以让人略有安全感。你们先后寄来的两张支票简直是天外礼物，如此真挚情谊，我们心存感激，无以言表。支票已被收藏起来做应急之用。

丈夫回来了，林徽因才能享受到一些病人的待遇，不用自己操持整个家了。但物质生活依然清苦。村子里无医无药，林徽因发了烧，梁思成请来史语所的医生为她诊治，无奈之下他也学会了打针。

川南的冬天来了，这意味日子将更加艰苦。营造学社的经费几近枯竭，中美庚款基金会已不再提供补贴，只靠着重庆教育部杯水车薪的资助。成员的薪水也失去了保障，亏得史语所、中央博物院筹备处的负责人傅斯年和李济伸出援手，把营造学社的五人划入他们的编制，每个人才能领到一些固定的薪水。

梁思成和林徽因两人的薪水大半都买了昂贵的药品，生活上的开支自然拮据起来。每月得了钱，必须马上去买药买米。通货膨胀如洪水猛兽，稍迟几日，钱就会化成一堆废纸。小弟有一回失手打碎了家里唯一一支体温计，就再也买不到，林徽因大半年都没办法量体温。

因为吃得少，林徽因身体越来越瘦，不成人形。在重庆领事馆工作的费正清夫妇托人捎来一点奶粉，吃油一样珍惜地用着，算是给林徽因补身子的“奢侈品”。为了改善伙食，梁思成学会了蒸馒头、煮饭、烧菜。他还去跟老乡学着腌菜，用橘子皮做果酱。

家里实在没钱可用的时候，梁思成就只得到宜宾委托商行去典当衣物。每当站在当铺高大的柜台下面，梁思成就觉得双腿发软，自己正一节一节地矮下去。留着山羊胡子的账房先生，总是用嘲弄的眼神注视着这个一脸焦急的斯文的男人，他只对他递过来的东西感兴趣，可是每一次都把价钱压得极低。梁思成拙于讨价还价，换得的钱总是不多。

衣服当完了，就只好去当当作宝贝一样留下来的派克金笔和手表。账房先生对梁思成无比珍惜的宝物，却越来越表现得冷漠和不耐烦。一支陪伴了建筑学家20多年的金笔，一只在美国绮色佳购得的手表，当出的价钱只能到市场上买两条草鱼。

但梁思成从未在林徽因面前流露出抱怨和消极情绪。他拎着草鱼回家时，还开玩笑地跟妻子说：“把这派克金笔清炖了吧，这块金表拿来红烧。”他轻快地、有条不紊地做着家务，甚至哼起了轻松的小曲。林徽因看着丈夫进进出出的忙碌背影，眼睛慢慢地湿了。一丝愧疚同时涌上心头。一年以前，梁思成在昆明病倒的时候，自己也是这样忙进忙出，却是满心牢骚，而不是这样快乐。

病情稍微有点好转的苗头，林徽因就闲不住了。白天她拖着瘦弱的病体上街打油买醋，晚上就在灯下给丈夫和孩子们缝补几乎不能再补的衣物。孩子们冬天也只有布鞋可穿，其他季节都是打赤脚，至多穿上草鞋。南瓜、茄子、豇豆成了全家人的主食。后来，同在李庄的傅斯年实在看不下去了，悄悄写信给教育部长朱家骅和国民政府委员长蒋介石，恳请对梁家给予救济。其理由是梁思成的父亲梁启超“于新教育及青年之爱国思想上大有影响启明之作用”；“思成之研究中国建筑，并世无匹”；林徽因“今之女学士，才学至少在谢冰心前辈之上”。林徽因得知傅斯年出手相帮，特别写信表达感激之情：“尤其是关于我的地方，一言之誉可使我疚心疾首，夙夜愁痛。”

更多的时候，林徽因以书为伴，雪莱、拜伦的诗歌支撑着她挨过无数个病痛、孤寂的白天夜晚。那些美丽的字句已经深植于她的内心：

你那百折不挠的灵魂——
天上和人间的暴风雨
怎能摧毁你的果敢和坚韧！
你给了我们有力的教训：
你是一个标记，一个征象，
标志着人的命运和力量；
和你相同，人也有神的一半，
是浊流来自圣洁的源泉。

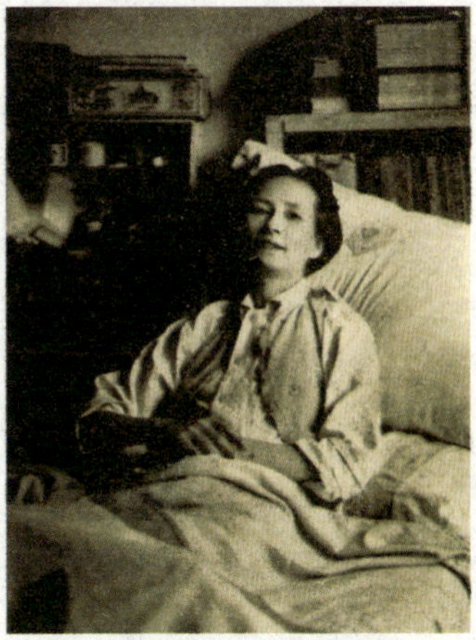
病中的林徽因，李庄上坝村家中。

当林徽因觉得自己的生命快要被困苦和病魔消耗殆尽的时候，她就从这些诗句中积蓄力量。就像一个在沙漠中跋涉许久的旅人，终于找到了绿洲和甘泉。

身子不那么难受的时候，林徽因就躺在小帆布床上整理资料，做读书笔记，为梁思成写作《中国建筑史》做准备。那张小小的简易帆布床周围总是堆满了书籍和资料。

林徽因只能从窗外风景的变化感受着季节的变迁。夏天来了，小屋里的气温骤然升高，闷热难当。宝宝正在放暑假，偶尔闲下来，她就教宝宝学英语——课本是一册英文版《安徒生童话》。宝宝很聪明，等暑假结束，已经能用英文流畅地背诵里面的故事了。

小弟也上了小学。虽然生活艰辛，孩子的个头倒也长起来了。一年到头，他都是光着脚，快上学了，才穿上外婆给做的一双布鞋。

生活就这样步履蹒跚地前进着。

由于营造学社的资金严重不足，对西南地区古建筑的考察已经完全停滞了。梁思成、林徽因跟大家商量着恢复营造学社停了好几年的社刊。

但是抗战时期的四川，出版刊物是极其困难的，尤其是李庄这样的偏远乡下。没有印刷设备，他们就用原始的药水、药纸书写石印。莫宗江的绘图才能此时得到了最大的发挥，他把绘制那些平面、立体、刨面的墨线图一己承担下来，描出的建筑图式甚至可以与照片乱真。抄写、绘图、石印、折页、装订，营造学社的同仁们全都自己动手。紧张的时候，家属和孩子们也来帮忙了。一期刊物漂漂亮亮地出版的时候，大家高兴得又笑又跳。

继抗战前的六期汇刊后，第七期刊物就诞生在这两间简陋的农舍里。

皇天不负有心人，在梁思成坚韧不拔的努力和朋友们的帮助下，教育部和英国庚子赔款基金给予了一些赠

李庄营造学社旧址。

款，费正清夫妇也从重庆捎来了食品。梁家的生活状况稍有改善，他们有能力从当地请了一个热心的女用人。尽管她有时会因为过于热心勤快洗坏了梁思成的衬衫，打坏了杯盘器皿。无论如何，林徽因总算能从拖累人的家务中完全解脱，接近于静养了。

窗子外面的景色变幻着，田野重新焕发出生机，几乎可以听到雨后的甘蔗林清脆的拔节声。棒棒鸟仍然是窗台上的常客，它们洞悉所有季节的秘密。阳光透过窗子，把林徽因纸上的诗句都染成了充满生命力的橘红色：

山坳子叫我立住的仅是一面黄土墙；
下午透过云霾那点子太阳！
一棵野藤绊住一角老墙头，
斜睨两根青石架起的大门，
倒在路旁无论我坐着，我又走开，
我都一样心跳；我的心前
虽然烦乱，总像绕着许多云彩，
但寂寂一湾水田，这几处荒坟，
它们永说不清谁是这一切主宰
我折一根柱枝，看下午最长的日影
要等待十一月的回答微风中吹来。

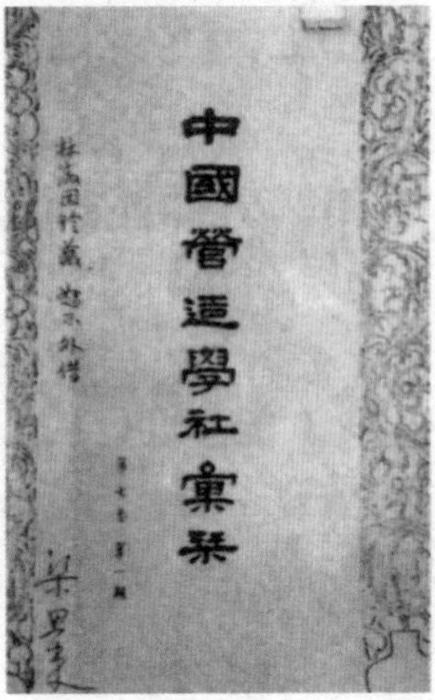

在李庄印刻的学社会刊。

何处是归程

那是这一季最后的繁花盛开。

林徽因是春天枝头的那朵繁花，一开，就是许多年，迟迟不肯凋谢。

连上天都不忍早早接走她。十年前，医生就已下了判决书，林徽因将不久于人世。以为最多只有三五年的光景，然而生命的奇迹总是眷顾有着超凡毅力的人，她熬过了十年。这十年不是在病榻上度过。她用最珍贵的十年在中国古建筑研究的领域取得了巨大的成就。这是既孤独又充实的十年。她创造了生命里最后的传奇，哪怕提前透支光阴也在所不惜。

出身名门，少女时代就随父亲周游欧洲，阅尽人世繁华的是她。战争时期困顿李庄，一病不起，拖着病体上街打油买盐，灯下缝补衣裤的还是她。在“太太客厅”被众星捧月的是她。为了野外考察餐风饮露的是她。素衫黑裙，梳着两根辫子的小仙子是她。肺疾缠身，容颜更改的也是她。这样的女人，无论从哪个角度看过去，都是一道别致的风景。在她身上，永远有耐人寻味的故事发生。

即使离去，也要选在春风沉醉的夜晚。当清晨人们发现她，痛苦早已远离，只留平静的面容接受晨光的洗礼。

这就是林徽因。

困顿中的一道光

金岳霖在李庄亲自买鸡喂养的情形，右立者是梁思成、梁再冰和梁从诫，背影为邻居家孩子。

困苦的生活中，最大的安慰和乐趣就是来自朋友。当时，虽然也有一批教育和研究机构迁到了李庄，比如同济大学工学院、中央研究院等等，但大家留学背景不同，学科也不一样，来往并不亲密。梁家熟悉的老朋友大多都留在昆明，林徽因的身体状况是让她没办法去看他们了。但幸好老友们没忘记身处偏远一隅的他们，只要有机会就来探望。

最先来的是老金。他早就知道林徽因在李庄生病的事情，恨不能长出翅膀飞过来看望病重的老朋友。1941年暑假，老金从昆明来到李庄。第一眼看到林徽因，老金几乎要认不出来了，她枯瘦如骷髅，面色苍白毫无血色，完全不是当年顾盼生辉光彩照人的林徽因了。两个孩子倒是长高了不少，但又黑又瘦，一看就是营养不良的样子。

老金自己也好不到哪里去。他身材消瘦，头发脱落了大半，眼睛也不好使了，像个小老头。完全不是当年那个风流倜傥、高大挺拔的老金了。

外貌被生活改变了，那份情谊依旧。老金第二天就跑到集市上买了十几只刚孵出的小鸡回来，说是要养鸡下蛋，给大人孩子改善伙食，补充营养。

西南联合大学的教授当时享有“轮休”制度，可以带薪离校休假一年。老金在林家住下来，一边饲养着他的十几只鸡，一边写作他的《知识论》。老金和他的这一群鸡，还留下了一张合影：斑驳的日光从院子里的矮树的枝叶缝隙中洒下来，白色的竹篱笆围着已经长到半大的鸡。黑的白的都有，老金拿着玉米粒之类的食物喂它们，一只黑鸡大胆地从这个消瘦的、头发已经斑白的哲学家手中啄食。旁边站着梁思成、宝宝和小弟，一个邻居家的孩子也在那里，他们饶有兴趣地看着哲学家喂鸡。

此情此景，再要纠缠于老金和林徽因那些真真假假的八卦，那些肤浅的所谓“爱”，所谓“情”，还有什么意义呢！

梁思成、林徽因和金岳霖这么多年的交往，与其说是朋友，倒不如说是亲人来得更贴切吧。他们早已心心相印，患难与共，这份情谊，没有什么能将之阻隔。

梁思成、林徽因和金岳霖多年的交往，早已心心相印，患难与共，与其说是朋友，倒不如说是亲人来得更贴切。

林徽因给费慰梅写信，这样描述三个人在李庄的生活：

思成是个慢性子，愿意一次只做一件事，最不善处理杂七杂八的家务。但杂七杂八的事却像纽约中央车站任何时候都会到达的各线火车一样冲他驶来。我也许仍是站长，但他却是车站！我也许会被碾死，他却永远不会。老金（正在这里休假）是那样一种过客，他或是来送客，或是来接人，对交通略有干扰，却总是使车站显得更有趣，使站长更高兴些。

林徽因写完，就交给梁思成和老金看，问他们有没有什么补充，于是便有了老金写下的这一段：

当着站长和正在打字的车站，旅客除了眼看一列列火车通过外，竟茫然不知所云，也不知所措。我曾不知多少次经

过纽约中央车站，却从未见过那站长。而在这里却实实在在地见到了车站又见到了站长。要不然我很可能把他们两个搞混。

老金写完，梁思成又接着附言道：

现在轮到车站了：其主梁因构造不佳而严重倾斜，加以协和医院设计和施工的丑陋的钢板支架经过七年服务已经严重损耗，（注：梁思成因车祸脊椎受伤，一直穿着协和医院为他特制的钢马甲）从我下方经过的繁忙的战时交通看来已经动摇了我的基础。

一张又薄又黄的“信纸”承载着这封苦中作乐的信，不分段，字非常小，没有天头地脚，连多余的半页都被截去，只为了节省纸张和邮费。这封信让远在华盛顿的费正清夫妇笑了很久，继而是更长久的心酸。

1942 年是梁家最热闹的一年，完全可以说是宾客盈门。

1942 年的深秋，李庄上空萦绕着若有似无的薄雾，野花在田野里热烈地开放着，空气里飘荡着农民焚烧稻草、玉米秸秆的味道。宝宝和小弟正在家门口的田地里玩着捉迷藏的游戏，突然，小弟兴奋地喊道：“妈妈，妈妈，是林耀舅舅！林耀舅舅来了！”

林耀是澳门人，是林徽因那9个飞行员弟弟中最年长也最沉稳的一个。这时候，同期的飞行员和林徽因自己的亲弟弟林恒已经相继殉国，她和梁思成这对“名誉家长”只剩下这一个“孩子”了。说起来，他们都姓林，算得上同宗，林徽因待这个年轻的飞行员就更如亲弟弟一般。

大多数时间里，林徽因只能用书信和林耀保持联系。她经常翻出林耀写的长信，反复仔细阅读，称赞弟弟是个“有思想的人”。

大约在1941年，林耀作战受了重伤，左肘被射穿，虽然骨头没有大碍，却打断了大神经。伤口愈合之后，林耀做了第二次手术，好歹把神经接上了，但从此左臂没法伸直，而且患上了严重的神经痛。医生知道他喜爱西洋古典音乐，就劝他买一部留声机（这在当时是一种昂贵的奢侈品），通过听音乐来镇静神经，同时进行各种康复训练。在疗养中，林耀用各种体育器械来“拉”自己的左臂，虽然剧痛难当，但他还是咬牙坚持了下来。最后终于恢复了手臂功能，可以出院了。

作为光荣负伤的老兵，林耀完全可以离开战斗第一线，甚至申请退役，但他却执意归队，继续作战。归队前有一个短暂的假期，他来到李庄，探望林徽因这个不是亲姐姐胜似亲姐姐的人。

在简陋的农舍中，林耀常常和林徽因、梁思成秉烛夜谈，每当谈到战争形势的严峻和胜利的渺茫，三人总是会长时间的沉默。这时候只有林耀带来的留声机还在旋转着，为他们送出不朽的《第五交响乐》《命运交响曲》，雄浑的音符一声声叩着每个人的心扉。

孩子们不懂大人的忧愁。特别是小弟，每一个飞行员“舅舅”都是他心目中的英雄，每次这些“舅舅”来家里都是两个孩子的节日。两条“小尾巴”跟在这些年轻的飞行员身后缠着他们讲战斗故事，做飞机模型，听他们唱起浪漫动听的苏联歌曲。

归队后不久，林耀到乌鲁木齐去接收一批苏联援助的轰炸机。回到成都，他再次来到李庄小住了几日。他把唱机和唱片都送给了梁家，这次又带来一张新的唱盘《喀秋莎》，附上了他手抄的中文歌词。小弟得到的礼物是一把蓝色皮鞘的新疆小刀。大家还吃到了甜甜的新疆哈密瓜干。

这部留声机是他们的宝贝，即使是在最艰苦的时候也没有当掉它。在那些日子里音乐就是他们的药品和粮食。那些音符是一群精灵，因为他们的降临，这两间陋室充满了光辉。阴冷的冬日开始大面积地退却，音乐的芬芳，在所有的空间里弥漫着一个季节的活力。

林耀刚走，令孩子们兴奋的消息又传来了：二姑姑梁思庄马上要带着表妹从北平来看他们了！

1942年10月，梁思庄带着女儿从沦陷的北平燕京大学，辗转越过日军的封锁线到了李庄。梁思庄的李庄之行，是代表全家来看望梁思成的。她已经五年没有见过自己的哥哥了。乍一见，梁思庄对林徽因几乎不敢相认，她已经瘦成了一把骨头，蜡黄的脸，只有那双大眼睛还能依稀看见往日的美丽的影子。

11月14日，梁家又迎来了另一个挚友费正清。费正清当时以汉学家的身份出任美国驻华大使特别助理、美国国会图书馆代表和美国学术资料服务处主任。这三个显赫的头衔能让他在重庆、四川、云南和广西自由地行动。因此，从美国抵达重庆两个月后，他便以访问中央研究院的名义来李庄看望他在中国最好的朋友梁思成夫妇。他们自1935年圣诞节分手以来，直到1942年9月26日在陪都重庆与梁思成相逢，差不多有七年时间没有见过一次面。那次相逢，他们激动地握着手足足有五分钟。

一进门，费正清就愣住了。他不敢相信自己的眼睛，这“蜗居”，简直就是原始人的穴居生活状态。这就是这两位中国第一流的学者栖身、研究的地方吗？费正清望着林徽因，心情激动难抑，几年不见，这个美丽的东方女建筑师，再也找不到当时的顾盼神飞了！

费正清终于忍不住说：“我很赞赏你们的爱国热情，可在这样的地方做学问，也太难了，你们是在消耗自己的生命。要是美国人处在这样的环境下，他们要做的第一件事情，是改善自己的生活条件，而绝不是工作。西部淘金者们，面对着金子的诱惑，他们做的第一件事却是设法使自己有舞厅和咖啡馆。”

同来的陶孟和也说：“还是去兰州吧，我的夫人也在那里，西北地区干爽的空气有助于治好你的病。先把病治好了，再去写你们的书。”

费正清趁热打铁劝说林徽因去美国治病，他可以提供经济上的援助。

林徽因微笑着说：“你们在这儿住上几天，也许会有不同的看法。”

后来，费正清在他的《费正清对华回忆录》中，满怀深情地讲述了当年去李庄探望梁思成和林徽因时的情景：

梁家的生活仍像过去一样始终充满着错综复杂的情况，如今生活水准下降，使原来错综复杂的关系显得基本和单纯了。首先是佣人问题。由于工资太贵，大部分佣人都只得辞退，只留下一名女仆，虽然行动迟钝，但性情温和，品行端正，为不使她伤心而留了下来。这样，思成就只能在卧病于床的夫人指点下自行担当大部分煮饭烧菜的家务事。

其次是性格问题。老太太（林徽因的母亲）有她自己的生活习惯，抱怨为什么

一定要离开北京；思成喜欢吃辣的，而徽因喜欢吃酸的，等等。第三是亲友问题。我刚到梁家就看到已有一位来自叙州府的空军军官，他是徽因弟弟的朋友（徽因的弟弟也是飞行员，被日军击落）。在我离开前，梁思庄（梁思成的妹妹）从北京燕京大学，经上海、汉口、湖南、桂林，中途穿越日军防线，抵达这里，她已有五年没有见到亲人了。

林徽因非常消瘦，但在我作客期间，她还是显得生气勃勃，像以前一样，凡事都由她来管，别人还没有想到的事，她都先行想到了。每次进餐，都吃得很慢；餐后我们开始聊天，趣味盎然，兴致勃勃，徽因最为健谈。傍晚五时半便点起了蜡烛，或是类似植物油灯一类的灯具，这样，八时半就上床了。没有电话，仅有一架留声机和几张贝多芬、莫扎特的音乐唱片；有热水瓶而无咖啡；有许多件毛衣但多半不合身；有床单但缺少洗涤用的肥皂；有钢笔、铅笔但没有供书写的纸张；有报纸但都是过时的。你在这里生活，其日常生活就像在墙壁上挖一个洞，拿到什么用什么，别的一无所想，结果便是过着一种听凭造化的生活。

我逗留了一个星期，其中不少时间是由于严寒而躺在床上。我为我的朋友们继续从事学术研究工作所表现出来的坚韧不拔的精神而深受感动。依我设想，如果美国人处在此种境遇，也许早就抛弃书本，另谋门道，改善生活去了。但是这个曾经接受过高度训练的中国知识界，一面接受了原始纯朴的农民生活，一面继续致力于他们的学术研究事业。学者所承担的社会职责，已根深蒂固地渗透在社会结构和对个人前途的期望中间。

如果我的朋友们打破这种观念，为了改善生活而用业余时间去做木工、泥水匠或铅管工，他们就会搞乱社会秩序，很快会丧失社会地位，即使不被人辱骂，也会成为人们非议的对象。

费正清卧床休息的时候，林徽因便拿了她在李庄写的诗给他和陶孟和来念。他们没想到，在这样恶劣的生存条件下，林徽因的诗情仍然在燃烧着。

等感冒痊愈后，梁思成和林徽因就陪着他们去散步。费正清对这个川南小村庄产生了浓厚的兴趣。林徽因对他说："中国南方的民居，最充分地体现了中国人的人文精神，我有个设想，等身体好了，要对江南民居做一番详细的考察。"

费正清感慨地说：“林，我已经明白了，你的事业在中国，你的根也在中国。你们这一代的知识分子，是一种不能移栽的植物。”

梁家的“宾客潮”从1942年延续到次年。1943年6月，英国驻重庆大使馆战时科学参赞李约瑟来李庄访问。这位生物化学家个性严肃，不苟言笑。到了李庄之后，招待他的知识分子相互打赌，看李约瑟能不能在李庄笑一笑。这个“不可能的任务”被梁思成林徽因夫妇给“征服”了。

这件事是在林徽因写给费正清夫妇的信中透露的：

李约瑟教授来过这里，受过煎鸭子的款待，已经离开……这位著名的教授在梁先生和梁夫人（她在床上坐起来）的陪同下谈话时终于笑出了声。他说他很高兴，梁夫人说英语还带有爱尔兰口音。我以前真不知道英国人这么喜欢爱尔兰人。后来他在访问的最后一天下午，在国立博物馆的院子里，当茶和小饼干端上来的时候，据说李教授甚至显得很活泼。

悲喜交加

抗日战争已经打了八年了，多灾多难的中国人，被无处不在的战火拖得奄奄一息。林徽因的病情在一天天恶化。膀胱部位时不时传来一阵阵剧痛。林徽因感到从未有过的恐慌，或者说绝望。

太久了，以至于胜利的消息传来时，大家一瞬间还反应不过来。也是，这消息确实来得颇为突然。

1945 年 8 月 14 号晚上大约 8 点钟，重庆正显示着它火炉的威名，连晚风吹来的都是热气。梁思成、费慰梅还有两个年轻的中国作家，一起吃了晚饭，就在美国大使馆门前乘凉。

梁思成现在的头衔是中国战地文物保护委员会的副主席。他需要负责编制一套沦陷区重要的文物建筑目录，并在军用地图上标注出他们的具体位置，以防止这些

建筑在战略反攻中被毁坏。

费慰梅则是作为美国大使馆的文化专员在这年夏季来到中国的。老朋友相见，分外激动。他们怎么也想不到，会一起见证这个历史性的时刻。

梁思成正在跟费慰梅讲着多年前泰戈尔访问北京的事，忽然间，四周骤然安静下来。这不寻常的寂静让人摸不着头脑，大家面面相觑，仔细地听着动静。警报声从远处传来，经久不息，江上的汽笛也跟着长鸣。人们一开始是压抑地喊喊喳喳，接着有人在大街上飞跑，再接着就是“胜利了！胜利了！”的欣喜若狂的欢呼。轰然炸响的鞭炮声中，全城的人都跑到了大街上。

梁思成和费慰梅也来到大街上，到处是欢笑的市民，到处是挥舞的旗帜和V形手势。吉普车、大卡车和客车满载着欢庆的人群自发组成车队，陌生的人们在车上彼此握手拥抱庆祝这来之不易的胜利。

夜已经深了，中央研究院招待所却灯火通明。梁思成和学者们聚在一起高兴地笑啊说啊，还开了一瓶存了许久的白酒。梁思成在这非凡的热闹中忽然感到怅然若失。苦苦盼了8年，熬了8年，等了8年，可是当胜利的时刻到来，自己却没有陪在妻儿身边。

费慰梅看穿了梁思成的心思。在她的努力下，梁思成和她坐上了一架由美国飞行员驾驶的C—47运输机飞到宜宾，从那里去李庄就近多了。

在李庄的陋室，费慰梅和病床上的林徽因相拥而泣。她们分别已经有十个年头了。

第二天，林徽因下了床。尽管病得厉害，但她还是想用自己的方式庆祝。她和费慰梅坐着轿子到茶馆去，以茶代酒庆祝中国的胜利。这是她四年以来第一次离开她的居室。梁思成兴致勃勃地拿了家里仅有的一点钱，买了肉和酒，还请了莫宗江一起相庆。林徽因也开了酒戒，痛快地饮了几杯。

费慰梅给林徽因留下了治疗肺病的药品，然后离开了李庄，与林徽因相约在重庆再见面。

随着抗战的胜利，林徽因心头的阴霾也一扫而空。在李庄晴天是稀罕物，赶上的话，林徽因一定不会放过。这年宝宝梁再冰已经是个16岁的花季少女，她陪伴着体弱的妈妈，一起到李庄镇上，在小面馆吃面，去茶铺喝茶，还去看了梁再冰的

同学的排球赛。有一天阳光特别好，林徽因兴致来了，穿上以前在北平穿的漂亮衣服，到女儿的校园里散步，竟引起一阵小小的轰动。

孩子们知道将要随父母回到阔别多年的北平了，也雀跃无比。

然而，林徽因看到和听到的消息，让不安在她的心中一点点扩散开来。虽然日本已经宣布投降，可是歌乐山上空仍然战云密布。蒋介石调兵遣将，准备打内战了。

1946年1月，她从重庆写信给费慰梅说：

正因为中国是我的祖国，长期以来我看到它遭受这样那样的罹难，心如刀割。我也在同它一道受难。这些年来，我忍受了深重苦难。一个人毕生经历了一场接一场的革命，一点也不轻松。正因为如此，每当我察觉有人把涉及千百万人生死存亡的事等闲视之时，就无论如何也不能饶恕他……我作为一个“战争中受伤的人”，行动不能自如，心情有时很躁。我卧床等了四年，一心盼着这个“胜利日”。接下去是什么样，我可没去想。

我不敢多想。如今，胜利果然到来了，却又要打内战，一场旷日持久的消耗战。我很可能活不到和平的那一天了（也可以说，我依稀间一直在盼着它的到来）。我在疾病的折磨中，就这么焦灼烦躁地死去，真是太惨了。

在这同时，还有另一桩心事困扰着林徽因。营造学社经费来源完全中断，已经无法继续维持，刘敦桢和陈明达先后离去，留下的也是人心涣散。梁思成觉得，中国古建筑的研究，经过营造学社数年的努力，已经基本厘清了各个历史时期的体系沿革，战后最需要的是培养建设人才。

一家人准备先到重庆去。虽然早早收拾好了行李，但雨一直不停，没有船。林徽因写信给费慰梅抱怨“显然你从美国来到中国要比我们从这里去到重庆容易得多”。

终于等到船了，梁思成带着衰弱的妻子踏上了重庆的土地。

林徽因五年来头一次离开李庄。她身体不行，在重庆的大部分时间都待在中研院招待所里。费慰梅一有时间就开着吉普车带林徽因去城里玩，有时去郊外接在南开中学读书的小弟，有时到美国大使馆的餐厅一起进餐，有时到费氏夫妇刚刚安顿下来的家里小聚。在重庆，费慰梅请了美国著名的胸外科专家里奥埃罗塞尔博士为林徽因检查病情。当她身体略好的时候，费慰梅还带他们全家去看戏看电影。林徽因和小弟还参加了马歇尔将军在重庆美新处总部举行的一次招待会，在那里见到了共产党高级领导人周恩来和“基督将军”冯玉祥等名人。

后来，他们又找了一家医疗条件较好的教会医院检查。梁思成说：“咱们一定得把身体全面检查一下，回去路上心里也踏实。”

X 光透视之后，医生把梁思成叫到治疗室，告诉他：“现在来太晚了，林女士肺部都已空洞，一个肾业已感染。这里已经没有办法了。她最多还能活五年。”

梁思成顿时如五雷轰顶，一下子瘫倒在椅子上。他不能接受这个宣判。最艰难的日子已经过去了，至爱之人难道只能与自己共苦，却不能与自己同甘？

林徽因却很坦然，她对丈夫说：“我现在已经感觉好多了。等回了北平，很快就能恢复过来的。”她拉起还在呆呆地望着自己的梁思成的手，轻声说：“思成，咱们回家吧。”

重返春城

人在病中，就格外容易想家。可是家在哪里呢？北平，是林徽因魂牵梦萦的故都。奈何山河破碎今何在，她现在还不能回去。就是李庄，那个偏僻的小山村，竟也回不去了。因为长江航运局正在清理河道，重庆到李庄的船全都停运了。

梁家在昆明的老朋友知道了情况，邀请他们去昆明住一段时间。老金在张奚若家附近找了一处房子，是军阀唐继尧后山上的祖居。那祖居的窗户很大，有一个豪华的大花园，几棵参天的桉树，婆娑的枝条随风摇曳，散发着阵阵芳香。

林徽因一到昆明就病倒了，但是与朋友相聚的喜悦压倒了一切。长期的分离之后，张奚若、老金和钱端升夫妇这一群老友又围绕在她身边，床边总是缭绕着没完没了的话题。他们用了十多天，才把各自在昆明和李庄的点点滴滴，包括所有琐事弄清楚。他们谈着每个人的情感状况、学术近况，也谈论国家情势、家庭经济，还有战争中沉浮的人物和团体，彼此都有劫后余生之感。林徽因体验到了缺少旅行工具的唐宋诗人们在遭贬谪的路上，突然和朋友不期而遇的那种极致的喜悦。

林徽因在昆明，拍于1946年春。

春城气候宜人，但海拔高度对林徽因的呼吸和脉搏有不良影响。不过她周围总是有老朋友陪伴，有聊不完的话题，看不完的书，还有女仆和老金热心周到的照料，令她心中感到十分惬意。

云南的彩云很是奇特，并非是那多变的模样，也不在于洁净的气质，而在于它即使远在天边却仿若触手可及一般。特别是夜晚来临，月亮挂在树梢，彩云依依地追着月亮。林徽因就是在那时相信云南的彩云是有生命的，那是多情的姑娘的精魂的化身。

有时候好好的天也会下雨。但是不是李庄那种混合着煤矿的酸雨。昆明的雨不染纤尘，雨中是繁花和青草的气息，也有泥土发酵的气味。昆明的雨也像林徽因的脾气，来得快去得也快，不像李庄那样慢吞吞地拖啊拖啊烦死人。

林徽因给费慰梅讲述了住在唐继尧“梦幻别墅”的感受：

一切最美好的东西都到花园周围来值班，那明亮的蓝天，峭壁下和小山外的一切……

房间这么宽敞，窗户这么大，它具有戈登克莱格早期舞会设计的效果。就是下午的阳光也好像按照他的指令以一种梦幻般的方式射进窗户里来，由外面摇曳的桉树枝条把缓缓移动的影子泼到天花板上来。

不管是晴天或者下雨，昆明永远是那样的美丽，天黑下来时我房间里的气氛之浪漫简直无法形容——当一个人独处在静静的大花园中的寂寞房子里时，忽然天空和大地一齐都黑了下来。这是一个人一辈子都忘不了的。

这时候西南联大已经北返，老朋友们都归心似箭，中国营造学社的历史使命业已完成。再加上梁思成受聘清华大学建筑系主任等缘故，1946 年夏，梁家和西南联大的教授们一起，乘包机顺利从重庆返回北平。

故都惊梦

9 年了，日日夜夜走进梦中的北平，会用什么样的姿势拥抱病弱的林徽因？

她在心中无数次勾勒过的北平的形象，却变得扑朔迷离。铺天盖地的太阳旗已经不复踪影，取而代之的是酒幌似的青天白日旗，如经幡一般在每家每户的门上招摇着。林徽因茫然不知所措，拽住路过的行人一打听，原来今天是教师节。北平政府正准备举行 8 年来的祭孔大典。

前三门大街上，一辆辆十轮卡车吼叫着驶过。炮衣下裸露出的粗大的炮管泛着金属特有的冷冷的光，看得人本能地畏惧。士兵们坐在炮车上，趾高气扬地向街上的人们打着口哨。

林徽因领着孩子站在“信增斋修表店”的屋檐下，这纷乱的街景让她迷惑了。大成至圣先师重新被邀请到这座故都，虽然没有异族的刺刀对准他的胸膛，但这满街的炮车，不知该让他怎样“发乎情，止乎礼”。她有预感，这暗涌马上就要演变成一场海啸。

北返后的清华大学有了自己的建筑系，梁思成是第一任系主任。1946 年夏季，林徽因一家搬进了清华园新林院 8 号，这是清华的教授楼，环境优雅，住宅也十分宽敞。

匆匆组建的建筑系刚刚安顿下来，梁思成很快又要赴美考察战后的美国建筑教育。同时应耶鲁大学的聘请讲学一年，教授《中国艺术史》。

战后的北平经济萧条，物价飞涨，工商业纷纷倒闭，国统区的钞票像长了翅膀似的。他们回来只几个月，北平的大米由法币 900 元一斤猛涨到 2600 元一斤。清华的学生食堂前常常挤满了出售衣物的学生，旁边铺着旧报纸，上书“卖尽身边物，暂充腹中饥”。

饥饿的阴影笼罩了北平，也笼罩了清华园。清华园的民主墙上写满了反饥饿的标语：“内战声高，公费日少，今日丝糕，明日啃草。”“饿死事大，读书事小。”“向炮口要饭吃！”

上海、南京等地也开始了抢救教育危机的运动，反饥饿反内战的浪潮由南向北，汹涌澎湃。清华开始罢课，高音喇叭播送着学生的罢课宣言：“今天饥饿迫使我们不能沉默。今天为了千千万万在死亡边缘挣扎的人民，为了在内战炮火下忍受饥饿的全国同胞，我们不得不放下了我们的书本。……一切根源在于内战。内战不停，则饥饿将永远追随人民。”

梁家的日子越来越不好过了。

一家人颠沛流离，9 年之后回到故土，已是两手空空。贫困和饥饿仿佛认准了他们，跟着回来了。林徽因的病也愈来愈厉害。

好日子真的是遥遥无期。

梁思成临出发去美国前，交代系里的年轻教师，有事情可以找林徽因商量。于是，开办新系的许多工作暂时就落在了她这个没有任何名分的病人身上。

建筑系刚成立，图书馆的资料不多，林徽因就把家中藏书推荐给年轻教师，任他们挑选借阅。除此之外，林徽因也同青年教师们建立了亲密的同事情谊，热心地毫无保留地与他们交流和探讨学术思想。她还结交了复员后清华、北大的文学和外语专业的教师，大家畅谈文学和艺术，各抒已见，好不热闹。

1947 年，林徽因与女儿梁再冰在颐和园留影。

当时更有一些年轻学子慕名而来求教于林徽因，其中就包括后来成为梁思成第二任夫人的林洙。当时校方为了让林徽因能清静地养病，在她的住宅外面竖了一块一人高的木牌，上面写着：这里有位病人，遵医嘱需要静养，过往行人请勿喧哗。来访的学生们，都以为自己将看到一个精神萎靡的中年女子恹恹地靠在床上待客，没想到这位林先生虽然身体瘦弱，却神采飞扬。她滔滔不绝地谈论着文学、艺术、建筑，融会贯通，妙语连珠。谈到兴奋处，林徽因自己都忘了，她是个被医生判了死刑的重病人。

只是当难熬的夜晚来临，林徽因在床上辗转反侧，整夜咳嗽着不得安宁，半夜里一次次吃药、喝水、咳痰……这一切都只能孤身承受，没有人能帮上她一点忙。她在孤单和绝望中凝视着窗外的黑夜，那么深那么长的夜，不知道何时才是个头？！往往越是这样，白天的林徽因就显得越兴奋，好像是在攫取某种精神上的补偿。

这年夏天，梁思成回到北平。一年来，他在耶鲁大学讲学，同时作为中国建筑师代表，参加了设计联合国大厦建筑师顾问团的工作。在那里，他结识了许多现代建筑权威人物，如勒柯布西埃、尼迈亚等。他还考察了近二十年的新建筑，同时访问了国际闻名的建筑大师莱特格罗皮乌斯、沙理能等。

他在美国与老朋友费正清、费慰梅夫妇见了面，并将在李庄时用英文写成的《中国建筑史图录》，委托费慰梅代理出版，后因印刷成本高，而没有找到出版人。1948 年，一位英国留学生为写毕业论文，将书稿带到马来西亚。直到 1979 年，这份稿子才辗转找回，并经费慰梅奔波，于 1984 年在美国出版，获得极高的评价。

梁思成是接到林徽因重病的消息提前回国的。林徽因的肺病已到晚期，结核转移到肾脏，需要做一次手术，由于天气和低烧，也需要静养，做好手术前的准备。

梁思成又恢复了他“护士”的角色。尽管回国后工作很忙，但他还是抽出尽可能多的时间照料妻子。住宅里没有暖气，室内温度高低关系到林徽因的健康和术后恢复。梁思成就在家里生了三个半人高的大炉子，这些炉子不好伺候，收拾不好就“罢工”。添煤、清除煤渣，这些烦琐细致的活儿，梁思成全都亲力亲为，怕佣人做不好误了事。他遵医嘱每天给林徽因搭配营养餐，为她肌肉注射和静脉注射，为她读英文报刊。每次去学校上班前，他总是在林徽因身边和背后放上大大小小各种靠垫，让她在床上躺得舒服一点。

秋凉以后，林徽因身体状况略有改善，她被安排在西四牌楼的中央医院住院。这个白色世界好像有禁锢生命能量的威力似的，没有流动，没有亢奋，只有白得刺目的安静煎熬着灵魂。

《恶劣的心绪》就是她在这个时期写下的：

我病中，这样缠住忧虑和烦忧，
好像西北冷风，从沙漠荒原吹起，
逐步吹入黄昏街头巷尾的垃圾堆；
在霉腐的琐屑里寻讨安慰，
自己在万物消耗以后的残骸中惊骇，
又一点一点给别人扬起可怕的尘埃！
吹散记忆正如陈旧的报纸飘在各处彷徨，
破碎支离的记录只颠倒提示过去的骚乱。
多余的理性还像一只饥饿的野狗
那样追着空罐同肉骨，自己寂寞地追着
咬嚼人类的感伤；生活是什么都还说不上来，
摆在眼前的已是这许多渣滓！
我希望：风停了；今晚情绪能像一场小雪，
沉默的白色轻轻降落地上；
雪花每片对自己和他人都带一星耐性的仁慈，
一层一层把恶劣残破和痛苦的一起掩藏；
在美丽明早的晨光下，焦心暂不必再有，——
绝望要来时，索性是雪后残酷的寒流！

这种恶劣的心绪时时刻刻缠绕着她。她隐隐觉得，生命就要走到尽头了。这时她才感到了命运的强悍，似乎是她早已期待过这样的结局了。生命是一个圆，从一点出发，终要回到那个点上，谁都无法违抗这种引力。

通货膨胀还在持续着，市场上蔬菜几近绝迹，偶尔有几个土豆，立刻就被抢购一空。梁思成开着车跑到百里外的郊县，转了半天，才能买回一只鸡。

10月4日，林徽因给在美国的费慰梅写信说：

我还是告诉你们我为什么来住院吧。别紧张，我是来这里做一次大修。只是把各处零件补一补，用我们建筑业的行话来说，就是堵住几处屋漏或者安上几扇纱窗。

林徽因与清华大学建筑系师生合影。

昨天傍晚，一大队实习医生，年轻的住在院里，过来和我一起检查了我的病历，就像检阅两次大战的历史似的。我们起草了各种计划（就像费正清时常做的那样），并就我的眼睛、牙齿、双肺、双肾、食谱、娱乐或哲学，建立了各种小组。事无巨细，包罗无遗，所以就得出了和所有关于当今世界形势的重大会议一样多的结论。同时，检查哪些部位以及什么部位有问题的大量工作已经开始，一切现代技术手段都要用上。如果结核现在还不合作，它早晚是应该合作的。这就是事物的本来逻辑。

12月手术前的一天，胡适之、张奚若、刘敦桢、杨振声、沈从文、陈梦家、莫宗江、陈明达等许多朋友来医院看她，说了些鼓励和宽慰的话。

为了以防万一，林徽因给费慰梅写了诀别信：再见，我最亲爱的慰梅。要是你忽然间降临，送给我一束鲜花，还带来一大套废话和欢笑该有多好。

她对梁思成绽出一个安静的笑颜，然后被推进了手术室。

她躺在无影灯下，却看到命运被拖长的影子。她渐渐感觉到，自己在向一个遥远的、陌生的地方走去，沿着一条隧道进入洞穴，四周是盘古初开一样的混沌。

不知过了多久，她隐隐听到了金属器皿的碰撞声。

新生与弥留

1949 年 3 月，林徽因夫妇送女儿梁再冰参军南下合影。

1948 年，反饥饿、反内战的浪潮方兴未艾。11 月 6 日，清华开始总罢课，全校师生频频举行演讲会，第一次喊出“只有反抗，才能生存”的口号。与此同时，北平政府对学生的镇压也随之开始了。北平政府发出逮捕进步学生的通令之后，清华园被反动军警和“棍儿兵”包围了数日，特务们还在西校门外的围墙上写上“消灭知识潜匪”的反动标语。校园被围之日，清华园内菜粮来源断绝，学生和住在园内的教授们只能靠一点咸菜和辣椒度日。

生命的奇迹又一次回到林徽因身上。肾脏切除手术很顺利，虽然由于体弱，刀口愈合很慢，但在梁思成的精心照料下也慢慢复原了。有一天半夜，几个脸上涂着油彩，身穿黑衣的人带着几个“棍儿兵”闯进梁家，砰砰地砸着门，嚷着“抓学匪！抓共产党！”林徽因气愤难当，从床上跳下来，大声斥骂着，把他们赶了出去。

梁思成和林徽因都感到蒋家王朝气数已尽，中国就快要有一场翻天覆地的变革了。

远处不时有炮声传来，人民解放军兵临城下。北平外围的国民党飞机经常来清华园骚扰。梁思成为北平的古建筑担忧着。他想起“历代宫室五百年一变”的说法，看样子北平在劫难逃。有一天梁思成开会回来，在路上就遇到了飞机轰炸，炸弹落在梁思成身前不远的小桥边，一声巨响，弹片从耳边呼啸而过，竟毫发未伤。回家后梁思成讲及这番历险，一家人都吓出一身冷汗。宝宝却说：“还是爹爹命大，全国那么多寺庙，成千上万的菩萨保佑着你呢！”

有天晚上，张奚若领着两位身穿灰色军装，头戴皮帽子的军人来到梁家。张奚若介绍说：“这二位是解放军十三兵团政治部联络处负责人，他们有件事情想请你帮忙。”

两位军人给梁思成和林徽因敬了军礼说：“梁先生、林先生，我们早闻二位先生是国内著名的古建筑学家，现在我们部队正为攻占北平做准备，万一与傅作义将军和平谈判不成，只好被迫攻城，兵团首长说要尽可能保护古建筑，请二位先在这张地图上给我们标出重要古建筑，划出禁止炮击的地区，以便攻城时炮火避开。”

两人愕然片刻，随即紧紧握住军人的手，一个劲地说：“谢谢你们！谢谢你们！”

当晚，梁思成和林徽因悬着的心终于放下了，在炮火声中睡得特别踏实。

1949 年 1 月 22 日，傅作义宣布投降，北平和平解放。4 月 21 日，全国解放的命令下达，中国大地上摆开了人类战争史上最大的战场。解放军的代表再次来到清华园，听取梁思成和林徽因的建议。梁思成立即召集建筑系部分教师和学生，夜以继日地赶工，在一个月的时间手工完成了厚厚一本《全国重要文物建筑简目》，供人民解放军作战及接管保护文物之用。

光的道路，从历史的一端铺展过来。

林徽因的生命也出现了前所未有的奇迹，在同死神的角力中，她又一次成了胜者。1949 年，她在新政权接管的清华大学被聘为一级教授，主讲《中国建筑史》课程，并为研究生开设《住宅概论》的专业课。林徽因再次沉浸在工作中，像以前那样，拖着病体陀螺一样忙碌着。值得庆幸的是，困扰她多年的家务事像秋后蚂蚱一样越来越少了。再冰参加了解放军南下工作团，从诫考上了北京大学历史系。买菜、烧饭、洗洗涮涮这些烦琐的家务事终于不再困扰她了。

1949 年 7 月 10 日，中华人民共和国成立前夕，《人民日报》等各大报刊刊登了公开征求国旗、国徽图案和国歌词谱的启事，征稿截止日期为 8 月 15 日。梁思成和林徽因领导了清华大学国徽设计组的工作，同时，梁思成还担任了国旗、国徽评选委员会顾问。

自从接受了国徽设计的任务，林徽因的生活就像拧满了发条的钟，每一天都以分钟计。忙碌了两个多月，清华送审的第一稿却没有通过，原因是这个方案体现“政权特征”不足。

梁思成回来，传达了国徽审查小组要求在国徽图案中有天安门图像的意见。林徽因认为这是一个很好的构想，立刻派朱畅中去画天安门的透视图。营造学社藏有测绘天安门建筑的图纸，有百分之一比例和二百分之一比例的天安门立面、平面、剖面图。当时在北京，其他单位要找这样的图纸是不可能的，幸亏营造学社保留了这么完整的资料。

一张又一张图纸，一场又一场讨论，一次又一次修改，大家的设计思想越来越明确了。林徽因始终主张，国徽应该放弃多色彩的图案结构，采用中国人民千百年来传统喜爱的金红两色，这是中国自古以来象征吉庆的颜色，用之于国徽的基本色，不仅富丽堂皇，而且醒目大方，具有鲜明的民族特色。

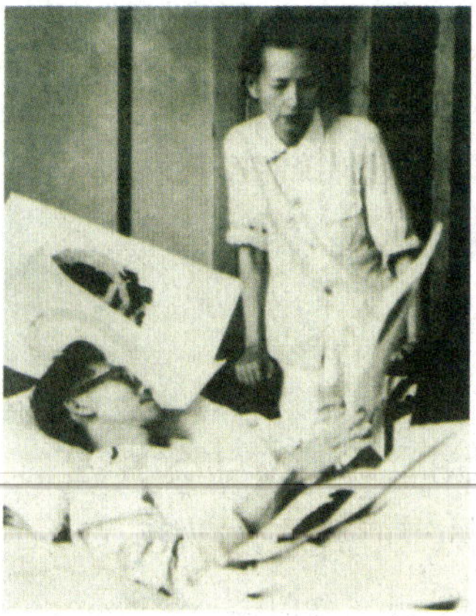

林徽因与病中的梁思成讨论国徽的设计方案。

林徽因和梁思成一连数日通宵达旦地工作着。再冰从南方回来探家，一进门大吃一惊，家里成了一个国徽的作坊，满地堆的都是资料和图纸，还有各个国家的国徽，小组每一次讨论的草图，几乎没有下脚的地方。

平日病得爬不起来的林徽因，完全顾不得自己的身体了。她靠在枕头上，在床上的小几上画图。累得实在支持不住了，就躺下去喘口气，起来再接着画。

三个多月的日夜奋战，最后的图案终于出来了：图案外圈环以稻麦穗，下端用红绶带绾接在齿轮上，国徽中央部分和下方是金色浮雕的天安门立面图，上方绘有金色浮雕的五星，衬在红色的底子上，如同天空中飘展的五星红旗。整个图案左右对称，庄严肃穆。

迎接最终评选的那天，大家兴奋中带着不安。梁思成和林徽因都病倒了，于是便让兼任秘书工作的朱畅中去参加评选会议。林徽因一遍遍叮嘱着："畅中，我等候你的消息，评选结束了，多晚也要赶回来。"

评选会议在中南海怀仁堂举行。会议厅的中间墙上，左边挂着清华的设计方案，右边是中央美院的设计方案。美院设计的天安门的图像是一幅彩色的风景画，天安门形象一头大、一头小，一头高、一头低，有强烈的透视感，华表只画一个，立在一侧，碧蓝的天空，金色的琉璃瓦，红柱红墙，加上金桥的白石栏杆和白石华表，铺地的大石块依稀可见，石缝里还画着青草。

参加评审的委员们，在两个国徽之间穿梭着，热烈地争论着。朱畅中心里没底了，脸上浸出了热汗。

正在这时，周恩来总理来了。

周总理跟大家打了招呼，就站到两个图案前仔细审视着。过了一会儿，他让大家发表意见。田汉说："我认为中央美院的方案好，透视感强，色彩比较明朗。"

他的看法得到了许多评委的赞同。

坐在后排的朱畅中心脏都不会跳了。

张奚若站起来说："我认为清华的方案好，有民族特色，既富丽，又大方，布局严谨，构图庄重，完全符合政协征求图案的三条要求。"

周总理注意到坐在右边沙发上的李四光，就问："李先生，你看怎样？"

李四光沉吟片刻，指了指清华的设计方案说："我看这个有气魄，有中国特色。"

周总理再次仔细端详了两个图案，然后再次让大家发表意见，多数委员赞成清华的方案。

周总理说："那么好吧，我也投清华一票。"

朱畅中又听到胸腔里传来咚咚咚的心跳声。他真想飞跑出去，给林徽因打电话。

周总理问："清华的梁先生来了没有？"

张奚若说："梁先生和林夫人都病倒了，清华小组的秘书来了。"又叫朱畅中，

1950年，林徽因与清华建筑系第一班毕业生合影。

“小朱到前头来。”

周总理把朱畅中叫到清华的图案前指点着问：“这是什么？”

朱畅中回答：“这是稻穗。”

“能不能向上挺拔一些？”周总理比画着。朱畅中回答：“稻穗下垂是表示丰收，向上挺拔，可以改进。”

周总理说：“稻穗向上挺拔，可以表现时代的精神风貌嘛，从造型上也更为美观。1942年冬天，宋庆龄同志在她的寓所，为欢送董必武同志返回延安举行的茶话会上，桌上就摆着重庆近郊农民送来的两串稻穗，被炉火映得金光灿灿，当时有人赞美这稻穗像金子一样。宋庆龄说：‘它比金子还宝贵，中国人口百分之八十都是农民，如果年年五谷丰登，人民便可以丰衣足食了。’当时我就说，等到全国解放，我们要把稻穗画到国徽上去。”

评选结束已是深夜，朱畅中没吃夜宵就急着赶回了清华。

清华国徽设计组用了两三天就完成了修改任务，重新画了大幅国徽图案，在图纸上首，林徽因用红纸剪了“国徽”两个字，图的下方写了“国徽图案说明”：国徽的内容为国旗、天安门、齿轮和麦稻穗，象征中国人民自“五四”运动以来的新民主主义革命斗争和工人阶级领导的以工农联盟为基础的人民民主专政的新中国的诞生。

1950年6月23日，仍然是中南海怀仁堂。全国政协第一届第二次会议在这里召开。林徽因被特邀出席会议。在今天这个会议上，新政权要正式确定中华人民共和国国徽。在毛泽东的提议下，全体代表起立，以鼓掌的方式通过了由梁思成、林徽因主持设计的国徽图案。

当掌声在大厅里潮水般回荡的时候，林徽因已经是热泪盈眶。一个视艺术为生命的人，还有什么比凝聚着自己心血的作品成为国家形象的代表更令人激动呢？幸福的眩晕感淹没了林徽因。

她病弱的身体，甚至无法从座位上站立起来答谢了。

这一年，林徽因被任命为北京市都市计划委员会委员兼工程师。

新中国成立后的第二个国庆日，梁思成、莫宗江搀着林徽因来到天安门金水桥头。仰望着天安门城楼上悬挂的国徽，林徽因的泪水模糊了双眼。

人民英雄纪念碑1949年9月30日破土奠基，林徽因生前没能看到纪念碑落成，但她生命的最后几年一直与这项工作紧密相连。

1952年，梁思成和雕塑家刘开渠主持纪念碑设计；参加设计工作的林徽因，被任命为人民英雄纪念碑建筑委员会委员。此时她已经病得不能下床了，在起居室兼书房里，她安放了两张绘图桌，与她的病室只有一门之隔。

当年夏天，郑振铎主持召开会议，决定碑身采用梁思成的设计方案，对碑顶暂作保留；因为有人坚持要在碑顶上放置英雄群像雕塑，梁思成坚决不同意。11月，北京市人民政府开会，市长彭真最后决定，碑顶采用梁思成的构想，建成我们现在看到的“建筑顶”。同时放弃碑顶雕塑，因为在高达40米的碑上放置群塑，无论远近都看不清，而且主题混淆，相互冲突。

林徽因主要承担的则是纪念碑须弥座装饰浮雕的设计，从总平面规划到装饰图案纹样，她一张一张认真推敲，反复研究。每绘一个图样，都要逐级放大，从小比例尺全图直到大样，并在每个图上绘出人形，保证正确的尺度。在风格上，则主张以唐代风格为蓝本进行设计。

林徽因对世界各地的花草图案进行反复对照研究，描绘出成百上千种花卉图案。枕头边上，床头桌上，书桌前，沙发上到处都是一沓沓图纸。梁思成把林徽因废弃在一边的大堆图纸收集起来。他知道林徽因性子急，哪天嫌这些图稿碍事，就会让女佣给烧了。梁思成认定这些画稿是有价值的，他找来一个纸箱，在林徽因废弃的画稿中挑了一些装进箱子保存起来。

在成百上千种图案中，林徽因和梁思成最终选定了以橄榄枝为主题的花环图案。

在选用装饰花环的花卉品种上，他们很伤了一段时间脑筋。最初选用了英雄花，经咨询花卉专家，得知木棉并非中国原产，随后放弃这一构想。最后，他们选定了牡丹、荷花和菊花三种，象征高贵、纯洁和坚韧的品格精神。

须弥座正面设计为一主两从三个花环，侧面为一只花环。同基座的浮雕相互照应，运用中国传统的纪念性符号，如同一组上行的音阶，把英雄的乐章推向高潮。

林徽因和梁思成是海王村古文化市场的常客。早在二三十年代就经常同张奚若、徐志摩、沈从文等一班朋友到这里光顾。这一天，她又由梁思成陪着来到了海王村。她被一个小小的古玩摊上一只景泰蓝花瓶吸引了。这只花瓶几乎同她小时候在上海爷爷家看到的那只一模一样，她拿在手里仔细观赏着。

摊主见林徽因很喜欢这只花瓶，便说："二位先生还是有眼力的，这是正宗老天利的景泰蓝，别处你见不到了。就是老天利这家大字号，也撑不住，快关张了，北京的景泰蓝热闹了几百年，到这会儿算绝根儿了。"

林徽因买下花瓶后，摊主还跟他们说，北京景泰蓝以老天利和中兴二厂为最大，都是清康熙的老厂，现在已经办不下去了。至于德兴成、天瑞堂、全兴城那几家小厂，就更加难以为继。

林徽因为景泰蓝的命运担忧起来。

1952 年，北京将召开亚太地区和平会议，筹备组决定要给每位代表送上一份

林徽因（右二）与建筑系教师李宗津（左一）、周卜颐（左二）、王君莲（左三）、郭孝燮（右一）在清华园工字厅合影。

既有鲜明的中国特色，又精致典雅的礼物。礼品分成四类，第一类是丝织品，第二类是手工艺品，第三类是精印的画册，第四类是文学名著。筹备组将第一和第二类礼物交给林徽因负责。

林徽因和梁思成商议，在清华建筑系成立一个美术组，她想借这次制作和平礼物的机会，抢救景泰蓝这一濒临灭绝的中国独有的手工艺品。景泰蓝是国宝，决不能让它在中国失传。

美术小组除了营造学社多年的伙伴莫宗江，还有两个年轻的女学生常莎娜和钱美华。林徽因和他们跑了一整天，才找到几间不起眼的小作坊，都是一副凄凉破败的惨象，三五个老师傅，几副小炉灶，产量很低，产品也销不出去。他们为了搞清景泰蓝的生产工艺，整天泡在作坊里看工人们的操作过程。林徽因看着那些灰不溜秋的坯胎变成炫丽的艺术品，感到又神奇又惊讶。

但很快林徽因就感到不满足了。北京的几家景泰蓝厂早就处在倒闭边缘，新老艺人青黄不接，几百年来一直是作坊式的操作，图案单调，尽是些牡丹、荷花、如意之类。林徽因认为想要让景泰蓝起死回生，必须要全面更新设计。她发动大家为景泰蓝设计新的图案，每人画若干幅。林徽因已经不能自己动笔，她的创作构想就由莫宗江完成。

景泰蓝厂的老师傅看林徽因病成这样子，不忍心让她一趟趟往厂里跑，他们就主动到梁家切磋。这样，一批又一批新品试制出来了。美术小组设计的祥云火珠简洁明快，敦煌飞天的形象浪漫动人。

和平礼物被送到了亚太各国代表的手中。这些富有民族特色的礼物令他们赞不绝口。苏联著名芭蕾舞蹈家乌兰诺娃得到了飞天图案的景泰蓝，这位“天鹅公主”欣喜不已：“这是代表新中国的新礼物，太美了！”

1953 年第二届文代会召开，林徽因由于拯救景泰蓝艺术的成果被邀请参加。开会那天，萧乾坐在会场后面的位子，林徽因远远地冲他招手，萧乾走过去坐在她旁边，还像以前一样轻声说：“林小姐，您也来了！”

林徽因笑道：“还小姐哪，都成老太婆了！”

林徽因已经 49 岁了。最好的年华，就在与肺病的拉锯中被一点点消磨光了。

山雨欲来

20 世纪 50 年代的梁思成、林徽因。

1953 年完成景泰蓝抢救工作之后，林徽因的身子彻底垮了下来。她生命的热能仿佛彻底耗尽了。每到寒冬，她的病情就愈加严重，药物已不能奏效，只能保持居室的温度。即使是一场感冒，对林徽因也是致命的。每到秋天，梁思成就要用牛皮纸把林徽因居室的墙壁和天花板全都糊起来，几个火炉也早早地点上。

10 月，中国建筑学会成立，梁思成被推举为副理事长，林徽因被选为理事。他们二人还兼任了建筑研究委员会委员。

北京城兴起了“拆城墙”的运动。这是梁思成和林徽因做梦也没想到的。

他们深深地爱着这座高贵沧桑的城市，从金碧辉煌的宫殿到气势巍峨的城墙城门，从和平宁静的四合院到建筑群落上开阔醇和的天际线。这些固有的风貌，怎能如此轻易地就损失掉呢？他们为此殚精竭虑。

梁思成和南京的建筑学家陈占祥一起拟定了《关于中央人民政府行政中心区位置的建议》（后被称作“梁陈方案”），建议在月坛以西、公主坟以东的位置另设中央行政厅，这样就能把北京旧城的古建筑完整地保留下来。

但是“梁陈方案”被否定了。因为新中国刚刚成立，中央政府没有资金来建一个新区；更重要的是，决策者们认为以天安门作为北京的中心有重大的政治意义，它从来就有强烈的政治色彩，理应成为新中国的行政中心。

在一次大型庆典活动上，北京市的一位市领导告诉梁思成，中央的一位负责人说过，将来从天安门城楼望出去，看到的处处都是烟囱。

梁思成吃惊得说不出话来。他无法理解为什么要把北京变成这个样子，也无法想象一座有这么悠久的历史的古都会变成烟囱的丛林。在他的构想中，北京应该像罗马、巴黎和雅典那样，成为全世界仰慕的文化名城。

柳林水村和林徽因拿出实际行动，他们提出“城市立体公园”的构想，在城墙上面修建花池，栽种植物，供市民登高、乘凉；城墙角楼等可以辟为陈列馆、阅览室、茶点铺。

因为这个构想，他们被划成“城墙派”。主张拆墙的人说，城墙是古代的防御工事，是封建帝王为镇压农民起义而修建的，乃是封建帝王统治的遗迹，是套在社会主义首都脖子上的枷锁，必须要拆除。

1953年5月开始，对古建筑的大规模拆除开始在北京蔓延。梁思成和林徽因，为北京城的城墙疲于奔命。1953年，林徽因的肺病已经越来越重了，她在一次聚会中和时任北京市市长的彭真据理力争，林徽因掷地有声地撂下一句话：“你们现在拆的是真古董，有一天，你们后悔了，想再盖，也只能盖个假古董了！”

林徽因说中了。2004年8月18日，“假古董”——重建的永定门城楼竣工。

1955年春节刚过，建工部召开了设计和施工工作会议，各部、局的领导和北京市委宣传部门的负责人参加了这次大会。会上，根据近年来各报陆续披露的基本建设中的浪费情况，和设计工作中的“复古主义”“形式主义”偏向，进行了激烈的讨论和批判。这次会上，还组织了一百多篇批判文章，已全部打好了清样。

于是，“以梁思成为代表的资产阶级唯美主义的复古主义建筑思想”的批判，在全国范围内开始了。其中一篇批判文章《论梁思成对建筑问题的若干错误见解》刊登在《学习》杂志上。梁思成只好自我批评，从此在城墙保护运动中沉默下来。

你是人间的四月天

林徽因就是一个那么奇妙的人，无关山河的年岁，她的心总能守住春天，守住那片绿意。谁都知道，姹紫嫣红的春光固然赏心悦目，却也得从了四季流转，开幕时开幕，散场时散场。但心灵却可以栽一株长青的植物。林徽因这样聪慧，漫步红尘烟火里，灵魂却是一只青鸟，栖息在春花盛开的枝头。所以，即使她的生命里也有残缺，而我们看到的却是花好月圆。

该来的还是会来。

1954 年秋冬之际，林徽因再一次病倒了。这次是真的再也起不来——连挣扎着起床的力气也被肺病抽得一干二净。《中国建筑彩画图案》序文的校样已经送来好几天了，她刚读了几行就会头昏眼花。光是靠在床上什么也不做，冷汗就止不住地淌。她整夜整夜地咳嗽，片刻安睡都是奢侈。林徽因面如死灰，双眼深陷得吓人。

梁思成也病了，但他还是拖着病体照顾着妻子。从清华园进城一次很不容易，每次去城内的医院做检查对他们来说都是一次考验。而林徽因的身体也实在不能抵御郊外的寒冷。为了方便治疗，梁思成计划到市区内租房子。可还没等他安排妥当，他就病倒了。他从妻子那里传染的肺结核复发，必须住院治疗。

梁思成和林徽因都住进了同仁医院。他们的病房紧挨着，虽然从这一间到那一间只要走两分钟，但他们都没力气走动。

梁思成没有住院的时候，还能三天两头到医院来一趟。现在他就在他隔壁，却一步都不能走近她。他们只得拜托送药的护士每天传一张纸条，相互问候。

一道墙壁，却像隔着万水千山，似乎要把他们永远地分开了。

林徽因已经很久不敢照镜子了，她怕在那块明亮的玻璃上，看到自己瘦骨嶙峋的面容和一生跌跌撞撞的路程。

林徽因的床头一直放着一本《拜伦诗选》，医院的医生和护士常常能听见她低声地诵读着那些诗句。

在她没有力气翻动书页的时候，她就把手放在书本上，仿佛要从书本里汲取一些力量。

1955年的春节，夫妻俩是在医院里度过的。再冰和从诫回来了。他们从父亲的病房到母亲的病房，给他们讲学校里发生的趣事，社会上的见闻。这是梁思成和林徽因一天中最快乐的时光。孩子们离去后，幸福的微笑还久久地停留在他们憔悴的脸上。

一些老朋友和清华建筑系的师生也不时前来探病。他们大多住在学校，进城不方便，梁思成和林徽因总是劝他们不要再折腾了。

春节过后，梁思成病情稍微好了些，医生允许他轻微活动活动。每天等医生查完房，护士打完针，他就来到林徽因的病房陪着她。他们挨在一起小声地聊着天。一直以来，妻子都是说话的主角，丈夫是听众。现在他们的角色终于互换了。林徽因惊讶地发现，原来丈夫竟然是这么健谈，而且记忆力惊人。从年少时的趣事，到

他们初次相见，到宾大的甜蜜和争吵，到李庄的相濡以沫不离不弃……每一件事他都记得这么清楚。林徽因听着梁思成的回忆，那些往事又像放电影一样在眼前上演了，青春的影子在飘摇着。梁思成说现在没什么遗憾的，再冰写了入党申请书，正在积极地争取入党呢！这是再冰的秘密，想要等被批准后给妈妈一个惊喜。林徽因听了高兴坏了，答应和丈夫“合谋”严守秘密。

梁思成担心林徽因会疲劳，说一阵子，就让她闭目养神。这时候他会回到自己房间，但大部分时候还是留在妻子身边陪着她。什么都不说，什么都不做，只是安静地待在一起。这是一段静谧的，完全属于他们的时间。从美国读书回来后，他们就很少有这样的时光了。每一天都为事业、为生活忙碌着不得闲。现在，反倒是这场病，给了他们难得的清闲时光。

林徽因非常平静，她丝毫没有表现出对死亡的恐惧。十年前，甚至更早，她就已经做好了一切准备。她来过这个世界，每天都没有浪费地努力地活着；她的爱人还在她身边，战争和疾病都没能把他们分开；孩子们长大了，有自己的主见和未来；她有自己钟爱一生的事业，建筑、文学、艺术，这些给了她莫大的快乐和安慰，支撑她熬过一个个病痛的白天夜晚。什么她都有了，没有遗憾了。

梁思成的心情却截然相反。看着妻子一天天衰竭，他心如刀绞，却又无能为力。他绝望地向老天乞求着，祈求生命的奇迹再一次降临。他害怕林徽因这次真的要走了，丢下他在这个他越来越不懂的世界里彷徨。她常常在剧烈的咳嗽之后闭着眼睛微微喘气，好一会儿才能缓过来。她垂着眼睑的样子，那安静的神态让他想起他们的第一次相遇。

那时候，她是一个14岁的小仙子。小仙子施了魔法，令他再也放不下她。明知道这不是一条容易的路，还是陪她走了一程又一程。

直到生命的尽头。

外面已经是山雨欲来风满楼，梁思成不怕，他怕的是她离他而去。

夜晚又来了。

林徽因半夜醒来，呼吸忽然变得急促。往事像走马灯似的在她眼前飞掠而过。杭州陆官巷的栀子花开了，祖母摘了一朵插在小徽因的发间，祖父严肃的脸露出不易察觉的慈爱的神色；不是啊，那是父亲吧？那清奇的相貌不是父亲是谁？他在问：

“徽徽，你幸福吗？”刚要开口回答，母亲又来了，她在抱怨父亲的离去。康桥上，那个戴着玳瑁眼镜的长衫青年在对她吟诗，是她没听过的新的诗句。老金来了，手上拿着两个鸡蛋，高兴得像个孩子……不不，那分明是思成，他躺在帆布床上补着破袜子，一会儿他又起来了，去给那三个半人高的炉子扇风添煤。思成忽然变成了再冰，她和从诫在哭呢……什么事情那么伤心？妈妈在这里……思成告诉他们不要哭了……妈妈在这里……

“思成！思成！”林徽因挣扎着拼尽力气呼喊。实际上她只发出微弱的声音。

灯亮了，是护士走进来。她轻声问：“林小姐，您需要什么？”

“我想见一见思成。”林徽因忽然变得清醒又镇静，她知道这一次，自己的命真的留不住了。她清楚地说：“我有话要对他讲。”

护士柔声说：“已经很晚了，有什么事情明天再说吧。”

没有“明天”了。

黑夜的幕布一点点拉开了，死神的黑袍却落了下来。曙光悲怆地将温热献给这间雪白的房间，和病床上雪白的人。

林徽因神情安详，恍若剥离了痛苦一般安然沉睡着。

这是1955年的4月1日，清晨6点。

中国第一代女建筑学家走完了51年的人生。

在一天中最清新的时刻，世界刚刚睡醒，朝露还没有被蒸发。这样的时刻，其实是很适合天堂打开大门，迎接这个美丽绝伦的灵魂的。

1955年4月2日，《北京日报》发表了林徽因病

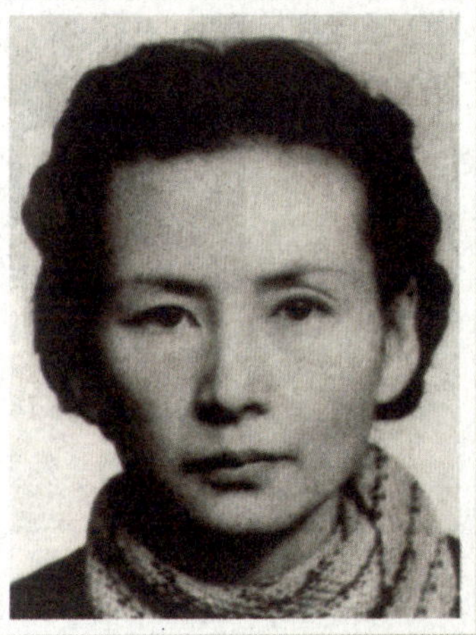

林徽因追悼会上的遗像，摄于1945年。

梁思成为林徽因在八宝山设计的墓体。

逝的讣告。

治丧委员会由张奚若、周培源、钱端升、钱伟长、金岳霖等13人组成。

4月4日，林徽因的追悼会在北京市金鱼胡同贤良寺举行。北京市市长彭真送了花圈。

在众多的挽联中，她一生的挚友金岳霖教授和邓以蛰教授合写的挽联最引人注目：

一身诗意千寻瀑，万古人间四月天。

这是对林徽因一生最好的注解。

由于林徽因生前设计国徽和人民英雄纪念碑的特殊贡献，北京市人民政府决定，将她的遗体安葬于八宝山革命公墓。

林徽因曾和梁思成互有约定，谁先去世，活着的那个要为他（她）设计墓碑。梁思成履行了最后的承诺。他设计的墓体简洁、朴实、庄重——也许，林徽因在他的心中，就是这个样子。

人民英雄纪念碑建筑委员会决定，把林徽因设计的一方白玉花圈刻样移做她的墓碑。墓碑上镌刻着“建筑师林徽因之墓”几个字。

生如夏花之绚烂，死若秋叶之静美。51年的生命，不短不长，比起长寿者，还是有些许遗憾；但一生华美，断不是庸常之人所能企及，亦足以无悔。活着的时候喜欢热闹，死去时，却像青鸟一样倦而知返，在月色还未散去的清晨踏着薄雾而去。

一代才女的人生，被季节封存在四月天。

林徽因年表

1904 年出生

6 月 10 日，林徽因生于浙江杭州陆官巷住宅。

原籍福建闽侯，祖父林孝恂，光绪己丑科（1889 年）进士，初为政知县候选，历任浙江海宁、石门、仁和各州县，受他资助赴日留学的青年学生，大多参加了孙中山领导的革命运动。祖母游氏，生有子女七人。

徽因父林长民(1876年生)，字宗孟，为孝恂长子，1906年赴日留学，不久回国，在杭州东文学校毕业，后再度赴日早稻田大学，习政治法律；叔林天民（1887 年生），字希实，早年亦留学日本，习电气工程；大姑林泽民，嫁王永昕；二姑生一女后去世；三姑林嫄民，嫁卓定谋；四姑林丘民，嫁曾仙舟；五姑林子民，嫁李石珊。

徽因之堂叔林觉民、林尹民均为黄花岗革命烈士。

1909 年 5 岁

是年，迁居蔡官巷一宅院，林徽因随祖父母、姑母等居此，由大姑母林泽民发蒙读书。

1910 年 6 岁

是年，林长民毕业于早稻田大学，善诗文、工书法，回国后与同学刘崇佑创办福州私立法政学堂，并任校长。

1911年7岁

是年，祖母游氏因心脏病逝世于杭州。

是年，武昌起义后，林长民赴上海、南京、北京等地宣传辛亥革命。

1912年8岁

1月1日，南京临时政府成立，林长民为福建代表，任参议院秘书长。并与汤化龙等人在上海发起组织“共和建设讨论会”

4月13日，正式成立“共和建设讨论会”，拥在日的梁启超为领袖，电其归国。

10月27日，将“共和建设讨论会”、国民协会等团体合并，林长民参与组织民主党。

是年，林长民住北京，全家由杭州移居上海，住虹口区金益里，徽因与表姐妹们入附近爱国小学，读二年级，并侍奉祖父。

1913年9岁

是年，林长民被选为众议院议员，任秘书长。母亲何雪媛（1882～1972年，林长民第二任夫人，浙江嘉兴人）带妹妹麟趾（后夭折）去北平，住前王公厂旧居，徽因留沪。

是年，林长民与第三任夫人程桂林（上海人）成婚，一说1912年。

1914年10岁

是年，林长民任北京政府国务院参事，全家迁居北京。

祖父林孝恂因胆石症病逝。

是年，二娘程桂林生妹燕玉。

1915年11岁

是年，二娘程桂林生弟桓（现在美国俄亥俄美术学院任院长）。

1916年12岁

4月，袁世凯称帝后，全家迁居天津英租界红道路，林长民仍留北京。

5月，林长民去津，又同二娘程桂林回京。

秋，举家由津返京。

9月，在梁启超支持下，林长民参加并组织“宪法研究会。”

是年，林徽因与表姐们同入英国教会办的培华女子中学读书。

是年，二娘程桂林生弟恒。

在国外游学时期的林徽因。

1917年13岁

张勋复辟，全家迁居天津，惟徽因留京。后徽因同叔叔林天民至津寓自来水路，诸姑偕诸姊继至。林长民由宁归，独自回京。

7月17日，因支持段祺瑞讨伐张勋复辟，林长民被任命为司法总长。

8月，举家由津返京。

11月15日，“安福系”崛起，林不再受重视，辞司法总长之职。

1918年14岁

3月24日，林长民与汤化龙、蓝公武赴日游历。家仍居北京南长街织女桥，徽因自信能编字画目录，及父归，阅之以为不适用，颇暗惭。但徽因料理家事，屡得其父褒奖。

是年，认识梁启超之子梁思成。

是年，成立国际联合协会中国分会，林长民是发起人之一，任协会总干事，为国联事务常住欧伦。

1920年，林徽因在伦敦公园中。

1919 年 15 岁

是年，林长民任巴黎和会观察员，著书立说，抨击亲日派，反对日本承认德国在华权益。

是年，二娘程桂林生弟暄。

1920 年 16 岁

春，林长民赴英讲学，林徽因亦随父去读中学。

3 月，林长民赴瑞士开国联会，由法去英，居阿尔比恩门 27 号。

7 月，林徽因随父到巴黎、日内瓦、罗马、法兰克福、柏林等地旅行，9 月回伦敦，以优异成绩考入 St.Mary's College（圣玛莉学院）学习。

9 月 24 日，徐志摩由美到英。

10 月上旬，与在伦敦经济学院上学的徐志摩初次相遇。

1921 年 17 岁

是年，徐志摩与林徽因有论婚嫁之意。林谓必先与夫人张幼仪离婚始可。

8 月，徽因随柏列特全家赴英南海边避暑。林长民独居伦敦。

9 月 14 日，租屋期满，因归期延至 10 月 14 日，徽因借住柏列特家，林长民住他处。

10 月 14 日，徽因随父由英赴法，乘“波罗加”船归国。

11、12 月间，林长民、林徽因抵上海，梁启超派人接林徽因回北京，仍进培华女中读书，林长民暂居上海。

1922 年 18 岁

在教会女中读书。

3 月，徐志摩赴柏林，经金岳霖、吴经熊作证，与张幼仪离婚。

春，林徽因、梁思成婚事“已有成言”，但未定聘。

9 月，徐志摩乘船回国，10 月 15 日抵达上海，不久北上来京，林、徐晢告不欢。

是年，二娘程桂林生弟烜。

1923 年 19 岁

在教会女中读书。

春，新月社在西单石虎胡同七号成立，林长民、林徽因等参加并祝贺。

5 月 7 日，梁思成带梁思永骑摩托车去追赶“国耻日”游行队伍，经过长安街时被一大轿车将左腿撞断，住协和医院。彼时林徽因到医院探望。7 月出院后，终身留下残疾。

是年，林长民任宪法起草委员会委员，曹锟贿选总统时，他在沪参与反直运动。

是年，林徽因经常与表姐王孟瑜、曾语儿参加新月社俱乐部文学、游艺活动。

是年，林徽因毕业于培华女中，并考取半官费留学。

1924 年 20 岁

4 月 23 日，印度诗哲泰戈尔来华访问，在日坛草坪讲演，林徽因搀扶上台，徐志摩担任翻译。文载：“林小姐人艳如花，和老诗人挟臂而行，加上长袍白面，郊寒岛瘦的徐志摩，犹如苍松竹梅的一幅三友图。”一时成为京城美谈。5 月 8 日，为庆祝泰戈尔先生六十四诞辰，林徽因、徐志摩等在东单三条协和小礼堂演出泰翁诗剧《齐德拉》，林徽因饰公主齐德拉，徐志摩饰爱神玛达那。演出前，林徽因饰一古装少女恋望“新月”，以示新月社组织的这场演出活动。

泰戈尔在京期间，由林徽因、徐志摩等陪同，前往拜会了溥仪、颜惠庆。

6 月，林徽因、梁思成、梁思永同往美国留学，7 月 7 日抵达绮色佳康奈尔大学。林选户外写生和高等代数；梁选水彩静物画、户外写生和三角。

9 月，结束康校暑期课程，林、梁同往宾夕法尼亚大学就读。

同月，梁思成母亲李惠仙病故。

是年，“有几个月（林徽因、梁思成）在刀山剑树上过活。比城隍庙十五殿里画出来还可怕。思成后来忏悔了。”

1925 年 21 岁

在宾大学习。

1 月 18 日，林徽因与闻一多等在美参加“中华戏剧改进社”。

11 月 22 日，郭松龄在滦州倒戈反奉，通电张作霖，林长民受邀为“东北国民军”政务处长。

12 月 24 日，郭部兵败，林长民被流弹击中，死于沈阳西南新民屯，是年 49 岁。

1927 年 23 岁

9 月，林徽因结束宾大学业，得学士学位，后转耶鲁大学戏剧学院，在 G.P. 贝克教授工作室学习舞台美术半年。

12 月 18 日，梁启超在北京为梁思成、林徽因的婚

林徽因设计的舞台布景剧照（1927 年，耶鲁）。

事"行文定礼"。

1928年24岁

3月，结束舞美学业。

3月21日，林徽因与梁思成在加拿大温哥华姐姐家结婚。之后按照其父梁启超的安排，赴欧洲参观古建筑，于8月18日回京。

9月，梁思成、林徽因受聘于东北大学建筑系，分别为主任、教授。林徽因回福州探亲，受到父亲林长民创办的私立法政专科学校同仁欢迎和宴请。

20世纪30年代的林徽因。

1929年25岁

1月19日，梁启超病故，梁思成、林徽因为其父设计墓碑。

8月，林徽因从东北回到北平，在协和医院生下其女儿，取名再冰，意为纪念已故祖父梁启超"饮冰室"书房雅号。

是年，张学良以奖金征东北大学校徽图案，林徽因设计的"白山黑水"图案中奖。

1930年26岁

秋，徐志摩到沈阳，劝林徽因回北平治病。

12月，林徽因肺病日趋严重，协和医院大夫建议到山上静养。

1931年27岁

3月，林徽因到香山双清别墅养病。先后发表诗《那一晚》《谁爱这不息的变幻》《仍然》《激昂》《一首桃花》《山中一个夏夜》《笑》《深夜里听到乐声》《情愿》及短篇小说《窘》。

9月，梁思成、林徽因应朱启钤聘请，离开东大，到中国营造学社供职。梁任法式部主任，林为校理。

秋，林徽因病愈下山。

11月19日，林徽因在协和小礼堂为驻华使节讲中国古代建筑。

同日，徐志摩为听林徽因学术报告，乘机遇雨触济南党家庄开山身亡。

11月22日，林徽因、梁思成得悉徐志摩坠亡，即以铁树、白花编制小花圈，梁思成遂与金岳霖、张奚若赶到徐遇难处处理后事。

同月，由林徽因等主持，在北平为徐志摩举行追悼活动。

12月7日，发表散文《悼志摩》。

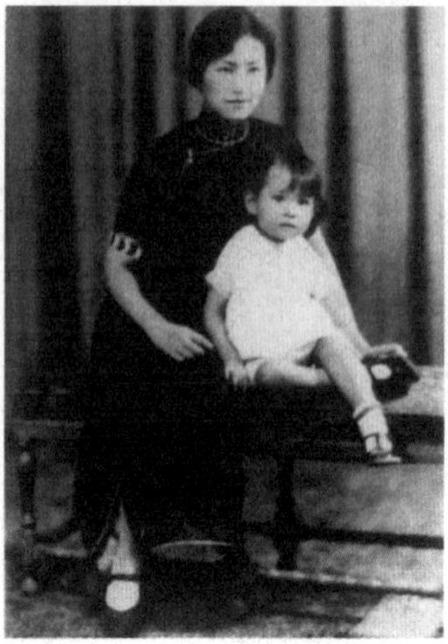

1932年，林徽因与女儿梁再冰。

1932年28岁

元旦、正月初一，分别两次致胡适信。

6月中旬，林徽因再次到香山养病。

夏，林徽因、梁思成去卧佛寺、八大处等地考察古建筑，并发表《平郊建筑杂录》。

7月至10月，作诗《莲灯》《别丢掉》《雨后天》。

8月，子从诫生。意为纪念宋代建筑学家李诫。

是年，在一次聚餐时林徽因结识美籍学人费正清、费慰梅夫妇。

1933年29岁

是年，林徽因参加朱光潜、梁宗岱举办的文化沙龙，每月集会一次，朗诵中外诗歌和散文。

秋，林徽因与闻一多、余上沅、杨振声、叶公超等筹备并创办了《学文》月刊。

9月，林徽因同梁思成、刘敦桢、莫宗江去山西大同考察云冈石窟。

10月7日，发表散文《闲谈关于古代建筑的一点消息》。

11月，林徽因同梁思成、莫宗江去河北正定考察古建筑。

11月18日，发表诗《秋天，这秋天》。

同月，林徽因请萧乾、沈从文到北总布胡同谈《蚕》的创作。

12月，作诗《忆》。

1934年30岁

1月，中国营造学社出版梁思成的《清式营造则例》一书，林徽因为该书写了《绪论》。

2月、5月，发表诗《年关》《你是人间四月天》，小说《九十九度中》。

年初，为叶公超主编的《学文》月刊一卷二期设计了富有建筑美的封面。

夏，林徽因、梁思成同费正清夫妇、汉莫去山西汾阳、洪洞等地考察古建筑。

9月5日，发表散文《窗子以外》。

10月，林徽因、梁思成应浙江建设厅邀请，到杭州商讨六和塔重修计划，之后又去浙南武义宣平镇和金华天宁寺作古建筑考察。

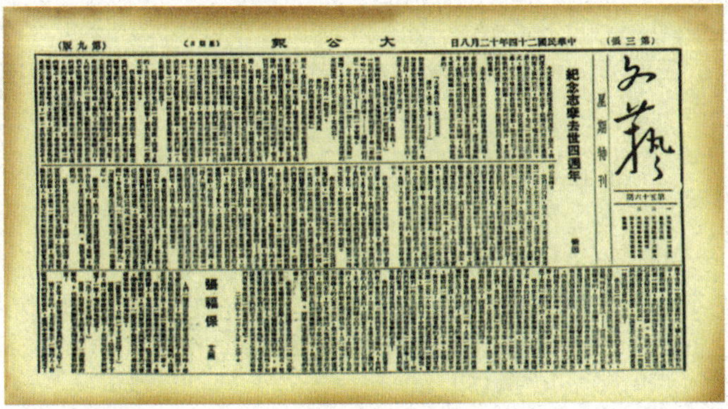
(第三張) 中華民國二十四年十二月八日 大公報 (第九版)

文藝 星期特刊

紀念志摩去世四週年

林徽因《纪念志摩去世四周年》初刊于《大公报》文艺副刊。

1936年5月，林徽因等考察龙门石窟南二十四洞。

1935年31岁

3月，林徽因与梁思成合著《晋汾古建筑预查纪略》一文。

6月，发表诗《吊玮德》，短篇小说《模影零篇：一、钟绿，二、吉公》。

10月，作诗《灵感》《城楼上》。

11月19日，发表散文《纪念志摩去世四周年》。冬，林徽因经常与费氏夫妇到郊外练习骑马。

1936年32岁

1～11月，发表诗《深笑》《静院》《风筝》《记忆》《无题》《题剔空菩提叶》《黄昏过泰山》《昼梦》《八月的忧愁》《冥思》《空想外四章：你来了、“九一八”闲走、藤花前、旅途中》《过杨柳》《静坐》；散文《蛛丝和梅花》《究竟怎么一回事》；短篇小说《模影零篇：三、文珍》。

5月28日，林徽因、梁思成等去河南洛阳龙门石窟、开封及山东历城、章丘、泰安、济宁等处作古建筑考察。

9月，担任《大公报》文艺作品征文评委。

10月，在《平津文化界对时局的宣言》中，向国民党当局提出抗日救亡八项要求，林徽因为文艺界发起人之一，并在宣言上签名。

是年，选编《大公报文艺丛刊小说选》并为之作序。

1937年33岁

1～7月，发表诗《红叶里的信念》《十月独行》《时间》《古城春景》《前后》《去春》；话剧《梅真同他们》；短篇小说《模影零篇：四、绣绣》。

是年，任朱光潜主编的《文学杂志》编委。

是年，林徽因、梁思成应顾祝同邀请，到西安做小雁塔的维修计划，同时还到西安、长安、临潼、户县、耀县等处作古建筑考察。

7月，林徽因同梁思成、莫宗江、纪玉堂赴五台山考察古建筑，林徽因意外地发现榆次宋代的雨花宫及唐代佛光寺的建筑年代。

7月12日，林徽因一行到代县，得知发生“卢沟桥事变”，于是匆匆返回北平。

8月，林徽因一家从天津乘船去烟台，又从济南乘火车经徐州、郑州、武汉南下，9月中旬抵长沙。

11月下旬，日机轰炸长沙，林徽因一家险些丧生。不久，他们离开长沙，经常德、晃县、贵阳、镇宁、普安、曲靖到昆明。

1936年，林徽因与儿子、女儿在北京家中。

1938年34岁

1月，林徽因一家住昆明翠湖前市长巡律街住宅，不久，莫宗江，陈明达、刘志平、刘敦桢也到昆明，经与中美庚款基金会联系，组建营造学社西南小分队。

是年，作诗《昆明即景：一、茶铺，二、小楼》。

1939年35岁

年初，因日机轰炸，林徽因一家搬至郊区龙泉镇麦地村。

2月5日，发表散文《彼此》。

6月28日，发表诗《除夕看花》。

冬，梁思成、刘敦桢等去云南、四川、陕西、西康等地作古建筑考察，林徽因为云南大学设计女生宿舍。

1940年36岁

初冬，营造学社随史语所入川，林徽因一家亦迁四川南溪县李庄镇上坝村。不久，林徽因肺病复发，从此抱病卧床四年。

1941年37岁

在李庄镇。

春，三弟恒在对日作战中身亡。

1942年38岁

在李庄镇。

春，作诗《一天》。

是年，梁思成接受国立编译馆委托，编写《中国建筑史》，林徽因为写作《中国建筑史》抱病阅读二十四史，作资料准备。她写了该书的第七章，五代、宋、辽、金部分，并承担了全部书稿的校阅和补充工作。

林徽因在家中工作照。

11月4日，费正清、陶孟和从重庆溯江而上，去李庄访问林徽因、梁思成。

20世纪40年代的林徽因。

1944年40岁

在李庄镇。

是年，作诗《十一月的小村》《忧郁》《哭三弟恒》。

是年，费慰梅到李庄访问林徽因。

1945年41岁

在李庄镇。

8月，日本侵略者宣布无条件投降。

是年，梁思成陪林徽因到重庆检查身体，大夫告诉思成，徽因将不久于人世。

1946年42岁

2月，林徽因在费慰梅陪同下乘机去昆明拜会西南联大校长梅贻琦，建议清华大学增设建筑系，住唐继尧后山祖居一座花园别墅，与张莫若、钱端升、金岳霖等旧友重聚。

7月31日，同西南联大教工由重庆乘机返回北平。为清华大学设计胜因院教师住宅。

10月，梁思成应聘赴美耶鲁大学作访问教授。

11月24日，发表散文《一片阳光》。

是年，作诗《对残枝》《对北门街园子》。

1947年43岁

夏，饱经欧战浸染的萧乾，由上海来清华园探望林徽因，二人长谈七年来各自的经历。

林徽因与梁思成合影。在梁思成的心目中，“文章是老婆的好，老婆是自己的好”。林徽因用自己的行动将“执子之手，与子偕老”做了最美的诠释。

是年，作诗《给秋天》《人生》《展缓》《病中杂诗：小诗（一）、小诗（二）、写给我的大姊、恶劣的心绪》。

12月，做肾切除手术。

1948年44岁

2月18日，作诗《我们的雄鸡》。

2～5月，发表诗《空虚的薄暮》《昆明即景》《年青的歌》《病中杂诗九首》。

11月，国民党当局迫使北平高校南迁。清华园展开反迁校斗争，林徽因说：“我们不做中国的‘白俄’。”

是年，大军攻城前夕，张奚若带两名解放军到林徽因家，请梁、林划出保护古建筑目标，为此深感新政权对他们的信任。

是年，叔林天民故。

1949年45岁

北平解放，林徽因被聘为清华大学建筑系一级教授。

2月，为配合百万大军挥师南下，与梁思成等编印《全国重要文物建筑简目》。

春，送女儿再冰参加南下工作团。

7月，政协筹委会决定把国徽设计任务交给清华大学和中央美院。清华大学由林徽因、李宗津、莫宗江、朱畅中等七人参加设计工作。

1950年46岁

6月，经过三个多月的努力，清华大学和中央美院设计的国徽图案完成并在中南海怀仁堂评选，经周总理广泛征求意见，清华小组设计图案以布局严谨、构图庄重而中选。

6月23日，林徽因被特邀参加全国政协一届二次会议。

9月30日，中央人民政府主席毛泽东发布国徽图案命令。

是年，林徽因被任命为北京市都市计划委员会委员兼工程师，提出修建“城墙公园”设想。

是年，妹燕玉故。

1951年47岁

是年，为挽救濒于失传的景泰蓝传统工艺，抱病与高庄、莫宗江、常莎娜、钱美华、孙君莲深入工厂做调查研究，并设计了一批具有民族风格的新颖图案，为“亚洲及太平洋区域和平会议”“苏联文化代表团”献上一批礼品，深受与会人员欢迎。

1952年48岁

是年，梁思成、刘开渠主持设计人民英雄纪念碑，林徽因被任命为人民英雄纪念碑建筑委员会委员，抱病参加设计工作，与助手关肇邺一起，经过认真推敲，反复研究，终于完成了须弥座的图案设计。

5月，为迎接即将到来的建设高潮，林徽因、梁思成翻译了《苏联卫国战争被毁地区之重建》一书，并由上海龙门书局印行，为国家建设提供了借鉴。

是年，应《新观察》杂志之约，撰写了《中山堂》《北海公园》《天坛》《颐和园》《雍和宫》《故宫》等一组介绍我国古建筑的文章。

1953 年 49 岁

10 月，当选为建筑学会理事；并任《建筑学报》编委。

是年，被邀参加第二届全国文代会，江丰在美术家协会的报告上，对林徽因和清华小组挽救景泰蓝的成果，给予了充分肯定和高度评价。

1954 年 50 岁

6 月，林徽因当选为北京市人民代表大会代表。

秋，林徽因不抵郊外风寒，由清华园搬到城里去住。不久，因病情恶化住同仁医院。

1955 年 51 岁

4 月 1 日 6 时 20 分，病逝于同仁医院。

4 月 2 日，《北京日报》发表讣告，治丧委员会由张奚若、周培源、钱端升、钱伟长、金岳霖等 13 人组成。

4 月 3 日在金鱼胡同贤良寺举行追悼会，遗体安放在八宝山革命公墓。